기독교문서선교회(Christian Literature Center: 약칭 CLC)는 1941년 영국 콜체스터에서 켄 아담스에 의해 시작되었으며 국제 본부는 미국 필라델피아에 있습니다.
국제 CLC는 59개 나라에서 180개의 본부를 두고, 약 650여 명의 선교사들이 이동 도서차량 40대를 이용하여 문서 보급에 힘쓰고 있으며 이메일 주문을 통해 130여 국으로 책을 공급하고 있습니다. 한국 CLC는 청교도적 복음주의 신학과 신앙서적을 출판하는 문서선교기관으로서, 한 영혼이라도 구원되길 소망하면서 주님이 오시는 그날까지 최선을 다할 것입니다.

주님이 주신 뜨거운 마음,
그것은 은혜였습니다

The Burning Heart, The Greatest Grace
Written by Byoung Ho Ahn
All rights reserved.
Korean Edition Copyright ⓒ 2023 by Christian Literature Center, Seoul, Korea.

주님이 주신 뜨거운 마음, 그것은 은혜였습니다

2023년 8월 20일 초판 발행

지 은 이 | 안병호

편 집 | 정희연
디 자 인 | 박성숙
펴 낸 곳 | (사)기독교문서선교회
등 록 | 제16-25호(1980. 1. 18.)
주 소 | 서울특별시 동대문구 천호대로71길 39
전 화 | 02-586-8761~3(본사) 031-942-8761(영업부)
팩 스 | 02-523-0131(본사) 031-942-8763(영업부)
이 메 일 | clckor@gmail.com
홈페이지 | www.clcbook.com
송금계좌 | 기업은행 073-000308-04-020 (사)기독교문서선교회
일련번호 | 2023-83

ISBN 978-89-341-2591-4(03230)

이 책의 출판권은 (사)기독교문서선교회가 소유합니다.
신저작권법에 의하여 한국 내에서 보호를 받는 저작물이므로 무단 전재와 무단 복제를 금합니다.

주님이 주신 뜨거운 마음, 그것은 은혜였습니다

― 비전 하나로 버틴 어느 목회자의 이야기 ―

안 병 호 지음

CLC

목차

프롤로그 … 7

제1장 ✟ 배움에 대한 불씨 … 13
- 캠퍼스에서 만난 예수님 … 14
- 성경 공부에 빠진 대학 생활 … 15
- 인생의 목적을 찾다 … 16
- 간사로 부르심을 받다 … 19
- 간사직을 떠났다가 다시 돌아오다 … 23

제2장 ✟ 학원 복음화, 메마른 땅에 단비를 … 29
- 한양 회관 개척 선사 시대 … 30
- 결혼과 개척 예배 … 32
- 독수리 5형제 훈련 … 41
- 빵 두 조각 사건 … 43
- 돌맞이 걸음마운동 … 46
- 고시반 퇴반 사건 … 50
- 현대판 사르밧 과부 … 55

제3장 ✟ 깨어진 밤, 동트는 새벽 … 61
- 신앙의 모판이 된 나의 첫 선교 단체 … 62
- 신앙 선배들에게 배운 좋은 점 … 67
- 제자 양육의 위험성 … 75
- 개혁에 대한 열망 … 84
- 모험을 함께 한 동지 … 89
- 이 대표의 반격 … 109
- 가족에게 향한 화살 … 112
- 빼앗긴 회관과 집을 되찾다 … 114

양 떼들과의 갈등	119
ESF(기독대학인회)가 태동하다	123
가장 가슴 아팠던 일	126
새로 태어나기 위한 몸부림	128
ESF의 국내 사역과 세계 선교 현황	142

제4장 ❖ 우물 밖으로 나간 개구리 — 144

유학 가게 된 동기	145
첫 번째 시험	146
가족을 데려오다	147
존경하는 두 멘토	149
나의 친구 데이비드 토퍼(David Toerper)	151
한인교회를 섬기다	153
안이숙 사모님을 만나다	156
유학을 마치고 돌아오다	157

제5장 ❖ 완전한 연합과 조화를 위하여 — 160

온마음교회, 지역 교회로의 모색	161
한양 회관과 함께 건물을 신축하다	164
나의 목회 비전	171
온마음교회와 한양 회관의 갈등	185
불굴의 개척 정신	189
예루살렘에서 안디옥으로	195

제6장 ❖ 온고지신과 자리매김 — 200

교회 성장의 어려움	201
목회 동역자들의 도움	202

	패러다임의 대전환	205
	온 마음을 다하는 문화	209
	여름의 축제, 겨울의 축복	212
	세례자 소감 발표의 아름다운 전통	215
	온마음교회 4대 비전과 제자 훈련	216
	제자 훈련	222
	교육의 터전, 온마음교회	229

제7장 → 다시, 더 크게, 더 뜨겁게 239

은퇴 이후, 빗나간 나의 꿈 240
원어민 영어 공부반의 시작 243
서울로 회기, 마곡 시대를 열다 244
복음 사역에서 장소의 중요성 247
코로나가 가져온 비전 249
복음으로 하나 된 가족 250
내 평생의 동역자, 아내 253
은퇴 후 사역을 도와준 고마운 이들 260

에필로그 → 한국 교회와 후배 목사들을 위한 조언 267

부록 → 동반자들의 편지 273

안병호 목사 은퇴를 아쉬워하며(손석태 박사 : 개신대학원대학교 명예 총장)
목사님 전상서(백현기 변호사 : 로고스 법무법인 대표변호사, 법학박사)
내가 본 안병호 목사(진규상 목사 : 네덜란드 자유대학 구약학박사)

프롤로그

Prologue

The Burning Heart, The Greatest Grace

안 병 호 목사
온마음교회(예장 합동) 원로

그동안 내 주변의 사람들로부터 평생 주님을 열심히 섬기면서 경험했던 일들을 믿음의 후손에게 글로 남겨주라는 권면을 여러 번 받아왔다. 그런데도 불구하고, 그동안 망설여 온 데에는 몇 가지 이유가 있었다. 하나님께만 영광을 돌려드려야 하는데, 두서없이 글을 쓰다가는 내 자랑만 늘어놓게 될 것 같아서 쓰기를 꺼려했다. 또한, 고등학교 시절에 "글을 쓰려고 하면 '이 글은 꼭 쓰고 싶다, 돌에 새겨두고 싶다'는 생각이 들지 않으면 쓰지 말라"는 글을 읽은 적이 있다. 그런데 지금까지는 그럴만한 간절한 생각이 들지 않았던 것이다.

하지만 최근 요지부동하던 내 마음을 움직인 사건이 있었다. 하나는 2022년 10월 29일에 이태원에서 이교도 의식에서 출발한 핼러윈데이 축제를 즐기러 갔던 많은 젊은이가 압사당한 일이다. 당시 소식을 뉴스로 접했을 때의 충격을 잊지 못한다. 평생을 젊은이 선교에 헌신해 왔던 사역자로서, 복음을 알지 못한 많은 청년이 허망하게 목숨을 잃은 사건은 헤아릴 수 없는 슬픔이었다. 그들의 영혼을 구원하지 못한 나의 책임과 교회의 무력함에 분하고 답답한 마음이 들어 고통스러웠다. 며칠이나 밤잠을 자지 못하면서 많은 고민을 했다. 그 후 계속 내가 할 수 있는 일은 무엇일까 생각하면서 기도하고 있었다.

나는 일생을 다해 젊은이들을 전도하기 위하여 'ESF'(Evangelical Students Fellowship, 기독대학인회)라는 학생 단체를 시작했고, 이 사역의 연장으로 '온마음교회'를 개척했다. 긴 세월이 흘러 내가 시작했던 'ESF 한양 회관'이 어느덧 50주년을 맞게 되었다. 하루는 50주년 기념 예배를 준비하는 데 도움을 받고 싶다는 ESF 한양 회관 학사회장의 전화를 받았다. 그와 만나기로 한 전날 밤, 잠을 자지 않고 50주년 기념 예배를 어떻게 진행해야 하는가 하며 기도했다. 그리고 이 기념 예배에 대한 나의 생각을 문서로 작성하여 우선 그에게 카톡으로 보냈다.

많은 내용을 적었지만, 두 가지 중요한 내용이다.

첫째, 기념 예배를 수양회 형식으로 하자는 것이고
둘째, 주제 강의를 사도행전으로 하자는 것이었다.

그러나 나의 이런 제안은 수용되기 어려웠다. 당시 코로나로 인해 모임이 제한되었기 때문에 오랜 시간 수양회를 한다는 것이 불가능했고, 또한 사도행전이라는 분량을 생각하면 많은 내용을 짧은 시간에 다룬다는 것이 힘들 것이라는 의견이었다. 현실적인 한계에 부딪혔지만 1년이 넘는 시간 동안 이를 위해 기도했고, 응답을 받았다. 50주년 되는 해를 넘겨 2023년 8월 10~12일 기념 수양회를 개최하여 사도행전을 주제 강의로 하기로 한 것이다. 그리고 사도행전 강의 준비에 대한 책임을 위임받았다.

사도행전을 수없이 읽고 묵상하고 기도하던 중 부족한 나와, 또 나와 함께했던 동역자들을 통하여 하나님께서 이루신 역사들이 주마등처럼 지나갔다. 그제야 간절한 마음이 솟구쳤다. '글을 쓰고 싶다, 돌에 새겨 두고 싶다'는 절실함이었다. 책을 쓴다면 이번 50주년 기념 예배 전에 완성이 돼야만 한다는 생각에 마음이 급해졌다. 남들은 몇 년도 걸린다는데, 그 짧은 시간 내에 책을 쓴다는 것은 엄두가 나지 않았다. 그러나 하나님이 나에게 이렇게 간절한 마음을 주셨다면 당연히 책을 쓸 수 있도록 도와주시리라는 확신도 있었다.

어떻게든 생각나는 대로 글을 쓰기 시작했다. 아무 자료 없이 책을 써 내려가는 데 성령님께서 놀라운 기억력을 주셔서 평소에 잊고 있었던 일들, 담아두었던 생각들이 쏟아져 나왔다.

작업을 하다 보니 이 책을 쓰지 않으면 안 되겠다는 또 다른 중요한 생각이 들었다. 그 이유는 한국 교회의 미래에 대한 꿈을 제시하고 싶었기 때문이다. 한국 교회의 가장 큰 병폐는 많은 기독교 지도자의 소영웅주의, 큰 교회를 세워서 군림하다 그 왕국을 세습해 가며 자자손손 축복을 누리고자 한 것이다. 교회 운영을 상업주의로 생각한 것이다. 이것은 성경의 원리에 배치되는 것이요, 하나님의 영광을 가리는 일이다. 이와 같은 사고는 한국 기독교가 사회에서 외면받고 교회의 미래를 암울하게 만든 원흉이다.

또한, 이것이 많은 젊은이가 교회를 떠나게 하고 물질주의의 쾌락에 매몰되게 한 것이다. 하나님이 창조한 아름다운 세상이 사단의 장난으로 파괴되었는데, 예수 그리스도의 복음으로 창조 때보다 더 완전한 하나님 나라를 세우고자 한 것이 기독교의 세계관이다. 그래서 하나님이 이루시고자 하는 구속의 완성된 목표는 요한계시록 21장 9-14절에 제시한 대로 모든 믿는 자가 "완전한 연합과 조화"(Perfect unity and harmony!)를 이루는 것이다. "한국 교회가 가져야 할 미래의 꿈"은 도저히 하나가 될 수 없는 교회나 교단 혹은 기독교 단체가 예수님 안에서 하나 되는 것이다.

교회가 이것을 보여줌으로써 세상에서는 도저히 이룰 수 없는 개인 간의 갈등, 지역 간의 갈등, 민족끼리의 갈등, 계층 간의 갈등, 모든 인간관계의 갈등을 해소하는 원동력이 되어야 한다. 이것은 내 평생의 모토이자, 내 사역의 궁극적인 지향점이기도 하다. 비전 하나로 버틴 어느 목회자의 기록이, 또 그와 함께한 동역자들의 이야기가 한국 교회의 완전한 연합과 조화를 이루는 데 조금이나마 보탬이 되길 바랄 뿐이다.

이 책은 나 혼자 쓴 것이 아니다. 내 개인의 연구나 삶을 기록한 것이 아니고 수많은 동역자가 엉키고 설킨 가운데 많은 희생과 아픔을 같이하며 하나님을 섬겨온 이야기를 진술하게 쓴 책이다.

나는 세련 되지 못한 성격 때문에 많은 사람에게 아픔을 주고 부담을 주는 사람이었지만, 그리스도의 은혜로 받아 주고 용서해 준 동역자들이 있었기에 지금까지 주님을 섬길 수 있어서 늘 감사할 뿐이다. 참으로 무서운 괴물로 전락할 수밖에 없었던 단체를 많은 위험을 무릅쓰고 함께 개혁했던 이승장, 장창식, 손석태 동역자들의 아름다운 동역이 이 책이 나오는 산실이 된 것이다.

또한, 선배들을 존중하여 차근 차근 지혜롭게 ESF를 세우는 데 일등 공신인 임종학, 한의수, 채미자. 김육진, 조완철 목사님들에게 한없는 감사를 드린다. 그 뒤 바통을 이어받은 최승범, 김성희, 정사철 대표들에게도 감사를 드린다. 가장 가까이에서 나의 좌충우돌하며 인간적으로 이해가 안 되는 일에 도전하는 것을 묵묵히 참아주고 함께해 준 한양 회관 동역자들, 온마음교회 성도들에게 깊은 감사를 드린다.

이 책을 쓰는데 나의 세 자녀와 아내의 도움이 컸다. 특별히 박샛별 작가의 많은 도움을 받았다. 시간이 매우 촉박했지만 그가 하고 있던 작업을 중단하고 몇 주 동안 이 일에 매달려 독자들의 입장에서 이해 되도록 도움을 주어서 감사드린다. 본서를 출판해 주신 기독교문서회(CLC)의 박영호 사장님과 직원들에게 깊이 감사를 드린다. 아무쪼록 부족한 책이지만 하나님의 영광과 독자들에게 조금이나마 도움이 되기를 간절히 기도한다.

2023년 8월
마곡에서

제1장

배움에 대한 불씨

공부만이 세상의 전부인줄 알았던 늦깎이 대학생에게
새로운 인생의 목표가 생긴 것이다.

The Burning Heart, The Greatest Grace

♥ 캠퍼스에서 만난 예수님

나는 늦깎이 대학생이었다. 모든 늦깎이의 첫 시작은 더 설레는 법이다. 만 23세의 나이에 그토록 바라던 캠퍼스의 푸른 잔디를 밟았으니, 얼마나 가슴 벅찼을지 한번 상상해보라. 그러나 그 감격도 잠시, 도도한 대학은 쉬이 내게 곁을 내주지 않았다. 동급생보다 몇 살은 나이 든 나는 괜스레 주눅 들었고 스스로가 이방인처럼 느껴졌다. 외롭고 낯설었다. 내게는 대화 상대가 절실했고 함께 캠퍼스 생활을 나눌 친구가 필요했다.

그러던 어느 따스한 봄날, 캠퍼스 잔디밭에 남녀 학생들이 모여서 화기애애하게 대화를 나누는 것이 눈에 띄었다. 마치 청춘영화의 한 장면처럼 웃음과 생기가 넘치던 그들의 모습. 나는 불꽃을 보고 호기심에 이끌렸던 모세처럼 그곳으로 발걸음을 옮겼다. 외롭고 무료했던 나는 그들 무리가 궁금할 수밖에 없었다.

"대학이라 이런 모임도 다 있네?"

쭈뼛거리며 주위를 맴도는 모습을 보고 그 그룹에 있던 한 남학생이 나를 불렀다. 알고 보니 한 선교 단체의 소속인 학생들끼리 모여 성경을 공부하는 모임이었다. 이때의 만남은 한 번도 교회에 가본 적 없던 내가 기독교를 처음 접하게 된 계기였다.

나는 전통을 중시하는 시골의 유교적인 가정에서 태어났다. 그 때문에 어려서부터 부모에게 순종하고 어른들을 공경해야 한다는 관습적인 교육을 받고 자랐다. 그러한 분위기에서 나는 평소 기독교에 대해 편견을 가질 수밖에 없었다. 즉, 교회는 가난한 사람들이나 실패한 인생들이 남의 도움이나 구하고 위로받기 위해 가는 곳이라는 거부감을 느끼고 있었다. 한마디로 교회를 다닌다는 그 자체가 입신양명하기에 부족하고 못난 자신을 스스로 드러내는 것이라 치부했다. 인식이 그러한데 내가 그리스도인이 된다는 것은 꿈에도 생각하지 않은 일이었다.

그러나 모여서 성경 공부를 하는 젊은 대학생들의 모습은 내가 상상하던 실패자의 그것이 아니었다. 오히려 위풍당당했고, 생기가 넘쳤다. 강렬한 호기심을 계기로 나는 어느새 그 모임의 일원이 되어 있었다.

성경을 같이 읽은 후, 말하고 있는 것이 무엇인가? (관찰)
그 의미가 무엇인가? (해설)
그 말씀을 우리에게 어떻게 적용할 것인가? (적용)

이런 방법으로 공부하면서 점점 성경에 대한 눈이 뜨였다. 성경 공부가 너무 재미있었다.

♥ 성경 공부에 빠진 대학 생활

시골에서 인물 났다며 기뻐했던 나의 모친이 내 대학 생활을 봤다면 아마 부지깽이를 들지 않았을까 싶다. 그만큼 나는 학과 공부보다 성경을 배우고 가르치는 데 더 열심이었다. 당시 학생 리더들이 돌아가며 성경 과목을 정해서 성경 공부를 인도했고 방학에는 성경을 권별로 강의식으로 공부했다. 주로 구약은 창세기와 출애굽기를, 신약은 마가복음, 요한복음, 사도행전, 로마서를 공부했다. 학생들은 동시에 강사로서의 책임도 맡았다.

  내가 처음 강의했던 내용은 창세기 야곱에 대한 것이었다. 공부가 좋아서, 또 그것을 강의한다는 게 좋아서 한 달 이상 야곱에 대한 성경 내용을 거의 암송하다시피 읽고 또 묵상하고 또 묵상했다. 막판에는 누가 잠자는 날 툭 치며 "야, 안병호"하고 부르면 "야곱이 그 아들들을 불러 이르되…" 하고 욀 정도였다. 그래서 거의 원고 없이 강의했는데 반응이 아주 좋았다.

  내가 대학 다닐 때는 데모가 많아 수업이 없는 날이 대다수였다. 그래서 답답한 강의실 대신 성경책 한 권을 들고 캠퍼스를 누볐다. 캠퍼스 생활은 전도하고 성경 공부하는 것이 거의 전부인 것 같았다. 그러면서도 항상 좋은 성적을 받아 장학금을 받고 학교에 다녔다. 아마 열띠게 몰입하는 것이 있으니 그 영향이 학과 공부에도 미치지 않았겠나 싶다. 이렇게 해서 대학 생활을 마쳤을 때 나는 후회 없는 날들을 보냈다는 뿌듯함이 있었다.

♥ 인생의 목적을 찾다

  온 가족과 고향의 기대를 받으며 대학에 입학한 나는 여기서 대단한 인생이 시작될 것으로 생각했다. 그러나 막상 대학에 들어와 보니 앞날에 대한 희망이 별로 보이지 않았다. 농과대학 교수들은 학생들에게 비전을 심어주기보다 여기를 나와서는 빛 볼 일이 없는 이유를 지루하게 설명했다. 생산된 농산물이 소비자에게 전달되는 과정에서 이익을 얻는 자는 중간 상인들이고, 생산자에게 돌아온 이익은 거의 없다는 것이다.

그게 현실일지언정 교수들의 냉소적인 태도는 큰 실망만 안겨 주었다. 그때까지는 대학생이 된다는 것이 큰 꿈이었으나 막상 대학에 들어와 보니 너무 허무했다. 열심히 공부해야 할 동기를 찾을 수 없었다.

내가 대학 생활의 새로운 비전을 찾은 것은 3학년 겨울 방학의 일이다. 그때 서울에서 전국 학생 리더 수양회가 있었는데, 불광동 수양관에서 300여 명의 학생 리더들이 모였던 것으로 기억한다. 나는 문교부 고등 교육 국장으로 계셨던 이원설 박사님과 한 식탁에 앉게 되었다. 아마 그분이 그때까지 내가 만나본 사람 중에 가장 저명인사가 아니었을까 한다.

당시만 해도 정부 고위직에 있는 사람들은 큰 존경을 받는 시대였다. 그가 그 직에 있을 때 퇴임하면 자기 학교 총장으로 와달라고 하는 사립대학교 이사장들이 많았다고 했다. 호쾌한 인상의 그의 목소리엔 힘이 넘쳤다. 아직 젊은 분인데 어떻게 그렇게 성공하게 되었는지 궁금했다. 그는 우리에게 자기 간증을 들려주었다.

그는 북한에서 17세 정도 나이에 피난와서 고생이 참 많았다고 했다. 다만 "너희는 그의 나라와 그의 의를 구하라"(마 6:33)는 말씀을 처절하게 붙들고 하나님을 의지하며 살았을 뿐이었다. 그랬더니 하나님께서 이 피난민 청년을 미국 유학까지 하게 해 주셨고(1950년대 미국 유학은 과장해서 지금의 우주여행에 비견할 바다. 더군다나 가난한 농군의 아들이!) 높은 직위도 얻게 되었다고 했다. 그러면서 젊은 날 하나님을 위하여 살게 될 때 그 인생을 하나님이 다 책임져 주신다는 것이었다.

그의 간증은 신선한 충격이었다. 공부만이 세상 전부인 줄 알았던 늦깎이 대학생에게 새로운 인생의 목표가 생긴 것이다.

"그 나라와 그의 의를 구하는 것"

하나님을 위하여 내 인생을 온전히 투자하는 것이 가장 최선의 삶이라는 강한 믿음이 샘솟았다.

그래서 전도를 더 열심히 했고 성경을 열렬히 공부했고 그 말씀을 열성적으로 가르쳤다. 회관에서 성경을 공부하고 집에 돌아올 때는 온 세계가 다 내 것인 양 충만했고, 세상에 사랑하지 못할 사람이 없을 것 같았다. 이처럼 대학 시절을 보냈기 때문에 가족의 반대가 그토록 심했음에도 굽히지 않고 복음 전도자의 길을 택한 것이 아닐까.

그러나 학생 리더를 넘어 간사가 된 동기는 따로 있었다. 내가 속한 선교 단체의 복자였던 이○○ 대표가 나에게 간사가 되도록 강력히 권면했기 때문이다. 그는 그 당시 학생이라면 누구나 혹할만한 방법으로 나를 꾀었다.

"병호 형제는 너무 유능하고 자부심이 강해서 사람의 종노릇을 하며 살 수는 없을 것이다. 시골 학교 선생이나 하면서 일생을 산다는 것은 안병호 형제에게는 맞지 않는다."

앞으로 하나님을 위해서 일하게 되면 비행기를 타고 세계를 누비는 세계적인 지도자가 될 것이라는 그의 말은 비전 그 자체였다. 당시 모든 형제자매는 이 대표를 대단히 우러러보았다. 그에게 인정받는 것은 큰 영광이었다. 그가 나를 이렇게 인정해 주다니 너무나 가슴 벅찼고, 나의 미래에 대한 꿈이 열린 것 같았다.

♥ 간사로 부르심을 받다

　이 대표의 권면으로 간사의 길에 들어선 것은 내 개인적으로는 영광스러운 일이었으나, 우리 가족에게는 아니었다. 당시 고향을 벗어나 청운의 길로 떠난 아들의 책무 같은 것이 내게도 있었다.

　나는 위로 누님 한 분과 형님 두 분이 계시고 아래로 남동생만 3명이다. 아버지는 요즘의 새마을금고 같은 금융업을 하셨는데, 화폐 개혁 당시 엄청난 돈을 바꾸지 못하여 집안이 몹시 어려울 때 돌아가시고 마셨다. 결혼한 누님 외에 나머지 6형제가 아직 어렸고, 막냇동생은 첫돌이 막 지났을 때였다.

　남편을 잃었는데 모친이 눈물 한 방울 흘리지 않은 것은 모질어서가 아니라 막막해서였다. 그 흔한 논 한 마지기 없이 남편이 떠났으니 슬픔이 사치라고 생각했다. 모친은 외모가 얌전하고 얼굴이 흰 미인형이었으나, 아버지의 죽음 이후 억척스러운 농사꾼으로 거듭났다. 어머니는 몸이 부서져라 일해서 우리를 먹여 살리는데 올인했다. 자식들을 먹이고 입히기만 할 수 있다면 더 이상 바랄 것이 없다는 게 그 당시 심정이었다.

　바스러지는 돌멩이처럼 삶이 곽팍한데 교육이란 생각도 못 할 일이었으며, 오히려 우리가 공부하는 것을 아주 싫어하셨다. 그래서 큰형은 겨우 초등학교를 졸업했고 둘째 형은 초등학교 4년 중퇴가 최종 학력이 되었다. 그런 열악한 상황에서 늦게나마 내가 대학을 졸업하게 되었으니 온 가족은 이제 내가 좋은 데 취직해서 가정을 돌보기만을 바랐다.

　그런데 하나님은 그런 상황에 부닥쳐 있는 나를 당신의 종으로 부르셨다. 기독교와 신앙을 부끄럽고 약한 것으로 생각하는 그 문화에서 내가 전도사가 된다고 하니 청천벽력과 같은 슬픈 소식이었다. 모친은 물론 내

형들은 그야말로 대성통곡이었다. 그렇다고 어머니의 꿈이 대단한 것도 아니었다. 자기 자식들 가운데 면사무소 서기나 초등학교 선생이 하나 나왔으면 하는 것이 시골 아낙의 평생 소원이었다.

그래서 혹시 내가 대학을 졸업하면 그 꿈이 이루어질까 기대했는데 야속한 아들이, 또 그놈이 믿는다는 하나님이 그 희망을 산산이 부숴버린 것이다. 그러나 하나님의 부르심은 아무리 가족들이 울며불며 말려도 소용이 없었다. 결국 가족은 나를 포기해 버렸다.

가족의 기대를 저버렸지만 선교 단체의 간사로서의 시작은 아주 성공적이었다. 광주에 있는 모든 대학교의 우등생은 다 우리 모임에 나왔고 약대생, 의대생들이 대거 몰려왔다. 하루아침에 나는 유명 인사가 되었다. 그러나 사단은 나를 가만두지 않았다. 꿈만 컸지, 마음이 단단하지 않았던 청년이 사사로운 감정에 휩쓸린 것이다.

당시에 간사라는 직분은 선망의 대상이었다. 나와 같은 졸업 동기 가운데 간사가 되기를 서원한 사람이 4명이나 있었다고 한다. 그러므로 내가 잘나서가 아니라 간사라는 직책 때문에 능력 있고 예쁜 자매들이 경쟁적으로 나를 좋아했다. 안타깝게도 얼마 가지 않아서 나는 한 자매와 연애 감정에 빠지게 되었다. 분명 다윗처럼 당당하게 복음을 외쳤었는데, 한순간에 머리털 잘린 삼손처럼 영적인 능력을 잃고 말았다.

결국, 많은 학생이 떠났고 내가 꿈꾸던 사역은 완전히 무너지고 만 것이었다. 직분에 비해 한참 부족했던 나는 서울 본부로 불려가 밑바닥부터 다시 고된 훈련을 받았다. 힘든 광야 훈련의 시작이었다. 모든 선남선녀로부터 황태자 대접을 받던 내가 완전히 만물의 찌꺼기 같은 존재로 떨어진 것이다.

서울에 올라오니 꽃샘추위가 한창일 때라 날씨가 을씨년스럽기만 했다. 어쩌면 콧대가 팍 꺾인 내가 그 계절을 더 서럽게 기억하는지도 모르겠다. 서울 본부 회관은 종로에 있고 내 하숙집은 공릉동이었다. 당시 공릉동에 서울대 공대와 서울대 교양학부가 있었다. 서울대 교양학부 개척을 위하여 그곳에 하숙을 정하도록 명을 받은 것이다.

말이 훈련이지, 이 대표는 훈련이라는 명목으로 내게 온갖 잡일을 시켰다. 조선 시대 같으면 하인들도 이런 고난이 닥치는 동료가 불쌍하다 했을 것이다. 오전 7시까지 회관에 나와 연탄난로를 피웠어야 했는데, 그러려면 새벽 5시에 일어나 QT를 하고 아침을 먹고 나오기도 벅찼다. 온종일 온갖 허드렛일을 한 뒤 퇴근 시간은 저녁 10시가 넘어서였다. 집에 가려면 청계천에서 상계동행 45번 버스를 타야 했다.

이 야속한 버스는 또 얼마나 늦게 오는 지 2, 30분을 오들오들 떨면서 기다리는 것이 한두 번이 아니었다.

볼품없는 총각이 옷이라도 제대로 갖춰 입었겠는가?

특히, 겨울철에는 내복도 없는 얇은 옷차림으로 콧물을 훔쳐대다 콧구멍이 다 쓰라릴 지경이었다.

이처럼 모진 훈련을 받으면서도 항상 이 대표의 언어폭력을 견뎌야만 했다. 심지어 은행 심부름부터 시작해 자기 아이들 등하교, 회관 청소와 망가진 수도꼭지를 수리하는 등 나는 전혀 해보지도 않던 일들을 도맡아 해야 했다.

한번은 그 대표 집 마당에 물이 가득 차 물을 당장 빼내야 한다고 했다. 나는 시골 사람이었지만 위로 두 형과 밑으로 동생이 항상 먼저 나섰기 때문에, 못 하나 제대로 박지 못하는 인물이었다.

그런데 마당에 가득 찬 구정물을 대체 어떻게 빼라는 말인가?

하지만 이 대표는 내게 북한의 김일성보다도 무서운 사람이었다. 그의 명령을 거부한다는 것은 상상도 할 수 없는 일이었다.

날씨는 초겨울에 접어들어 물에 손을 담그는 것 자체가 보통 고역이 아니었다. 나는 바짓단을 허벅지까지 걷어 올리고 두 눈을 질끈 감았다. 그리고 물이 빠지는 수챗구멍을 찾아 막대기를 다짜고짜 쑤셔 넣었다. 그러나 아무리 쑤셔대도 물이 빠질 기미는 보이지 않았다. 속으로 현기증과 욕지기가 동시에 났다. 세 시간 동안 그 짓을 하는데 갑자기 기적이 일어났다.

어떻게 된 일인지 종아리 부근에서 소용돌이가 일며 순식간에 물이 쑥 다 빠지고 만 것이다!

그때 내 마음은 날듯이 기뻤다.

나는 기진맥진했으나 여기서 어떤 불가능이라도 끝까지 행하면 해결할 수 있다는 도전정신을 배웠다. 초겨울에 비지땀을 흘리며 몸부림을 했던 일, 그 끝에 물이 쑥 빠져나갔던 기억은 내 인생의 고비 고비마다 버티게 하는 교훈이 되었다.

한번은 간사들에게 어려운 영어로 된 철학책을 읽고 그 내용을 발표하라는 숙제가 주어졌다. 그런데 나는 워낙 철학에 문외한인데다가 농과대학 출신이라 영어 실력마저도 좋지 못했다. 아무리 책을 읽어도 한 줄도 이해할 수 없었다. 그런데 만약에 그 숙제를 해내지 않으면 엄청난 훈련이 기다리고 있어서 못 한다고 할 수도 없는 상황이었다.

정말 이만저만한 두려움이 아니었다. 지금도 그 책이 무슨 책이며 내용이 무엇인지 모른다. 심지어 나는 온갖 잡일을 해치우느라 남보다 시간이 더 부족한 상황이었다. 일주일 동안 공부할 새도 없이 은행 심부름을 하며 기다리는 시간이나, 커피숍에서 사람을 기다리는 자투리 시간을 이용해서 책을 읽고 또 읽어보았다. 하지만 도무지 무슨 내용인지 알 수가 없었다.

나는 이 숙제 걱정 때문에 잠을 자면서도 몇 번이나 악몽을 꿨다. 그러다가 숙제 발표 전날 이 책의 서론만 이해하면 되겠다는 생각이 들었다. 책을 읽을 때는 서론이 가장 중요한데 시작부터 막막하니 오히려 향방 없이 읽었다. 시간이 걸리더라도 서론을 풀어내면 대충 전체적으로 무슨 내용인지를 '짐작'할 수 있을 것 같다는 생각이 갑자기 들었다.

사전을 찾아가며 몇 시간에 걸쳐 겨우 서론을 해석하고, 목차를 펼쳐봤다. 예상대로 깜깜이던 내용이 조금씩 짚이기 시작했다. 그 뒤로는 "에라, 모르겠다"였다. 그냥 맞든지 틀리든지 숙제를 해서 냈다. 의외로 좋은 평가를 받았다. 궁하면 통한다는 진리를 나는 그때 처음으로 실감했다. 이 경험은 훗날 유학을 하여서 다양한 어려움에 직면했을 때도 반드시 작동하는 뚝심이 되었다.

♥ 간사직을 떠났다가 다시 돌아오다

앞서 말한 이 대표의 혹독함도 사실 나에 대한 기대와 관심이었으리라 생각한다. 광주에서의 사역을 실패한 나를 서울로 불러들였을 때 이 대표는 책망하기보다 따뜻하게 맞아 주었다. 그는 나에게 아주 멋있는 의사 자매님을 소개해 줬다. 순수하고 헌신적인 자매였다. 그녀는 나를 안쓰럽게 여겼던 건지 너무나 잘해줬다. 내가 당시 장티푸스로 하숙집에서 고생하고 있을 때 죽을 쒀서 가져다줄 정도로 나를 지극히 도왔다.

이 대표를 매우 존경하고 신뢰했던 그 자매는 내가 이 대표에게 훈련을 잘 받아 좋은 목자가 되기를 바랐다. 힘들 때마다 찾아와서 위로해 주고 내가 이 대표에게 불순종하는 태도를 보이면 야단치기도 하면서 겸손한 마음으로 순종해야 한다고 타일렀다. 시골 촌뜨기인 나를 서울의 멋진 의사 자매가 이렇게 따뜻한 마음으로 잘 대해 주니 황송했다. 그런 가운데 우리는 점차 가까워졌다. 이성으로서도 감정이 싹터가고 있었다.

그러나 그녀의 다독임에도 불구하고 나는 견디기가 점점 더 힘들어졌다. 이 대표는 훈련이라는 미명하에 나를 너무나 비인격적으로 대했다. 물론 그는 나의 자존심을 꺾고 주님께 온전히 순종하게 함으로써 하나님의 종으로 훈련하고자 하는 좋은 의도였을 것이다. 그래서 훌륭한 자매도 소개해 주었고 그녀를 통해서 나를 돕고자 애를 썼다.

하지만 나는 그때도, 지금도 사람에 대한 지나칠 정도의 비인격적인 훈련이 결코 좋은 방법이라고 생각하지 않는다. 신앙 훈련이란 인격적이고 성령의 역사를 통해서 이루어져야 하는 것이지 비인간적이고 강압적이어서는 안 된다고 생각한다. 내가 처음 그의 신앙 지도를 받아 물들었던 습관이 잘못된 후유증으로 남아 훗날 목회 인생 내내 발목을 잡았다. 나도 모르는 사이에 훈련이라는 허울 좋은 이름으로 성도들에게 상처를 주는 나쁜 습성이 있음을 보았다.

갈수록 심해지는 이 대표의 폭언과 굴종만을 요구하는 태도는 나를 견딜 수 없게 만들었다. 그러다 그는 결국 결정적인 언어폭력을 가했다.

"너 이 자식, 밥벌이 할 수 없으니 여기에서 밥 얻어먹기 위해서 빌붙어 있는 것 아니야?"

머릿속에서 퓨즈가 끊어지는 소리가 났다. 나는 견딜 수 없는 모멸감과 분노를 느꼈다. 물론 당시에 대학을 졸업해도 취직이 어려운 것은 사실이었다. 특히, 나는 병역 미필이라 군사 정권하에서는 번듯한 곳에 취직이 어려웠다. 불법으로 병역 미필을 받은 것이 아니라, 당시는 신체검사 '을종'을 받은 사람은 보충역으로 빠져 입대할 수 없었다. 나는 다 건강하나 발이 평발이어서 신체검사에서 을종을 받아 군 면제가 된 것이다.

그는 병역에 대한 나의 약점을 알고 있었다. 그것이 취직에 영향을 미친다는 것도. 돌이켜보면 그 약점을 이용해 나에게 겸손을 심어주기 위한 훈련의 도구로 삼고자 했을 것이라고 짐작한다. 그것이 나에게 유익이 될 것으로 생각했을지도 모른다.

그러나 그런 비인격적인 훈련 방법은 더 이상 견디기 힘들었다. 나는 하숙집으로 돌아가 짐을 쌌다. 짐을 챙기는 내내 심장이 벌렁거렸다. 그렇게 간사직을 버리고 몰래 밤차를 타고 광주로 내려왔다. 당시 기차표 살 돈도 없어 서울에 살고 있던 생질에게 차비를 빌렸다. 비참한 밤이었다.

당시 광주에는 시골에서 올라온 어머니가 동생들과 조카들을 데리고 셋집에서 살고 있었다. 집에 들어서기 전 구둣발로 애꿎은 땅을 차며 한참을 망설였던 것으로 기억한다. 나름대로 서울에서 이름을 날리며 생활하다 다시 가족들이 바글바글한 집으로 돌아오니 묘한 이질감이 들었다.

그렇게 말리던 길을 갔던 아들이 빈털터리로 돌아온 모습을 보며 어머니 마음은 오죽했을까?

정말 체면이 말이 아니었다. 하지만 모친은 일말의 말도 묻지 않고 그 셋방에서 따뜻한 밥을 차려주셨다.

하지만 막상 모든 것을 포기하고 내려오니 정말 살길이 막막했다. 광주에서의 생활은 끔찍한 고통의 날들이었다. 설상가상으로 온 가족이 연탄가스 중독으로 죽을 뻔한 일도 있었다.

무엇보다 농과대학을 나온 사람으로서 취직이 어려웠다. 정말 우울하기 짝이 없었다. 나는 패잔병의 슬픔을 애써 지우며 백방으로 취직자리를 알아봤다.

지성이면 감천이라고 했던가?

당시 중·고등학교에 영어·수학 교사가 부족하여 다른 과목 전공자도 강습만 받으면 영어·수학 교사 자격증을 주는 제도가 생긴 것이다.

"이거다!"

눈이 번쩍 뜨였다. 또 나는 성경 강의로 훈련된, '준비된 교사'가 아니겠는가?

수학 교사 자격증을 얻기 위하여 연수원에 들어가서 공부했다. 한편으로는 영어 준교사 자격증을 얻기 위한 시험을 준비했는데 3개월 만에 합격했다. 이 대표의 혹독한 훈련을 꾸역꾸역 견디어 낸 것이 빛을 발하는 순간이었다.

드디어 시골에 있는 고등학교 영어 선생으로 취직이 되었다. 영어를 좋아해서 가르치는 것은 신이 났다. 시골 고등학교이기 때문에 각 학년이 한 반뿐이어서 고 1, 2, 3학년을 모두 가르쳤다. 대학 시절에 회화 공부를 좀 해서 문법뿐만이 아니라 영어 회화를 섞어 강의하니 대단히 실력 있는 선생으로 소문이 날 정도였다. 교장 선생님의 동생이었던 같은 재단의 중학교 영어 선생은 나를 너무 좋아해 이 학교에 오래 있어 달라고 부탁까지 했다.

그런데 갑자기 수학 선생 자리가 공석이 되어 학교에서 후임자를 구하는 데 애를 먹는 일이 생겼다.

나는 농담조로 "수학처럼 쉬운 과목이 없는데 왜 선생님 구하기가 힘들죠?

더군다나 중학교 수학 선생님은 네 분이나 있는데 그중 한 분이 고등학교 수학을 가르치면 되지 않아요?"라고 말했다.

며칠 후 교장 선생님이 내게 간청하다시피 수학을 담당해달라고 부탁을 해왔다. 마침 곧 수학 교사 자격증도 받을 수 있었기 때문에 기꺼이 그 과목을 맡았다. 당시는 특강이 있어서 고 1, 2, 3학년 특강과 본 강의까지 매일 6시간의 다른 강의를 진행해야 했다.

이른 새벽에 일어나 매일 여섯 과목을 준비해서 가르쳤다. 이전 선생님은 문제 풀이의 전 과정을 모두 판서하고, 학생들이 결과만을 받아 적게 하는 방식으로 수업했다. 그러나 나는 문제만을 칠판에 쓰고 학생들과 같이 풀어가는 방식이었다. 이렇게 하니 훨씬 진도도 빠르고 학생들도 즐거워했다.

그리고 질문을 두려워하던 분위기를 깨버리고 풀이 과정 가운데 궁금한 점이 있으면 그때그때 손을 들고 질문하게 하니 수업도 재미있고 활기찼다. 교사 생활은 보람차기도 했지만, 물질적으로도 풍족했다. 수학 특강까지 하니 월급 외에 더 많은 수입이 들어왔다. 모친은 너무 즐거워했다. 어쩌면 이 시기가 어머니의 꿈이 이루어졌던 첫 순간인지도 모르겠다.

인간적으로 생각하면 더할 나위 없이 즐거운 일이었다. 앞서 장학금을 받고 미국 유학을 다녀온 사촌 형은 "영어만 좀 더 열심히 하면 병호 너도 장학금을 받고 유학을 할 수 있어" 하고 격려도 해 주었다. 인생의 먹구름이 걷히는 것 같은 날들이었다.

그러나 앞날도 창창하고 가족들도 그렇게 기뻐하는데 왠지 내 마음은 공허해지기 시작했다. 교사 일도 좋았지만 뭔가 본질적인 것을 잃어버린 것 같았다. 나는 힘이 빠지고 있었다.

바로 그때 평소 나를 아꼈던 대학 선배가 몇몇 학사를 데리고 내가 가르치는 학교를 찾아왔다. 여느 날처럼 수업을 마치고 나오는데 서울에서 손님들이 왔다고 했다.

'서울?'

그 말에 심장이 두근거렸다. 이윽고 만난 그들은 나를 보고 너무나 반가워했다. 내 강의가 너무 신나서 온 학교가 들썩거리더라고 칭찬을 아끼지 않았다. 나 역시 그리웠던 얼굴들을 보니 눈물이 핑 돌았다.

그들이 다녀간 날 밤에 나는 잠을 이루지 못했다. 꺼진 줄 알았던 불씨가 다시 타올랐다. 한번 부르심을 받은 자는 하나님이 놓아주시지 않는 것 같았다. 나는 그 강력한 끌림을 도저히 이길 수 없어 한 학기 만에 교사 생활을 접고, 다시 서울로 돌아왔다. 이 대표는 매우 환영했다.

돌아와서 처음으로 참여했던 여름 수양회를 잊지 못한다. 학생이 인도하는 성경 공부에 참석했는데 마치 진공상태에서 공기를 빨아들이듯이 말씀이 얼마나 강력하게 내 영혼에 흡수되던지 그 감동이 아직도 생생하다. 그랬다. 배움에 대한 불씨는 계속 이어져야 했다.

제2장

학원 복음화, 메마른 땅에 단비를

그들은 회관의 초라함을 보고 처음 놀라고
또 여기에 성령의 역사가 흥왕한 것을 보고 놀랐다.

The Burning Heart, The Greatest Grace

♥ 한양 회관 개척 선사 시대

　서울로 돌아온 뒤 내 첫 임무는 한양대학교에서의 학생 복음 사역이었다. 내가 처음 이 사역을 시작할 때만 해도 믿는 동역자가 한 사람도 없었다. 고려대나 연세대 캠퍼스 개척을 종로 회관에서 시작했을 때는 믿는 형제들이 리더로 활동해서 그들과 함께 개척을 할 수 있었으나 한양대학교를 개척할 때는 믿음을 가진 대학생이 전혀 없는 상태였다. 아는 학생이 아무도 없어 매일 캠퍼스를 아침부터 저녁까지 다녀도 한 사람도 전도하지 못했다. 어깨가 축 처져 하루를 마치고 돌아올 때는 마음속 깊이 한숨만 나올 뿐이었다.

　이때 비하면 광주에서의 간사 생활은 꿈 같은 것이었다. 그땐 캠퍼스에 가면 똑똑한 남녀 학생들이 그렇게 환영해 주고 황태자 대접을 해줬는데 서울에 오니 누구 하나 눈길 주는 사람이 없었다. 아마 이 대표도 애초부터 내가 한양대를 개척해 내리라는 기대감 없이 그저 고생 좀 해보라는 심산이었는지도 모른다.

　그러나 나는 절대로 포기하지 않았다. 소득 없이 돌아와도 다음 날 아침이면 아무 일도 없었던 것처럼 다시 길을 나섰다. 그 수개월 동안 열매도 없이 계속 캠퍼스를 다닐 수 있었던 것은 아마도 마당에 가득 찬 구정물을 빼던 그 '궁하면 통한다'라는 정신이 있었기에 가능했을 것이다.

그러던 내게 하나님은 소망을 보여주셨다.

첫째, 우석대 의대 의예과 캠퍼스(현 고려대 의대 전신)에서 한 학기 동안 학생들을 전도하고 가르칠 때 만났던 이희성이라는 형제가 한양대 의대를 다니고 있는 유태영 형제를 소개해 준 일이다. 그 형제를 중심으로 드디어 의대의 한 강의실에서 요한복음을 공부하게 되었다. 매주 15명 정도의 형제들이 열심히 공부했다.

둘째, 경희대 다니는 학생을 통해서 법대생 정균영 형제를 소개받은 것이다. 한 명의 물꼬가 트이니 새로운 인물들이 연이어 등장했다. 그 형제를 통해서 광주일고 출신의 고시반 백현기 형제를 알게 되었다. 또다시 그를 통해서 전국의 수재들이 모인 고시반에서 15명 정도 되는 학생들이 요한복음을 공부하게 되었다. 당시 한양대학의 의대생들과 고시반 학생들은 모든 면에서 최고의 실력자들이었다. 지성으로 가득 찬 이들과 성경을 공부하기 시작하니 매 주일 공부 시간에 즐거움이 넘쳤다.

이제는 캠퍼스 밖에서 주일 예배를 드릴 때가 되었다고 생각했다. 정식 공동체를 이루기 위해 행당동 어느 허름한 건물에 회관을 열었다. 아니, 말은 바로 해야겠다. 정확히는 그 회관은 건물 옥상에 올려져 있는 방 한 칸짜리 가건물이었다. 아기돼지 삼 형제 동화 속에 나오는, 늑대의 입김 한번에 날아가 버릴 것 같은 집이었다.

나는 설레는 마음으로 주일 예배를 준비하고 눈이 빠지도록 기다렸으나 끝내 한 학생도 나타나지 않았다. 엎친 데 덮친 격으로 곧 겨울 방학이 되어 더 이상 한양대학교 복음 전도의 역사는 진행되지 못했다. 당시 회관은 옥상에 지어진 가건물인지라 겨울 찬 바람이 불면 실내가 실외보다 더 추웠다. 그곳에서 정균영 형제와 함께 자취했다. 의자 위에 합판을 올려놓아 침대를 만들었다. 온기라곤 연탄불 하나뿐이었다.

그마저도 불이 꺼지면 매캐한 연기를 맡으며 다시 불을 피워야 했다. 그때 한 천사가 나타났다. 신학교를 다니는 어느 자매가 우리의 딱한 형편을 알고 연탄불이 꺼질 때마다 자기 집에서 불붙은 연탄을 가져다주었다. 천사의 손에는 김치도 들려 있었다. 질리도록 먹은 라면이었지만 김치를 곁들이니 꿀맛이었다.

그런데 세상은 참 좁다. 훗날 내가 미국에 있을 때 뉴욕 중부교회 소풍에 참석했는데 놀랍게도 그곳에서 그 자매님을 다시 만나게 된 것이다. 그 자매는 바로 중부교회 담임목사인 이철 목사님의 사모님이었다. 젊은 날 고생하는 우리를 돌봐줬던 기억 때문에 갑절은 더 반가운 만남이었다.

그런 구세주의 도움이 있었으나 허술한 회관에서의 겨울은 너무 혹독했다. 추위를 견디지 못한 우리 두 사람은 결국 스스로 회관 문에 못질하고 하숙을 얻었다. 다시 재기하기 위한 일보 후퇴였다.

나는 그때 라면만 먹고 버텼던 게 신물이 나서 이제는 라면을 입에도 대질 않는다. 회관의 첫 멤버이자 나의 첫 동역자였던 정균영 형제. 그도 그런지 정답게 웃으며 물어보고 싶다.

♥ 결혼과 개척 예배

내가 속한 선교 단체에는 서로 얼굴은 몰라도 전국의 형제자매들에게 편지를 보내고, 세계에 흩어진 선교사들에게도 편지를 보내는 문화가 있었다. 한번은 이름만 알고 있는 어느 자매에게 편지를 보냈다. 나름대로 공들여 쓴 내용이었는데 답을 얻지 못했다. 조금은 감정이 상했다. 나중에 그 자매는 내게 이렇게 말했다.

"아주 열정이 넘치는 것에 반해 글씨는 초등학생 같아 답장할 생각조차 하지 않았어요."

도도했던 내 아내의 이야기다. 그러나 아내는 편지에서 내 이름만큼은 기억했다고 한다. 어느 날 종로 회관 리더 모임에서 누군가 내 이름을 불렀을 때 일어서는 모습을 보고 내 얼굴을 처음 알았다고 했다. 막상 얼굴을 보니 그의 글씨와 달리 좋은 인상이었다고 한다.

간사가 되어 서울에서 훈련받는 동안 아내는 학사회 회장으로 열심히 섬기고 있었기 때문에 형제자매로 그냥 알고 지낸 정도였다. 그는 매우 열심히 봉사했고 피아노를 전공해 합창 지휘도 도맡아 했다. 결혼식마다 "여호와는 나의 목자시니"라는 김홍전 박사의 곡을 단골로 지휘했다. 드라마 센터에서는 300명 이상의 합창단을 지휘한 일도 있었다.

예술적으로도 뛰어나고, 리더십도 있던 아내는 이 대표의 절대적인 신임을 받았고 모임에서도 최고의 선배로 인기가 높았다. 많은 남자 학사의 관심을 끌었다. 한 의사와 얼마 동안 데이트하다가 퇴짜 놓을 정도로 콧대가 높기도 했다.

내 아내의 집안은 대대로 내려온 그리스도인의 가정이다. 제주도에 사셨던 그녀의 외조부 김재원 장로는 세브란스병원을 세운 의료 선교사, 에비슨 박사에게 늑막염 치료를 받고 전도를 받았다. 그 후 그는 제주도에 돌아가 미신이 가득했던 그곳에 개인 비용으로 쪽복음을 만들어 전도해서, 1904년 '이호리 신앙공동체'(1908년 설립된 제주 최초 교회인 성내교회의 모체)를 세우고 이끌었다. 이 전도 과정에서 제주도 토속 미신을 믿던 일가

친척 주민들로부터 생명의 위협을 많이 당했으나 그분의 어머니가 적극적으로 보호해서 교회까지 세우고 오랫동안 섬길 수 있었다. 1908년 이기풍 목사가 제주도에 선교사로 파송되었다.

장모님은 그 시절에 전문학교를 졸업했고 피아노를 전공한 신여성이었다. 광주 YWCA 회장을 두 번이나 연임한 여장부다. 지금도 광주 YWCA에 가면 전임 회장들의 사진 중에 그분의 사진이 걸려 있다.

내 아내가 우리 모임에 들어오게 된 것은 서울대 공대에 다니던 사촌 동생 김순민 소개로 영어 성경 공부를 하러 갔다가 여름 수양회에 참석한 것이 계기였다. 그는 교회를 오래 다녔지만, 구원의 확신도 없었고 복음에 대해서 제대로 알지 못했다. 하지만 수양회에서 로마서를 공부하는 가운데 예수 그리스도의 십자가 복음을 받아들임으로써 구원을 확신하게 되었다고 한다. 그 후 그는 교회보다 우리 단체를 너무 사랑하게 되었다.

자기 어머니를 쏙 닮아 기개 넘치고 당당했던 아내는 이 대표의 비인격적인 모습을 볼 때마다 강하게 항의했다. 그런데 이 대표가 그의 제자인 나와 결혼을 허락한 후에도 이 대표에게 계속 바른 소리를 했기 때문에 이제는 극한 미움을 받게 되었다. 그래서 설교 시간이나 혹은 개인적으로도 아내는 야단을 엄청 많이 맞았다. 눈 밖에 난 것이다. 결국 이 대표는 나와의 결혼도 파혼시키고자 했다. 그러나 내가 결혼 약속을 무를 수는 없다고 하자 그는 제비를 뽑아 결정하자고까지 밀어붙였다.

이 소식을 들은 당사자는 자존심이 상해 우리 모임을 떠나고자 수없이 생각했다고 한다. 그러나 막상 이 모임을 떠나면 자기는 영영 신앙생활을 할 수 없을 것 같아 그러질 못했다고 했다. 한편 나는 그 중간에서 이럴 수도 없고 저럴 수도 없어 날마다 고역이었다. 그러던 중 아주 감동적인 이야기를 들었다. 이 대표의 최측근이자 내 아내와 친하던 학사 자매가 해 준 이야기였다.

"언니, 안병호 목자와 결혼은 포기하는 것이 낫겠어. 결혼한다고 해도 제대로 인정받으려면 얼마나 오래 기다려야 할지도 모르잖아."

그 자매의 우려 섞인 말에 아내는 즉각 이렇게 대답했다고 한다.

"그러면 환갑에 하면 되지 뭐"

이 이야기를 전해 듣고 나는 크게 감동받았다.

'이 자매야말로 반드시 결혼해야 할 나의 짝이다!'

확신이 생겼다. 나는 무슨 일을 해서든지 이 자매와 결혼을 해야겠다는 용기가 솟았다. 그렇게 생각한 이유가 있었다. 전에도 결혼까지 생각했던 자매가 있었는데, 요즘 말로 얼마나 '밀당'을 하는지 오늘 만났을 때와 또 내일 만났을 때 태도가 다른 것이다. 연애 초보가 감당할 수 없는 밀당의 선수였다. 마음을 손바닥 뒤집듯 하는 자매와 결혼하게 되면 내가 목회자의 길을 가기 어렵겠다는 생각으로 헤어졌다. 그 후에 수없이 많은 후회의 편지를 받았으나 단호히 거절했다.

그런데 이 자매는 환갑 후에라도 결혼하겠다는 초지일관이라니!

내가 주님의 일을 하는 데 있어서 하나님이 맺어준 짝이라고 생각했다.

사실 인간적인 조건으로만 생각하면 이 자매와의 결혼은 내게 분에 넘친 것이었다. 물론 그 당시 나는 신앙적인 자부심이 강했기 때문에 그런 조건에 얽매이지는 않았다. 하지만 그건 내 입장이지, 상대의 생각은 다를 수도 있는데 아내 역시 장래의 보장이 아무것도 없는 나와 결혼하겠다는 의지가 강했다.

신학교도 졸업하지 않았고, 사역지도 없고, 살 집도 마련하지 못한 나를 환갑까지도 기다리겠다니, 얼마나 큰 감동인가?

결혼 후 학생들이 우리 집에 와서 내 아내의 졸업 앨범을 보면서 감탄했었다. 아내와 그 친구들의 세련된 모습을 보고 '어떻게 이런 분이 안병호 간사와 결혼하게 되었지!' 하고 놀라는 눈치였다.

다가온 결혼식 날, 우리의 결혼식은 세상의 그것과 비하면 너무나 조촐했다. 예식 시간은 오후 3시였는데 오전 내내 작업복을 입고 일하다가 점심 먹고 샤워하고 결혼 예식 시간에 맞추어 양복을 입고 예식장에 들어섰다. 일생일대의 행사를 꼭 남의 결혼식에 참석하는 사람처럼 치른 것이다. 신혼여행마저도 생략했다. 첫날밤은 지금은 없어진, 수유리의 서울 아카데미하우스에서 보냈다.

그다음 날 고향 집에 인사하러 가기로 했다. 그런데 차비 한 푼 없었다. 나는 무지해서 용감한 남편이었다. 비위 좋게도 아내에게 차비를 준비하지 않았다고 투정했다. 아내는 친정집에 연락했고 처형이 어린 딸을 데리고 와서 교통비를 건네주었다. 지금 생각해 보면 처가에 매우 미안한 마음이 든다. 그렇게 시골로 내려가 가족들에게 인사를 한 후 다음 날 서울로 올라왔다. 그러나 문제는 그때부터였다. 당장 그날 잠잘 방이 없었다.

이렇게 대책 없는 일이 어디 있단 말인가!

당시 돈으로 3천 원이 우리가 가진 전부였다. 참으로 난감했다. 가능한 한 가장 싼 집을 찾기 위해 오후 내내 행당동을 온통 헤매고 다녔다.

행복하기만 해야 할 새 신부는 너무나 지쳐버렸고 신발마저 불편하여 그냥 길가에 주저앉고 말았다. 그래서 할 수 없이 나 혼자 찾고 찾아 땅거미가 내릴 즈음이 돼서야 부엌도 없는 월세방을 구하게 되었다. 당시 돈으로 보증금 5만 원에 월세 5천 원의 단칸방이었다. 얼마나 전전긍긍했던지 오십 년이 훌쩍 지난 지금도 그 금액이 잊히질 않는다. 그마저도 우선 계약금으로 3천 원만 내고 일주일 후에 보증금을 준다는 조건으로 계약한 것이다. 지금과 달리 그때는 이사할 때 전등, 장판을 다 가지고 움직이던 시절이었다. 말 그대로 '맨몸으로 결혼한' 우리는 전등도 없이 장판 대신 신문지를 깐 방에서 서울에서의 신혼 첫 밤을 보냈다.

겨우 신혼 방을 구했지만, 마음은 심히 초조하고 불안했다. 일주일이 다 되도록 보증금 5만 원을 구할 수 없었다. 며칠 동안 주인집 눈치만 살피고 있었다. 일주일이 다 간 날 아침 그만하면 오래 참아준 주인집 할아버지가 점잖게 나를 불렀다.

"신랑, 오늘까지 보증금이 마련되지 않으면 나가 주어야겠어."

어떻게 찾은 방인데, 올 것이 왔다!

사정이 다급해진 나는 입이 차마 떨어지지 않았지만, 이 대표를 찾아가 도움을 구했다. 그런데 그는 내 간청을 한마디로 거절했다.

"자네, 나한테 돈 맡겨 놨어?"

그가 반대하는 결혼을 했기에 날 선 반응을 예상하지 못한 것은 아니었지만 마음이 몹시 아팠다. 참담했다. 그러나 그대로 일어날 수는 없어 주먹을 꾹 쥐고 묵묵히 앉아있었다. 실눈을 뜨고 나를 삐뚜름하게 보던 이 대표는 그래도 마음을 바꿔 5만 원 보증금과 1만 원을 더 보태 주었다. 그렇게 감사할 수가 없었다. 나는 보증금을 제외하고 남은 만 원으로 비닐장판을 사서 집에 돌아왔다. 개선장군의 위용은 저리가라였다. 세상을 다 가진 듯 그렇게 신날 수가 없었다. 칙칙한 신문지를 거두고 환상적인 비닐장판을 깔아 놓으니 환호성이 절로 나왔다. 이제 그 어떤 호텔도 부럽지 않았다.

그날 이후로 장판은 나의 트라우마이자 모든 가치판단의 기준이 되었다. 나도 모르게 어느 집을 방문하든지 그 집에서 가장 먼저 장판을 체크하는 우습고도 슬픈 습관이 생긴 것이다. 생애 첫 집을 살 때도 예외가 아니었다. 나는 오로지 안방 장판 때문에 그 집을 샀다. 처음 들어선 안방에

깔린 장판이 얼마나 화려하고 고급스럽게 보였던지 다른 건 아예 쳐다보지도 않고 그 집을 계약했다.

이렇게 우리 부부는 그해 5월 6일에 결혼을 하고 5월 14일에 감격스러운 한양 회관 개척 예배를 드렸다. 개척 예배를 드린 후로 이제 그 단칸방은 신혼부부의 살림집인 동시에 학생들의 유일한 안식처가 되기도 했다. 심지어 당시에는 통금시간이 있었기 때문에 모임이 늦게 끝나면 그 방 한 칸에서 학생들과 함께 잠도 잤다. 시도 때도 없이 학생들은 우리 집에 와서 식사도 했다.

한번은 아내가 결혼반지를 팔아 닭을 세 마리나 사서 학생들을 대접한 적이 있었다. 가난한 학생들이 얼마나 열심히 먹어 대던지, 큰 통에 삶은 백숙 세 마리가 국물 한 숟갈 안 남고 없어졌다. 조금 섭섭했다.

'오랜만에 닭고기를 다 먹어보겠네.'

몽글몽글 피어났던 소망이 물거품처럼 사라졌다. 그래도 내가 먹는 것보다 학생들이 맛있게 먹는 모습을 보는 것이 더 큰 기쁨이었다. 지금은 먹는 문제로 고민하는 사람들이 거의 없지만 당시에는 그만큼 절실한 문제였다. 음식 대접을 받는 것처럼 기쁜 일이 없었을 때니 아내의 반지와 맞바꾼 그 닭고기가 학생들에겐 크나큰 선물 같았을 것이다.

아내의 친구들은 대부분 생활 수준이 아주 높은 편이었다. 그런데 우리 결혼식에 참석한 그들은 친구의 신랑이라는 사람이 아버지도 없이 자란 가난한 시골 출신이라는 이야기를 듣고 크게 실망했다. 그들이 말하기를 "너는 사명감을 가지고 결혼한다고 하지만 자녀들을 낳으면 어떻게 교육시키려 하느냐"며 걱정들을 했다고 한다.

그러나 그들의 우려는 오히려 호사스러운 것이었다. 장차 낳을 자식 걱정은 먼 나중이고, 당장 우리에게 급한 것은 오늘은 뭘 먹느냐 하는 생계 문제였기 때문이다.

결혼 후 얼마 되지 않은 어느 날 아침 밥상에 아내가 아주 크고 먹음직스러운 복숭아 두 개를 꺼내 놓은 일이 있었다. 그런데 한번도 먹어 보지도 못한 그런 값비싼 복숭아를 보고서 나는 크게 역정을 냈다.

"아니, 당신은 생각이 있는 사람이요 없는 사람이요?
우리가 이런 값비싼 과일을 먹을 처지요?"

그 복숭아를 신랑과 나눠 먹는 상상을 하며 내내 행복했을 텐데, 나는 새색시에게 정말 예의 없는 행동을 했다. 지금도 그때 일을 생각하면 얼굴이 화끈거린다.

아내 보기에 내가 얼마나 못나고 무례한 남편이었을까?

그렇게 혼이 난 아내는 그 후 50년 이상 결혼생활을 하면서 여태껏 비싼 음식이나 화려한 옷을 사는 일이 없다. 시장에 가서도 가장 먼저 값이 얼마나 싼지가 선택의 포인트가 됐다. 시든 채소를 값싸게 사고 닭고기를 살 때도 기름기 많은 저렴한 부분을 골라서 산다. 옷도 항상 저렴한 것만 고르고 새 옷 사기를 아주 싫어한다.

결혼 전에는 매주 미장원에 다녔고 값비싼 옷을 사서 옷장에 재워두고 한번도 안 입어 보는 일도 많았다는 아내는 결혼 후 완전히 삶이 뒤바뀌었다. 한마디로 그녀의 삶은 다운 그레이드(down grade) 된 셈이다.

그래서 지금은 속죄하는 마음으로 내가 대부분 옷을 사준다. 같이 백화점에 가더라도 아내가 가격표만 보면 손사래를 치기 때문에 내가 치수를 알아뒀다가 비싼 옷을 사다 줄 때가 많다. 언젠가 아들의 페이스북(facebook)에 고달팠던 그날들을 떠오르게 하는 자작시를 읽었다.

무제

어릴 적 어머니께서 만들어 주신
떡볶이
재료는 다른 것 없이
양념은 간장
참 … 맛이 없었다.
세월이 흘러 엄마 생각을 하면
왜 그때 그 맛이 생각나는지
그때의 젊은 엄마 모습과
철없는 내 모습
난 이미 그때 엄마 나이를
훌쩍 넘어
가난한 집에서
아들을 어떻게 사랑해 줄지 모르는
그 젊은 여자가 보인다.
아! 내가 사랑받았었구나!
그렇게 사랑받았었구나!
어찌할지 모르는
풍성 하지도 않는 집에서
날 것의 사랑을
내가 먹고 있었구나!
별로 맵지도 않은 떡볶이에
40년이 지나서야!
눈물이 핑 돈다.

시를 읽으며 나는 참 많이 울었다. 귀하게 자란 부잣집 딸을 데려와 고생만 시킨 지난날들. 알뜰한 살림살이로 내 어려운 목회를 지지해 주고 자녀를 훌륭하게 양육한 데 대한 고마움과 미안함이 뒤섞여 나도 모르게 눈물이 뺨을 적셨다.

참담한 가난 가운데 잘 자라 준 아이들에게도 너무나 고마움을 느낀다. 무엇보다 그 고난 가운데서 언제나 함께해 주셨던 하나님의 은혜를 생각할 때 내 감정은 북받칠 수밖에 없다. 모든 것을 지켜보시고 동행하신 하나님은 친히 내 눈물을 닦아주셨다. 지금 물질적으로 어려움 없이 노년을 보낼 수 있게 된 것 역시 모두 하나님의 은혜 덕분이다.

또한, 그토록 아내의 친구들이 걱정했던 자녀 교육 문제도 은혜로써 풀려나갔다. 세 아이가 각각 SKY 대학을 나오게 하심으로 하나님의 살아계심을 온전히 증명해 주셨다. 감사하게도 셋 모두 장학금으로 유학까지 마치고 좋은 직장에다 훌륭한 짝을 만나서 행복한 가정들을 이루고 있다.

♥ 독수리 5형제 훈련

결혼과 함께 개척 예배를 드린 후에는 의욕적으로 사역했다. 그해 여름 우리는 전국 여름 수양회에 우리 지구의 이름으로 당당히 참가할 계획을 세웠다. 문제는 사람 수였다. 여름 수양회는 활기차고 축제 같은 맛인데 당시 나와 함께하는 학생들은 겨우 두세 명에 불과했다. 좀 더 많은 이들을 데려가고 싶은 마음은 간절했지만, 현실이 그렇지 못했다. 그래서 조금이라도 안면 있는 학생들의 집을 직접 찾아다니면서 수양회에 참석할 것을 간절히 권했다. 그렇게 열심히 애썼지만 참석하겠다는 한 사람을 찾기가 그리 어려울 수가 없었다. 정균영 형제와 함께 그 무더운 여름, 심방을 다니다 보면 온몸은 땀범벅이 되고 갈증으로 가득할 뿐이었다.

아이스케이크. 더위에 지친 우리의 오아시스. 생각하면 지금도 입 안 가득 침이 고인다. 당시는 아이들이 통에다 아이스케이크를 담아 팔던 시절이었다. 땀을 줄줄 흘리다 그걸 하나 사 먹으면 그 맛이 얼마나 단지 몰랐다.

어느 날 약간의 관계성이 있던 학생들을 찾아갔다. 그들은 여름방학 동안 합숙하며 공부하던 고시반 학생들이었다. 내가 방문했을 때 마침 그들은 농구를 하고 있었다. 나는 다른 대안이 없었기에 어찌하던지 그들을 설득해야 했다.

"전국 여름 수양회에 한번 참석해 보세요. 각 지역에서 멋진 남녀 학생들도 얼마나 많이 오는지 몰라요. 더구나 농구 경기도 열리니까 참여해서 상도 한번 타 봅시다. 이 얼마나 좋은 기횝니까?"

간절한 나의 꼬드김은 적중했다. 힘든 고시 준비로 답답함과 압박감을 느끼고 있던 그들은 그렇게 마음의 문을 열었다. 5월에 시작했던 모임이 불과 몇 달 만에 13명으로 불어난 것이다. 존재감 없을 뻔했던 우리 지구의 첫 여름 수양회는 나름대로 성공적이었다. 고시반 멤버들은 워낙 유능한 학생들이라 경쟁심 역시 대단했다. 다음에는 한양 회관에서 더 많은 학생과 함께하여, 모든 경기에서 다른 지구를 이겨야 하겠다는 의욕으로 가득 넘쳐났다.

그렇게 뜨거웠던 여름방학이 끝나고 새 학기가 시작되자 우리는 더 열성적으로 전도를 이어갔다. 회관도 한양대 정문 앞에 5~6평 되는 조그마한 사무실로 이사를 했는데 분위기가 아주 아늑했다. 안에는 그럴싸한 비닐장판까지(!) 깔아 저녁에는 잠도 잘 수 있었다.

그런데 시기가 문제였다. 그해 유신헌법을 반대하는 학생들의 데모가 심해서 박정희 정권은 10월 17일 계엄령을 선포하고 모든 대학의 문을 닫았다. 학생들도 이에 굴하지 않고 유신헌법의 부당성을 널리 알리겠다며 자기 고향으로 다 내려가는 분위기였다. 그래서 우리는 개척한 지 불과 몇 개월도 안 되어 모든 것이 수포가 되었다. 남은 학생 하나 없는 회관은 문을 다시 닫을 수밖에 없었다.

나는 학생들을 간절히 설득했다. 고향을 계몽하는 것도 좋지만 그보다 우선인 것은 말씀을 통해서 하나님의 정의가 이 땅에 자리 잡는 것이라고 강력히 권면했다. 이 설득 끝에 기적적으로 다섯 명의 형제가 남게 되었다. 그들은 정균영, 백현기, 홍귀표, 유창현, 김신기 형제이다. 그들은 거의 한 달 동안 새로 옮긴 회관에서 숙식하며 창세기를 공부하고 소감 쓰는 훈련을 집중적으로 받았다. 그 결과 말씀 위에 든든하게 세워진 믿음을 통해 한양 회관 개척의 주춧돌이 바로 서게 되었다. 우리는 이들을 '독수리 오 형제'라고 부른다. 단순히 다섯 명이어서 뿐만이 아니라, 복음이 메말랐던 대학가를 활공하며 믿음의 날개를 펼친 주역들이기 때문이다.

♥ 빵 두 조각 사건

5인의 독수리 형제 훈련으로 비로소 리더로서 자질이 갖춰지자 황무지와 같던 행당 동산에 영적인 씨가 자라기 시작했다. 지금의 행당여중 자리에는 당시 서울교대가 자리 잡고 있었는데 우리는 교대 여학생들을 전략적으로 전도하기 시작했다. 그래서 회관 앞을 지나던 교대 여학생들을 초대하여 커피를 대접하고 성경 과목을 가르치기 시작했다.

남학생 중심이라 다소 딱딱했던 모임에 여학생들이 합류하자 분위기가 훨씬 더 부드러워졌다. 그리고 유창현 형제가 회관에서 자취를 시작하게 된 계기로 학생들이 자연스럽게 회관에서 머무는 일들이 많아졌다. 회관이 학생들의 아지트가 되자 자연스레 말씀과 기도운동도 살아나기 시작했다. 형제들은 가끔 자발적으로 합숙도 하면서 영적인 교제가 더 활발해져 갔다.

그러나 하나님의 말씀이 흥왕하려니 사단의 시기심도 발동하기 마련이다. 학생들의 교제 가운데 균열이 생겼다. 당시 유창현 형제는 시골 부잣집 아들이었음에도 물질에 대해서는 아주 인색한 편이었다. 그래서 여름방학에는 하숙비를 아끼기 위하여 잠은 회관에서 자고 우리 집에서 밥을 먹곤 했다. 그런데 가끔 형제들이 찾아와서 식사를 함께했다. 유창현 형제는 이것이 불만이었다. 자기는 빵 두 조각이면 아침 식사가 해결되는데 형제들이 두세 명이 모이면 그 서너 배를 다 먹어 버리는 것이다. 그러면 그는 속이 상해서 방을 나누기 위해 처 놓은 휘장 뒤에서 울곤 했다.

그만큼 맘이 여리기도 했던 유창현 형제는 더 이상 이런 고통을 당할 수 없다며, 본인에게 기독교는 맞지 않는다는 핑계를 대고 짐을 싸 들고 나가겠다고 했다. 또 자신은 아무래도 불교가 맞는 것 같아 이제부터 불교를 믿겠다고 했다.

너무나 황당하고도 청천벽력 같은 일이었다.

그는 내가 그토록 심혈을 기울여 양육한 5인의 독수리 중 한 사람이 아니던가?

말씀과 기도의 훈련으로 키워낸 초창기의 기둥 같은 사람이 이런 소리를 하다니!

이 친구로 인해 개척 역사가 다 흔들릴 지경이었다. 더욱이 붙임성이 좋은 그는 언제나 새로운 형제가 오면 친절하게 도움을 주던 우리 회관의 얼굴마담과 같은 아주 중요한 인물이었다. 그래서 개인적으로 타이르기도 하고 이기적인 죄를 회개하라고 엄하게 책망도 했다.

하지만 인색한 것으로만 보이는 그에게도 사정이 있었다. 전형적인 장사꾼의 아들로 살면서 손익을 따지는 일이 최우선이라 배웠고, 또 그때는 워낙 어려운 시절이라 인색함이 가난으로부터 나를 방어하는 최고의 무기였다. 그는 그렇게 절대 손해 보는 일은 하지 않는 사람으로 자라났다. 이익을 얻을 수 있다면 어떤 일도 마다하지 않았다. 유창현 형제는 군 복무 시절에도 요령을 부려 아사이 판 카메라, 값비싼 전기면도기, 전기난로 등 당시에는 보통 사람이 살 수 없는 값진 것들을 장만한 사람이기도 했다.

하지만 이제 그는 세속적인 셈을 버리고 신앙인으로 거듭났다. 이 사건을 통해서 유창현 형제는 크게 뉘우쳤다. 그는 회개의 역사를 통해 완전히 다른 사람이 되었다. 소장하고 있는 값비싼 물건을 모두 다 하나님께 바치고, 아낌없이 자신의 물건을 나누며 형제들을 섬겼다. 그가 신앙 속에서 변화한 모습은 다른 형제들에게도 큰 본보기가 됐다. 이 일은 '빵 두 조각 사건'으로 불리며 지금도 회자되고 있다. 그리고 우리의 초기 개척 역사에 큰 위기를 극복한 첫 사례가 되었다.

♥ 돌맞이 걸음마운동

그 회심의 사건 이후, 회관은 말씀의 역사가 흥왕했다. 그리하여 20여 명의 학생이 모이게 됐고, 더 이상 5~6평 크기의 회관으로서는 몰려오는 학생들을 감당할 수 없었다. 그래서 좀 더 큰 장소로 옮기고자 하는 마음이 간절했지만, 그 당시만 해도 한양대 근처에는 사무실로 사용할 만한 건물이 거의 없었다. 학생들이 모여 성경 공부와 기도에 집중할 수 있는 넉넉한 장소를 확보하는 일은 우리가 직면한 가장 시급하고 중요한 기도 제목이 되었다.

그렇게 기도하던 어느 날, 높은 곳에 올라가서 보면 뭐가 좀 보일까 싶어 한양대 인문관 옥상에 올라가 주위를 살피며 회관으로 사용할 수 있는 장소를 탐색했다. 그러나 아무리 눈을 씻고 찾아봐도 우리가 모일만한 건물은 찾아볼 수 없었다. 슬슬 부아가 치밀기 시작했다.

"하나님! 젊은 대학생들이 이렇게 열심히 모이는데 도대체 성경 공부하고 기도할 만한 장소 하나 주시지 않는다는 게 말이 됩니까?"

기도를 빙자한 투정이었을지도 모르지만, 그 가운데 무슨 일이 있어도 장소를 옮겨야겠다는 결심은 더욱 확고해졌다.

그때 우리 회관 바로 밑에 있는 판잣집 대문에 A4 용지에 쓰인 조그마한 광고가 보였다.

'세 놓음'

세 글자가 눈에 크게 확대되어 들어왔다. 거기 적혀있는 번호로 당장 전화를 해 보니 이전에는 술집이었는데 운영이 어려워 가게 문을 닫고 세를 놓는다는 것이었다.

그곳은 말 그대로 판자로 벽체를 세우고 칸을 막아 방으로 사용하는 판잣집이었다. 그 집을 들어가 보니 술집답게 어두컴컴한 방들이 다닥다닥 붙어 있었는데, 화장실마저 냄새가 나는 재래식이었다. 그곳은 술을 마시는 곳이었지 우리의 모임 장소와는 용도가 달랐기에 제대로 사용하려면 먼저 방들을 뜯어내야 할 것 같았다. 그런데 주인은 그것을 허락하지 않았다. 그래서 그 판잣집을 우리 모임용으로 제대로 사용하기 위해서는 매입하는 방법밖에 없었다. 판이 커졌다.

그곳은 대지 15평에 건물 크기도 15평이었다. 내부를 잘 개조하기만 한다면 우리 모임을 하기에는 큰 어려움이 없어 보였다. 어차피 알아볼 다른 집도 없으니 현실적으로 최선인 셈이라고 자위했다. 그래서 형제들에게 물어보았다.

"이 집을 사는 게 어떻겠어요?"

"우리도 좋습니다. 적극적으로 동참하겠습니다!"

학생들의 반응은 매우 긍정적이었다. 그들은 아직 신앙이 어린 형제들이고 숫자도 고작 20여 명에 불과했다. 그런데도 그들은 간절한 열망에 동참하며 자기들도 어떻게든 돕겠다고 했다. 정말 겁 없는 형제들이었다. 눈물이 핑 돌고 이들과 함께라면 뭐든지 할 수 있다는 자신감이 샘솟았다. 우리는 건물 매입을 위한 역사를 '돌맞이 걸음마운동'이라고 부르기로 했다.

당시 그 집값은 80만 원이었다. 내가 한 달에 받는 월급이 2만 5천 원이었으니 80만 원이란 돈은 내 월급의 40배에 가까운 엄청난 거액이었다.

그런데 형제들이 마음을 모아 돌맞이 걸음마운동을 벌이면서 집을 사자고 하니 정말 놀라운 일이 아닌가?

이것이 기막힌 일일 수밖에 없는 이유는 당시 우리 모임에 나온 형제들은 대부분 시골 가난한 학생들이었고, 신앙생활을 시작한 지 일 년이 채 안 된 새내기 신자들이었기 때문이다. 초신자들로서는 가히 상상하기 어려운 결단이었다.

우리는 즉각 회관 건물을 구매하기 위한 활동에 들어갔다. 감사하게도 먼저 의사인 친구 김광정 학사가 자신의 대학원 입학금으로 모아둔 10만 원을 선뜻 헌금해서 물꼬를 열었다. 나도 즉시 우리 집 재산 목록 1호였던 피아노를 팔아 10만 원을 마련했다. 또한, 주위의 각처에서 후원도 많이 받았다. 모여드는 도움이 경이로웠다.

그리하여 우리는 드디어 그 술집 건물을 매입해 최소한의 내부 수리를 마치고 입주했다. 세상에서 가장 초라하지만 훌륭한 '우리의' 회관. 참으로 감격스러웠다. 형제들이 그토록 간절히 기도했던 우리의 숙원사업이 큰 어려움 없이 순식간에 해결된 것이다.

방 두 개와 다락을 제외한 모든 방을 뜯어내고 집회 공간으로 만들었다. 그러자 새로운 역사가 시작되었다. 넉넉한 공간에서 공부도 하고 또 가난한 학생들은 합숙까지 할 수 있게 되어 이전보다 훨씬 밀도 있는 친밀한 교제가 일어났다. 학생 사역에서 공간이 얼마나 중요한가를 다시 절실히 느끼는 사건이었다.

나뿐만 아니라 학생들은 무척 신이 났다. 간절히 원하고 함께 이루고자 하면 어떤 일이 생기는가를 젊은 나이에 몸소 체험했고, 이때의 경험은 훗날 고난이 찾아와도 그들 인생을 지탱하는 자산이 되었다.

더욱 감사하게도 공간의 확장과 함께 우리의 복음 역사 또한 흥왕해 갔다. 회관 구매를 위해 서로 엄청난 짐을 나눠 짊어졌음에도 불구하고, 놀랍게도 그해 우리는 완전한 경제적 자립을 이루게 되었다.

앞서 말한 것처럼 당시 나는 개척 사역자 신분이라 동대문 지구 회관으로부터 매월 2만 5천 원을 사역비로 지원받고 있었다. 너무나 큰 도움이었지만 나는 사실 이 때문에 설움도 많이 겪고 있었다. 사역비는 매월 회계 책임을 맡은 동대문 지구 자매가 현금으로 가져와 지급해 주고, 기도도 해 주고 갔다. 그런데 어느 날 한 번은 현금 봉투 대신에 동전이 가득 든 자루를 가지고 온 것이다. 너무나 황당한 일이었다.

"아니 왜 현금을 가져오지 않고 이렇게 동전 보따리를 가져왔습니까?"

그 자매는 멋쩍게 웃기만 하고 내 물음에 끝까지 답하지 않았다. 알고 보니 동대문 지구 책임 간사가 시킨 일이었다. 그는 "학생들이 이렇게 동전으로 헌금한 돈으로 생활비를 지원하는 것이니 정신 차리고 일하라"는 뜻으로 보낸 것이라고 했다. 마음속 깊이 자존심이 상했다. 다시 동전 자루를 동대문 회관에 가져가서 냅다 뿌리고 싶었다. 하지만 또 한편으로는 그 말이 옳았다. 내게는 헝그리 정신이 바짝 필요했다.

세상에 공짜는 없다. 복음 안에서도 결코 예외가 아니다. 선교 사역비는 그저 하늘에서 떨어지는 게 아니다. 그것이 성도들의 땀과 눈물로 헌신 된 열매임을 우리는 안다. 알아야 한다.

그 사건은 어떤 모습으로든지 남에게 도움받는다는 것은 썩 유쾌한 일이 아니라는 것을 경험하는 좋은 기회였다. 그런데 이 설움을 딛고 우리는 1년 만에 온전한 경제적인 자립과 함께 오히려 선교비를 지급할 수 있는 대역전을 이뤄냈으니 '돌맞이 걸음마운동'이 가진 의미는 대단했다.

이렇게 마련한 회관을 우리는 '말구유'라고 불렀다. 창문이 없으니 빛이 들어오지 않아 어둡기 짝이 없었고 바닥은 미장이 제대로 안 된 시멘트 바닥으로 울퉁불퉁했다. 화장실에서는 여전히 악취가 났다.

가구라도 제대로 갖췄겠는가?

눈에 보일 때마다 남이 버린 것들을 주워 와 공간을 채웠기 때문에 모든 의자가 알록달록 중구난방이었다. 그야말로 중고 가구 전시장을 방불케 했다.

그러나 말씀의 역사가 흥왕하니 장소의 허름함은 문제가 되지 않았다. 멋쟁이 한양대학교 자매들이 모여들기 시작했다. 우리 모임이 하도 널리 알려져서 대단한 곳인 줄 알고 왔다는 것이다. 그들은 두 번 놀랐다. 이 말구유 회관의 초라함과 인테리어의 요란스러움을 보고 처음 놀라고 또 여기에 성령의 역사가 흥왕한 것을 보고 놀랐다. 이로써 우리는 말씀만 있으면 어떤 곳에도 사람들이 모일 수 있다는 강력한 확신하게 되었다.

♥ 고시반 퇴반 사건

한번 시작된 복음의 역사는 불길처럼 타올랐다. 우리는 주님을 위해서라면 무엇이든지 하겠다는 각오로 무장했다. 한양대 곳곳을 누비며 '캠퍼스 복음화와 성서 한국, 세계 선교'를 날마다 부르짖었다.

그 당시 한양대학은 공대로는 상당히 유명세가 있었으나 공대 특성화에 치우쳐 지금껏 사시, 행시 합격자를 배출하지 못하고 있었다. 그래서 정책적으로 많은 장학금을 주고 전국의 수재들을 스카우트했다. 그리고 대학 당국은 따로 고시반을 만들어 집중적인 지원과 함께 공부를 혹독히 시켰다. 고시반 학생들은 그만큼 학교의 총애와 기대를 한 몸에 받는 존재들이었다.

그런데 그 안에 속했던 몇몇 우리 회관 학생은 고시 공부보다 성경을 더 열심히 공부했다. 지도교수는 그들이 개인적으로 본 공부보다 성경에 더 열중하는 것을 전혀 모르고 있었다. 그러다 기어코 사달이 나고 말았다.

여름방학이 되면 학교는 고시반 학생들을 전원 경기도 퇴계원 한양대학교 연수원에 입소시켜 모두 외출도 허락하지 않고 공부에만 전념토록 했다. 학교 입장에서는 모든 지원을 아끼지 않고, 어찌하던지 고시 합격생을 만들어서 학교의 명예를 살리고자 하는 절박함이 있었다. 그런데 그중 홍귀표, 김경섭, 안택식 세 학생이 학교의 허락도 받지 않고 함부로 이탈하여 서울로 주일 예배를 드리러 다니는 것이었다. 결국 이 사실이 드러나 학교가 뒤집혔다.

"이 정신 나간 녀석들이 고시 준비에 목숨 걸어도 될까 말까 한 판에 교회가 웬 말이야!

학교가 너희들을 위해 얼마나 전폭적으로 지원하는데, 이런 배은망덕한 짓을 하고 있어!

앞으로 한번만 더 이런 일이 있으면 당장 퇴반 시킬 테니 알아서 해!"

지도교수의 분노는 극에 달했다. 사실 그가 학생들에게 배은망덕을 들먹이며 비난할 만도 했다. 고시반 학생들은 당시 등록금 전액 면제와 무료 기숙사, 거기다가 매월 용돈 1만 5천 원까지 받는 특혜를 누리고 있었기 때문이다. 당시 가족을 거느린 전임 사역자인 내 월급이 약 3만 원 조금 넘는 수준이었다. 그만큼 학생 신분으로서 매월 용돈 1만 5천 원은 엄청난 금액이었다.

그런데 잔뜩 화가 난 지도교수의 엄중한 경고에도 불구하고 학생들은 뒤로 물러서지 않았다. 용서를 빌고 다시는 허락 없이 외출하지 않겠다고 했으면 무마되었을 터인데 이들은 그 경고를 따르지 않았다. 그들의 신앙과 하나님께 대한 충성심은 지도교수의 그것보다 훨씬 단호했기 때문이다. 그들은 다니엘 3장 17-18절을 붙들고 당당히 지도교수와 맞서 싸우며 고시반 퇴반을 자청했다.

> 왕이여 우리가 섬기는 하나님이 계시다면 우리를 맹렬히 타는 풀무불 가운데에서 능히 건져내시겠고, 왕의 손에서도 건져내시리이다 그렇게 하지 아니하실지라도, 왕이여 우리가 왕의 신들을 섬기지도 아니하고 왕이 세우신 금 신상에게 절하지도 아니할 줄을 아옵소서 (단 3:17-18).

그들은 어느 주일 날 작정하고 짐을 싸 들고나왔다.
하지만 당장 어디 갈 곳이 있었겠는가?
행선지는 당연히 회관이었다. 모든 혜택을 박탈당한 채 완전히 빈털터리가 된 그들은 회관 다락방에 짐을 풀었다. 이들을 주말에만 만나던 나는 졸지에 회관에서 숙식을 제공해 주어야 할 상황이 되었다.
억장이 무너졌다. 나 역시 한 달에 3만 원의 생활비를 받고 단칸방에 사는 주제인데 이들의 숙식을 책임진다는 것은 언감생심이었다.
더구나 그들이 포기한 사립대학 등록금까지 어떻게 책임진다는 것인가?
그런데 이들이 하나님만을 믿고 위대한 결단을 했다고 하는데 나는 손 놓고 있을 수 있었겠는가?
학생들은 하나님을 믿는다고 했지만 사실 '안병호 목자님이 어떻게든 알아서 하겠지'라는 생각도 했을 것이다. 왜냐하면, 나는 "주님께 모든 것을 맡기면 하나님이 다 책임지신다. 우리에게 가장 중요한 일은 하나님께 순종하는 것이다"라고 가르친 장본인이었기 때문이다. 그들의 선택은 하나님을 더 잘 믿는 목자님이 알아서 책임지시라는 무언의 압박으로 다가왔다.

백현기 형제의 대응은 설상가상이었다. 그는 당시 대학 4학년으로 사찰에서 공부하고 있었다. 후배들이 그런 어려움을 당했다는 이야기를 들은 백현기 형제는 혼자 편하게 공부한다는 것이 의리가 아닌 것 같다고 판단했다. 그래서 그 역시 고시반 규칙을 어기고 한 형제와 함께 그해 여름 수양회에 참석한 것이다.

다행히 그는 사법고시 1차에 합격한 상태였기 때문에 고시반 지도교수도 다른 학생들에게만큼 엄격하지는 못했다. 교수는 백현기 형제를 설득하려 했으나 그는 3명의 친구를 받아주지 않는다면 자기도 자진 퇴반하겠다고 단호하게 선언했다.

용감한 형제들 덕분에 회관의 일이 커졌다. 이제 4명의 학비와 숙식비, 주거비를 책임져야 하니 보통 일이 아니었다. 그러나 나는 전혀 부담이나 두려움이 없었다. 우선 그들이 회관에서 숙식할 수 있도록 배려해 주었다. 그와 동시에 경제적 문제를 해결할 모든 방법을 동원했다.

당시 대학 4학년이던 이승원 형제에게도 다른 형제들의 고난에 동참하라고 하면서 밤에 찹쌀떡 장수를 시켰다. 친구가 벌어온 돈으로 밥을 해 먹이니, 고시반 형제들은 전보다 더 공부를 열심히 할 수밖에 없었다. 김치와 반찬 등 부식 거리는 유일한 학사 가정인 김광정, 조현숙 가정과 내 아내가 책임졌다. 훗날 백현기 형제는 그 시절을 회고하면서 그때 식사가 부실해서 항상 배가 고팠다고 했다. 참으로 미안한 마음이 들었다.

그리고 무엇보다 중요한 학비였다. 그야말로 수단 방법을 가리지 않고 겨우 마련해서 무사히 졸업은 하게 만들었다. 모두의 사정을 딱하게 여긴 나의 장인도 장학금을 대주었고, 김광정 학사도 생활비와 학비를 해결하도록 상당한 도움을 주었다.

그 정성을 뼈저리게 알고 있던 백현기 형제는 누구보다 기를 쓰고 공부했다. 그 과정에서 몇 차례 낙방의 아픔을 겪기도 했지만 포기하지 않고 노력해서 끝내 고시 합격의 꿈을 이루었다.

나는 그가 시험에 떨어질 때마다 용기를 잃지 않도록 위로가 되는 책을 읽게 하고 간절히 기도해 주었다. 사법시험 당일은 직접 점심을 싸가서 남은 시험을 잘 볼 수 있도록 격려했다. 형인 듯, 목자인 듯, 아버지인 듯 보듬고 공들인 날들이었다.

그런 그가 보란 듯이 시험에 합격하다니!

뜨거운 눈물이 흘렀다. 너무나 감격스러운 일이었다!

우리는 하나님 나라의 영광이라면 무슨 일도 감당하겠다는 각오로 불탔다. 마치 혈육을 뛰어넘는 하나의 신앙 가족이었다. 열악한 환경에서 녹록지 않은 날들이었으나 사랑으로 서로를 보듬고, 격려하고, 나아갔다.

그 결과 고시반 퇴반 사건의 주인공들 모두가 신앙의 거장이 되어 위대한 인생을 살게 되었다. 의리로 뛰쳐나온 백현기 형제는 단독 형사 판사로 재직하다 변호사를 개업하여 돈을 많이 벌었고, 많은 사람을 도왔다. 그리고 기독교 신앙의 가치를 내걸고 대형 로펌인 '법무법인 로고스'를 만들어 대표변호사로 활동했다. 그는 특히 한국 교회 분쟁 분야에서 논문을 쓴 법학박사가 되어서 이 방면의 최고 전문가로 인정받았다.

홍귀표 형제는 미국으로 건너가 시카고에 다민족 교회를 세웠다. 그는 미국에 공부하러 온 사람들을 훈련해 각자 본국에 돌아가 교회를 개척하도록 하는 사역을 펼쳤다. 그가 개척한 교회만 해도 전 세계적으로 8개국이 넘는다. 남미, 아프리카, 필리핀, 유럽 등의 현지인 지도자를 시카고 센터에서 훈련해 교회를 이뤘다. 또한, 그는 미국의 이민 교회 1세대들이 사라져가는 현실에서, 한국말을 모르는 한인 2세 청소년들을 훈련하며 목회의 새로운 패러다임을 제시하고 있다.

또한, 김경섭 형제는 <프리셉트>라는 단체를 세워 수천 명의 한국 목회자들에게 성경 과목을 가르침으로써 많은 교회가 부흥하도록 돕고 있다. 그뿐만 아니라, 그는 죽전과 수원 광교에 큰 예배당을 지어 목회를 성공적으로 하고 있다. 나는 김경섭 목사에 대해서 특별히 할 말이 많다. 내가 뒤이을 사건에서 개혁주동자로 몰려 큰 곤경에 처해 있을 때 다시 돌아올 수 있도록 큰 도움을 준 인물이기 때문이다.

그는 훗날 쫓겨난 내가 밤중에 한양 회관을 쳐들어갔을 때, 나를 밀쳐내는 학생들을 제지하고 그들 앞에서 성명서를 읽어주었다. 그 일로 학생들의 오해가 풀려 다시 한양 회관 목자로 돌아오는 데 큰 역할을 했다. 그후로도 그는 나를 변명하다가 린치당하기도 했지만, 이 대표 앞에서 당당히 맞서 늘 나를 변호했다.

그가 아니었더라면 나는 ESF 개혁도 이룰 수 없었고, 온마음교회도 세울 수 없었을 것이다. 이처럼 고시반 퇴반 사건은 한양 회관 역사와 선교의 역사에 큰 성공의 계기가 되었다. 이때를 기점으로 복음의 역사는 더욱 줄기차게 확장되어 갔다.

♥ 현대판 사르밧 과부

구약성경 열왕기상 17장 8-16절에 사르밧에 사는 과부 이야기가 나온다. 어린 아들과 함께 사는 사르밧 과부는 온 나라에 기근이 들어 죽기 일보 직전이었다. 과부는 통에 있는 가루 한 움큼과 병에 있는 기름 조금으로 떡을 만들어서 마지막 식사를 하기 위해 나뭇가지를 주우러 나갔다.

그곳에서 과부는 엘리야 선지자를 만났다. 엘리야 선지자가 과부에게 떡 한 조각을 가져오라고 했다. 그때 과부가 말했다.

> 당신의 하나님 여호와의 살아계심을 두고 맹세하노니, 나는 떡이 없고 다만 통에 가루 한 움큼과 병에 기름 조금뿐입니다. 그걸로 나와 내 아들을 위해 음식을 만들어 먹고 나면 그 뒤에는 죽을 것입니다(왕상 17:12).

엘리야가 말했다.

> 두려워 말고 가서 네 말대로 하라. 먼저 그것으로 나를 위하여 작은 떡 하나를 만들어 내게로 가져오고 그 후에 너와 네 아들을 위하여 만들라. 이스라엘 하나님의 말씀이 '나 여호와가 비를 지면에 내리는 날까지 그 통의 가루는 다하지 아니하고 그 병의 기름은 없어지지 아니하리라' 하셨느니라(왕상 17:13-14).

과부는 엘리야가 말한 대로 마지막 남은 가루와 기름으로 떡을 만들어 엘리야에게 주었다. 그리고 다시 가루 통을 보니까 가루가 또 생기고 병에 기름도 없어지지 않았다. 사르밧 과부는 아들과 함께 가루와 기름으로 떡을 만들어 먹었지만, 끊임없이 나오는 가루와 기름으로 여러 날 풍족하게 살게 되었다.

내가 갑자기 사르밧 과부 이야기를 꺼낸 데는 이유가 있다. 맨몸으로 결혼한 내가 사역에 큰 자금이 필요할 때마다 하나님께서 응답하시어 위기를 극복하곤 했다. 심지어 하나님은 사르밧 과부에게 하신 것보다 더 큰 사랑으로 채워주시기도 했다.

결혼식을 며칠 앞두고 처가가 될 집을 찾아갔던 일이 생각난다. 장인은 단도직입적으로 내게 질문을 던졌다.

"살 집은 마련했는가?"

나는 대답했다.

"아직 준비를 못 했습니다. 하지만 집 문제는 걱정 안 하셔도 됩니다. 당장 집이 없으면 아내는 잠시 친정에 살고 저는 하숙을 하면 됩니다."

사실 지금도 젊은이들이 자력으로 집을 산다는 것은 어려운 일이지만, 그 당시로서는 꿈도 꿀 수 없는 일이었다.

더군다나 신학교도 아직 졸업 못 했고 전도사도 아닌 내가, 선교 단체에서 허드렛일을 하면서 겨우 입에 풀칠하는 신세에 어떻게 집을 살 수 있었겠는가?

그러나 나는 한번 더 큰소리로 호기를 부렸다.

"필요하다면 집을 사겠습니다."

스치듯 장인의 표정이 일그러졌다. 그리고 내 말을 비꼬는 듯 말씀하셨다.

"집 사기가 그렇게 쉬우면 나도 한 채 사주소. 시계는 차고 있는 게 있으니 안 사줘도 되겠구먼."

나는 주눅 들지 않고 대답했다.

"아닙니다. 이 시계는 빌려 찬 것이라 시계는 사주셔야 합니다."

장인은 어이없어했다. 그렇게 당당한 모습을 보였지만 실상 우리 부부의 결혼생활은 예상보다 험난했다. 앞서 말한 것처럼 우리는 부엌도 없는 단칸방에서 장판 대신 신문지를 깔고 신혼을 시작했다. 몇 년 후에 이사한 집은 방 한 칸 옆에 창고 비슷한 공간이 있기에 부엌 비슷한 것을 만들었다. 누가 봐도 변변찮은 부엌을 보고 아내는 기뻐했다. 이제 그릇을 놓아둘 수 있고 몇 가지 식기도 마련할 수 있으니 그 누구도 부럽지 않다고 했다.

그러나 그 기쁨도 잠시, 이 집도 월세였기에 기한이 차자 또다시 이사를 해야 했다. 그러나 급박한 이사 걱정에 빠져 내가 놓쳐버린 것이 있었다. 알고 보니 이삿날이 주일이었다. 너무나 당황했다. 주일에 이사를 한다는 것은 기독교 정서상 지금도 물론 어려운 일이지만, 당시 내가 몸담은 선교 단체가 매우 율법적인 사상이 있었기에 이것은 천부당만부당한 일이었다.

그래서 나는 새로 계약한 집주인에게 사실을 이야기하면서 나는 그리스도인으로서 주일은 이사하기가 어려우니 이삿날을 바꾸어 달라고 통사정했다. 그러나 젊은 집주인은 한번 계약한 것은 절대 파기할 수 없고, 이것을 위반한 내가 나쁜 놈이라고 욕을 했다. 분이 풀리지 않는지 씩씩거리며 내 뺨을 세 차례나 때렸다. 일순간에 얻어맞은 나는 너무나도 얼떨떨했고, 화나고 억울했다.

이런 고난을 겪을 때쯤 이 대표는 대안을 제시했다. 그의 장인이 집을 지어서 파는 집 장사를 하고 있는데, 그중 한 곳에 가서 살라는 것이다.

그래서 우리 가족은 감사하게도 아주 큰 집으로 이사를 하게 되었다. 그때도 나는 사역이 바빠 이사를 도울 시간이 없었다. 나로선 '복음을 위해서는 가족과 친척을 버려라'는 성경 말씀을 금과옥조(金科玉條)로 삼고 있던 때였다. 그래서 아내는 이삿짐이라야 단출하기만 한 두세 개의 보따리를 세 발 달린 삼륜차에 싣고, 어린 아들과 혼자 이사를 했다. 그때 삼륜차 기사가 아내에게 "아줌마, 이거는 하숙생들이나 짐 옮길 때 쓰는 거예요. 다음번에는 꼭 용달차라도 부르세요."라며 안쓰러워했다고 한다.

저녁이 되어 이사 간 집을 가보니 너무 크고 휑해서 영 적응이 안 되었다. 그리고 집 장사가 지은 집답게 너무나 부실했다. 누가 봐도 이 집이 안 팔리는 이유를 단번에 알 수 있는 수준이었다.

싸하고 불길한 예감은 적중했다. 여름에 비가 오니 지하는 온통 물바다가 됐다. 그 물을 퍼내는 작업이 실로 이만저만한 고통이 아니었다. 또 겨울에는 방풍 시설이 부실하여 도저히 살 수가 없을 정도로 집에 한기가 돌았다. 그래서 급기야 다른 방들은 비워놓고, 연탄난로를 설치해 겨우 안방에서만 생활할 수밖에 없었다.

그런데 이 대표는 그 소식을 듣고 오히려 그 집에서 우리를 쫓아냈다.

"이런 바보 같은 인간이 있나, 집을 줘도 제대로 쓰지도 못해!"

그래서 다시 월셋집을 찾아 이사 가는 신세가 되고 말았다. 그 당시 내가 받은 사역 비용은 너무 적어서 월세를 내고 나면 남은 돈으로 생활하기가 너무 어려웠다. 그러나 아내는 그 쥐꼬리만 한 돈으로 두 아이까지 키우는 지혜를 발휘했다. 그런데도 고시반을 쫓겨나 회관에서 자취하는 형제들에게 김치를 다 주고 나면 우리 가족은 김칫국물만 먹고 살아야 했다.

그러던 중 간사들이 모여서 창세기 소감을 쓰는 훈련이 있었다. 내 소감을 들은 이 대표는 매우 감동한 얼굴로, 상으로 집을 한 채 사주겠다고 했다. 지금으로선 그런 무슨 말도 안 되고 황당한 일이 있나 싶지만, 당시 그는 엄청난 헌금을 혼자 맘대로 쓸 수 있었다.

그러나 그는 아침에 약속한 것을 저녁에 바꾸는, 아주 조석변개형 인간이었다. 과연 그는 나의 예상에서 빗나가지 않았다. 집을 사주겠다는 말을 홀랑 바꿨다. 그래도 미안은 했는지 전세금을 줄 테니 이사 가는 데 쓰라며 내게 200만 원을 줬다.

결국 그 돈으로 전세를 얻으러 다녔다. 그러나 집주인마다 아이들이 있는 사람에게는 집 주기를 꺼렸다. 실로 난감한 일이었다. 하지만 한 부동산 사장의 권고로 허름한 집을 한 채 사서 방 하나는 전세를 줬다. 감사하게도 그 집을 산 후 몇 년이 채 안 되어 집값이 뛰었다.

이것이 내 최초의 자산이 되어 그 이후 사역에 돈이 필요할 때마다 헌금을 할 수 있었다. 집을 팔아 헌금하고 더 값싼 집을 사게 되면 그 집값이 다시 올라 또 집을 팔아 헌금할 수 있었다. 이렇게 나는 사르밧 과부의 은혜를 체험하고 살았다. 미국에 유학을 하기 전 교회 건물을 마련할 때도 집을 팔아 헌금을 하고 떠났다.

유학에서 돌아와 16평 작은 아파트에서 세 자녀와 살 때는 여간 어려운 일이 아니었다. 그런데 여호와 이레의 하나님은 또 기가 막힌 계획이 있었다. 미국 유학 중 내 아내가 피아노 교수법을 배워왔는데, 그 교수법으로 학생들을 가르치기 시작하며 약 1년 만에 꽤 많은 돈을 벌었다. 그래서 강남에 있는 작은 아파트를 팔고 급매로 나온 25평 아파트 1층을 간신히 살 수 있었다. 이 집에서 우리 세 자녀와 비교적 오래 함께 살 때가 가장 행복했던 것 같다.

그 후 예배당을 짓거나 교육관을 사는 일이 있을 때마다 집을 팔아 헌금했다. 헌금 후에는 항상 그보다 값싼 집을 사두는 것이 나의 경제 철학이었다. 내가 은퇴할 때까지 수없이 많은 집을 팔아 헌금했지만, 그래도 가족을 위한 집 한 채는 늘 남아있었다.

물론 내가 강남에 집을 팔지 않고 그대로 가지고 있었더라면 집값이 크게 올라 갑부가 되었겠지만 내가 은퇴할 때, 집이 한 채 있어서 교회에 아무런 짐을 지우지 않고 떠날 수 있었다는 것이 큰 감사였다. 돌이켜 보면 하나님께서는 내가 사르밧 과부처럼 하나님께 드릴 때 또다시 모든 필요를 더 크게 채워주셨다.

제3장

깨어진 밤, 동트는 새벽

나는 이것이 잘못되어도
너무나 잘못되었다는 것을 깨달았다.
그리고 굳은 결심으로 호시탐탐 때를 기다렸다.

The Burning Heart, The Greatest Grace

♥ 신앙의 모판이 된 나의 첫 선교 단체

캠퍼스 복음화에 모든 것을 바쳤던 내 인생에서 이 대표와 그가 세운 선교 단체의 이야기를 빼놓을 수 없다. 1961년 광주 대학생을 중심으로 만들어진 그 단체는 미국인 배사라 선교사와 한국의 이 대표가 세웠다. 내가 이 단체에 가입하게 된 것은 1965년, 대학교 1학년 때부터였다. 종교, 특히 기독교에 대해 문외한이던 나는 이 단체를 통해서 처음 성경 공부를 시작했고 예수님을 영접했다.

앞서 이야기했던 것처럼 오직 성경을 배우고 가르치는 것으로 대학 생활을 보냈다. 내가 성경을 가르치면 많은 학생이 감동하였다. 그중 최장국이라는 학생은 내 가르침과 기도에 가슴이 뭉클하다고 했다. 그러면서 그는 나에게 목사가 되면 좋겠다고 말했다. 나는 그때 공부가 좋았던 거지 믿음이 분명하지는 않았다. 목사가 된다는 것은 상상도 못 했고, 심지어 목사가 뭐 하는 사람인지 제대로 알지도 못했다.

한번은 회관에서 학생들이 돌아가며 성경 공부를 인도하는 모임이 있었다. 처음으로 내가 인도했을 때 조선대 약대에 다니는 최준식 형제가 크게 감동하였다고 했다. 또 한번은 기도회를 했는데 김춘순이라는 간사가 "병호 형제, 기도가 참 감동입니다."라고 말했다. 그는 전남대 영문과 출신 자매로 아주 예쁘고 친절하여 많은 학생에게 존경과 사랑을 받는 존재였다. 그런 분에게 감동을 줬다니 너무 기뻤다.

같은 동기 중에서 공부도 아주 잘하고 신앙도 훌륭했던 이들에 비하면 신앙도 어리고 기독교가 무엇인지 몰랐던 내가 단체의 목자로 선임되었다는 것은 지금도 이해가 되지 않는다. 아마 가장 믿음이 약하니까 도망가지 못하도록 묶어 놓으려 했던 것이 아닌가 생각된다.

부족했던 나를 이끌어줬던 사람들이 많다. 나이는 나보다 적지만 학년으로는 1년 선배인 황승룡은 신앙생활을 남달리 열심히 하는 사람이었다. 그는 이 대표의 각별한 사랑을 받았고 아주 성공적인 목사가 되었다. 그랬던 그도 나에 대해서 특별한 관심과 애정을 보내 주었다. 또한, 농과대학 선배인 김영수는 자기 자취방까지 데리고 다니면서 나를 아꼈다.

의대에 다니던 이용은이 여름방학에 『딕슨 4』라는 책으로 영어 회화 공부를 인도했는데, 내가 그 책을 송두리째 암송하여 회화를 곧잘 하는 것을 보고 매우 감격하며 나를 아주 좋아했다. 영어로 맺어진 인연은 훗날에도 이어졌다. 내가 미국 유학할 때 그는 미국에서 의사를 했는데, 그 집에 자주 들러 대접받곤 했다. 나를 뒤따라온 우리 가족이 시카고 공항에 새벽 3시에 도착한 날, 밤중의 뜬금없는 연락에도 기꺼이 가족을 마중 나오기도 할 만큼 친밀한 관계를 갖게 되었다.

농과대학 2년 선배인 정금자, 김선지 두 분도 나를 무척 사랑하고 아꼈다. 그분들은 내가 그들보다 나이가 많은 것을 전혀 모르고 있다가 나중에 내가 목자가 된 후에야 사실을 알고 너무나 깜짝 놀랐다.

그 선교 단체에서는 당시 주로 학생 강사를 세워 성경을 강의했고 여름 수양회도 학생 강사들이 성경 강해를 했다. 그때마다 나는 강의를 할 기회가 있었다. 책임을 주면 밤낮으로 본문을 읽고 연구하며 기도했다. 그냥 말씀 자체만을 묵상하고 연구하는 가운데 성령이 인도하는 대로 강의했다.

대학 4학년 겨울방학에는 신학계에 폭탄을 던졌다는 칼 바르트의 유명한 『로마서 소강해』를 참고로 하여 일주일 동안 로마서를 강의했다. 당시 노상채가 우리 집에서 같이 살고 있었는데, 매일 저녁 강의가 끝나면 집에 들어오면서 "오늘 강의 참 대단했어!"라며 칭찬을 아끼지 않았다. 그의 말은 나에게 큰 격려가 되었다.

이처럼 대학 생활은 온전히 성경 공부와 전도 활동으로 보냈다. 대학을 졸업한 후에 생각해 봐도 정말 후회 없는 시절이었다. 내가 간사가 된 후에도 대학 때 성경 공부에 열중했던 것은 큰 재산이 되었다. 신학 지식은 없었으나 성경을 열심히 읽었고 성경을 중심으로 설교했다. 거의 하루도 빠지지 않고 매일 아침 두 시간 이상은 성경 말씀을 중심으로 하는 「일용할 양식」을 어떻게 삶에 적용할지 대학노트 3페이지 이상씩 썼다.

그렇게 4년을 공부했더니 성경이 전체적으로 눈에 들어오기 시작했다. 나중에는 「일용할 양식」을 집필하면서 좀 더 깊이 있게 성경을 공부했다. 이때 인격적인 방법으로, 또 일대일로 진행한 성경 공부는 한 인간의 영혼을 깊이 이해하고 그들이 복음을 믿도록 하는 데 큰 도움을 주었다.

일대일로 성경을 공부하다 보면 상대방이 아무에게도 말할 수 없었던 인생의 그림자를 꺼내어 놓으며 눈물바다가 되는 일이 많았다. 어떤 친구는 집에서 일하는 가정부와 있었던 불미스러운 사건을 고백하고 회개하기도 했고, 어렸을 때 사촌 오빠에게 강간당하여 고통 속에 빠져 살다가 주님을 만나 밝아졌다고 말하는 자매도 있었다.

어떤 사람은 신체적인 장애 탓에 세상을 원망하며 살다가 구원받았다고 이야기하기도 했다. 외모, 가정 형편, 나를 힘들게 하는 사람들 때문에 가졌던 마음의 괴로움을 일대일 성경 공부를 통해 해결하고 새로운 인생을 시작하는 대학생들이 많았다. 그 과정에 내가 조금이나마 도움을 줄 수 있다는 것이 너무나 보람찼다.

또 하나 보람되었던 일은 성경 공부를 위해 내가 만든 교재가 수많은 대학생이 사용하는 책이 된 일이다. 그러다 보니 쓴웃음이 나는 에피소드도 생겼다. 한번은 한국에서 제일 큰 교회 청년부에서 새로 만든 교재로 청년들을 가르치고 있었는데, 알고 봤더니 내가 만든 갈라디아서 교재를 표지만 바꾸어서 다른 저자의 이름으로 발간한 것이었다.

우리 선교 단체에서는 서울에 있는 각 지구가 연합하여 성경 강해 때 회비 1만 원을 받았다.

당시 교사의 월급이 3만 원이었으니 만 원의 가치는 상당했다.

60, 70년대는 우리가 얼마나 가난했는가?

그런 시대에 대학생들이 성경의 가치와 공부의 귀중함을 알게 하려면 많은 돈을 내고 성경을 배우게 했다.

또한, 당시에는 가난한 학생들이라도 선교헌금을 매달 드리게 했다. 그래서 다른 대학 캠퍼스에 간사를 파견하여 지구들을 세웠다. 철저히 학생들의 헌금으로 단체를 운영하고 간사들의 생활비도 지원했다. 이 대표는 외국의 원조를 받던 60년대 한국 대학생들에게 '거지 근성을 버리고 주는 자가 되어야 한다'고 가르쳤다. 우리가 주는 자가 될 수 있다는 이야기는 비전이 되었다. 미래가 창창한 학생들이 듣기에 그 정신이 매우 매력적이어서 헌금하는 것을 아주 기뻐했다.

다른 단체들은 간사들의 생활비를 교회에서 지원받거나 개인 후원자를 통해서 받는데 내가 속한 선교 단체는 학생들의 헌금으로 충당했다. 수많은 해외 선교사를 파송한 것 역시 그들 모두 평신도 선교사로 간 것이다.

우리 단체에 소속된 이들이 유학이나 이민 등으로 해외에 나가면 그들이 처한 곳에서 학업이나 직업보다 선교에 더 역점을 두었다. 하나님의 영광을 위한다면 목숨도 아까워하지 않는 복음 정신으로 모든 회원을 무장시켰다. 그래서 이 선교 단체는 외국의 손길이 한국으로 향하던 시절에 오히려 해외로 천여 명의 선교사를 보내는 가장 성공적인 사례가 되었다.

성경을 배운 자는 배운 것을 그대로 가르치는 것이 단체 핵심 정신이었다. 디모데후서 2장 1-2절이 형제들의 요절이 되었다.

> 내 아들아 그러므로 너는 그리스도 예수 안에 있는 은혜 가운데서 강하고 또 네가 많은 증인 앞에서 내게 들은 바를 충성된 사람들에게 부탁하라 그들이 또 다른 사람들을 가르칠 수 있으리라(딤후 2:1-2).

그곳에서는 간사를 목자라고 불렀다. 무엇보다 목자와 양의 관계가 아주 돈독했다. 요한복음 10장과 마가복음 10장 45절은 목자들이 지켜야 하는 사역 요절이었다.

> 인자가 온 것은 섬김을 받으려 함이 아니라 도리어 섬기려 하고 자기 목숨을 많은 사람의 대속물로 주려 함이니라(막 10:45).

목자는 양들을 생명처럼 사랑하고 섬기는 것이었다. 일반 교회는 목사가 대접받는 문화라면 그곳은 목자가 양들을 대접하는 문화였다. 이 아름다운 전통만큼은 내가 개혁한 ESF에서 계속 이어지고 있다.

♥ 신앙 선배들에게 배운 좋은 점

내가 이 대표에게 배운 점은 그의 복음 정신과 탁월한 리더십이다. 그는, 비록 나중에는 변질하였으나, 사심 없이 양들을 사랑했고 양 떼들 한 사람 한 사람을 깊이 이해했다. 한 사람의 양을 위하여 도움을 주고 시간 쓰는 것을 아끼지 않았다. 강력한 카리스마와 동시에 따뜻한 친화력도 갖춰 사람들을 사로잡을 수 있는 흡인력이 있었다.

한번은 이런 일이 있었다. 그때 나는 수업이 없어 회관을 들렀던 것으로 기억한다. 날씨가 추워 난로를 피우던 계절이었던 것 같다. 회관에는 나와 이 대표, 둘 뿐이었다. 그때 내가 영어를 좋아하는 걸 알았던 그는 두 시간 동안 난롯가에서 나와 영어로 대화를 나누었다. 나는 훗날 이 대표와 나 사이에 있었던 사건과 별개로 그 시간을 따뜻하고 아름답게 기억한다. 그날 이 대표는 나에게 이중 삼중의 울림을 주었다. 그가 내 영어 실력을 인정해 줬다는 만족감, 이름 없는 한 학생에게 두 시간이나 아낌없이 쓰는 목자에게 감동되었다. 나는 그 시간을 통해서 그에게 완전히 사로잡힌 것이다.

그 후 내가 목자가 되었을 때 한 사람에게 많은 시간을 투자한다는 것이 사람을 얻는 데 얼마나 효과적인가를 알았다. 루스벨트 대통령 부인, 엘리너 루스벨트 역시 그 많은 사람을 상대해야 하는 위치에 있으면서도 누구를 만나든지 오직 온종일 그 사람만을 만나기 위하여 준비했던 것처럼 대했었다고 한다.

이 대표는 학생들 한 사람 한 사람의 문제를 꿰뚫고 있었으며 그에게 무슨 도움이 필요한가를 잘 알았다. 그가 서울로 옮긴 후에는 광주에 있는 학생들에게 개인 편지를 자주 보냈다. 편지는 두세 줄에 불과했다. 짧은 글이지만 글씨는 아주 개성 있고 힘이 넘쳤다. 그 특유의 글씨체로 쓴 한두 마디의 문장이 편지를 받은 사람의 마음을 일렁이게 했다. 예를 들면, 이사야 14장 11절을 바탕으로 한 내용이었다.

> 구더기가 네 아래 깔리고 지렁이가 너를 덮는 우리 인생이 하나님의 영광을 위하여 산다는 것이 얼마나 큰 축복인가?

이 편지는 내가 하나님을 위하여 더욱 헌신하게 만들었다. 대학 4학년 때는 졸업 수학여행 후 서울에 들린 내게 이 대표가 자기 집에서 일주일을 지내도록 허락해 준 일이 있었다. 당시 나는 별로 중요한 멤버도 아니었기에 대단히 황송한 일이었다.

그 일주일 동안 나는 목자로 사는 삶의 모습을 배웠다. 진지하게 성경을 연구하는 모습, 아침저녁으로 학생들을 전화 심방하는 모습 등은 내가 평생 목자로서 어떻게 살아가야 할지 알게 된 아주 중요한 시간이었다. 그 기간이 내가 나중에 목자로 서원하게 된 깊은 동기가 되었는지 모른다.

이 대표는 키가 작았으나 강력한 카리스마를 갖춘 나폴레옹 같은 캐릭터였다. 그가 성경을 가르칠 때 보면 그렇게 달변은 아니었다. 하지만 분명한 어조로 대학생들에게 강한 비전을 심고 자부심을 크게 북돋아 주었다.

특히 6, 70년대 우리가 얼마나 암울한 시대를 보냈는가?

대학을 졸업해도 취직이 어렵고 먹고살기도 힘든 시대에 말씀을 통해서 미래를 이야기하고, 대학생들의 용기를 북돋고 민족애를 갖게 했다. 영어를 잘하고 사람을 휘어잡는 능력이 있던 그는 본인 스스로 암울했던 시대의 롤모델이 될 수 있는 인물이었다.

그는 대학생들에게 물질을 주면 거지 근성이 생겨 소망이 없다고 생각했다. 받고자 함이 아닌 자발적으로 남에게 주는 생활을 가르쳤다. 그러므로 단체는 재정적으로 넘쳐서 전국 각 대학에 간사를 보내 활발한 학생 복음 사역을 이룰 수 있었다.

특히, 그는 배사라 선교사의 도움을 많이 받았다. 물질적으로나 영적으로도 배사라 선교사의 영향력 안에 있었다. 그러나 결코 그녀에게 의존하지 않았다. 오히려 배 선교사와 자신을 분리하고자 했다. 단체가 성장하기 위해서는 배사라 선교사 영향 아래 있어서는 안 되겠다는 생각에 그녀로부터 리더십을 뺏기 위하여 최선을 다했다.

다만 학생들은 항상 외국인인 배사라 선교사를 더 좋아하고 그를 별로 인정하지 않았다. 한국 민족에 사대주의적 국민성이 있다는 것을 그는 아주 싫어했다. 그래서 그는 배사라 선교사와 자주 부딪쳤다. 그때마다 이 대표는 배사라 선교사에게 자기의 리더십 아래 들어오기를 요구했다. 그러나 배사라 선교사는 자기가 리더십을 가지고 있어야 미국 교회로부터 도움을 받기 쉬우니 그것을 빼앗기기를 원하지 않았다.

어느 날이었다. 학사회 여름 수양회가 광주에서 있었다. 한 형제가 배사라 선교사를 위해 기도를 한 다음에 이 대표를 위하여 기도했다. 그는 설교하러 올라가서 "배사라, 이○○"에서 "이○○, 배사라"로 바꾸어야 한다는 내용을 피력했다.

"사대주의에 찌든 문둥이 같은 자식들아!

왜 '배사라, 이○○'냐?

너희들이 사대주의 사상에서 벗어나기 위해서는 '이○○, 배사라'가 되어야 한다!"

그 후 그가 설교할 때나 강의할 때는 항상 그것을 강조했다. 개인적으로 배사라를 만날 때도 그랬다. 그는 자기가 강의한 내용에 대해 간사들과 학생들이 소감을 쓰게 했는데, 배사라 역시 소감을 써야 한다고 주장했다. 결국 단체가 경제적으로도 자립하게 되어 이 대표의 리더십은 그가 바라던 대로 확고해졌다. 그러나 그것은 좋은 점도 있었지만, 나중에 이 대표가 변질하는 원인도 되었다.

이 대표, 그분은 세상을 떠나고 지금은 안 계신다. 그가 살아있다면 꼭 한번 찾아뵙고 싶다. 사실은 그분이 소천하셨을 때 종로에 차려진 빈소에 손석태 목자와 함께 문상하러 갔다. 정말 마음이 아팠다. 돌이켜 보면 그분은 아무것도 아닌 학생이던 나를 많이 사랑해 주었다. 내가 좋은 신앙을 갖도록 훈련을 잘 시킨 것도 사실이다. 그가 내 아내를 소개해 준 것도 나에 대한 깊은 사랑에서였다고 생각한다. 도중에 결혼을 반대하기도 했지만, 그 판단이 맞든 틀렸든 그마저도 이 결혼이 나에게 맞지 않는다는 염려였다고 생각한다.

그는 한국교회사에서 한 획을 그을 만큼 위대한 일을 하신 분이다. 작은 나라 한국에서 평신도 선교사를 1천 명 이상 세계에 파송했다. 암울한 시대에 수많은 대학생에게 꿈과 미래를 심어 주었다. 변해버린 그를 지탄하며 우리가 개혁을 원했을 때, 포용하고 변화를 받아들였다면 많은 것이 달라졌으리라. 우리가 다시 단체로 돌아갈 수 있기를 바라며 7개월 동안 기다렸을 때 자기 잘못을 시인하고 특별히 깊은 상처를 준 이승장 목자님을 품어 주었더라면 얼마나 좋았을까 아쉽다.

그런데도, 그분이 하신 많은 일은 하나님의 영광을 위한 것이었다고 생각한다. 지금이라도 이 대표가 아니라면 할 수 없었던 귀중한 일들을 계승하는 역사가 있었으면 좋겠다. 그분의 아름답고 거룩한 발자취를 더듬어 보면서 정리하고 그의 참뜻을 계승했으면 좋겠다. 인간이기에 실수도 있고 허물도 있을 수밖에 없다는 것을 이해하고, 하나님 편에서 볼 때 아름다운 하나님의 뜻을 받들어 이어 나갔으면 한다.

성경이나 기독교 역사를 보면 인간은 모두 공과가 있었다.

츠빙글리, 루터, 존 웨슬리 – 우리가 얼마나 존경하는 인물들인가?

그러나 그들의 비행을 적어 놓은 책들도 많이 있다. 교회사를 공부하면서 이분들의 인간적인 삶을 적어 놓은 책도 많이 보았는데, 정말 낯 뜨거워 못 읽을 부분들도 많았다.

저자와 제목은 기억나지 않지만 어떤 책에서 이런 글을 읽고 놀란 일이 있다.

"루터는 츠빙글리가 전사했다는 소식을 듣고 잠시 눈이 반짝 빛났다." 그러나 역사는 루터의 어두운 면을 말하지 않고 그의 위대한 점에 집중한다.

만약에 이 대표의 그 위대한 사역과 아름다운 삶을 새롭게 조명하고 그 정신을 이어 간다면 얼마나 하나님께 영광이 되겠는가 생각한다. 하나님의 영광을 위해서 뿌리가 같은 단체들이 하나가 되어 그분의 좋은 점을 이어 나갔으면 참으로 아름다웠으리라. 하나님은 때로 인간적으로 용납할 수 없는 사람들을 쓰셔서 그 구속 역사를 이루어 가신다.

한국 교회의 현실을 복음의 눈으로 비추어 볼 때 참으로 부끄럽고 암담하다. 얼마나 많은 성도를 모았느냐, 얼마나 유명 인사들이 그 교회에 나오느냐, 얼마나 크고 아름다운 건물을 가졌느냐가 목사들의 성공 기준이 되는 것은 정말 가슴 아픈 일이다. 만약 우리가 예수님의 마음으로 하나가 되어 한국 교회의 개교회주의(個敎會主義)를 버리고 하나님의 영광을 위하여 하나 되는 역사를 이룰 수 있다면 얼마나 기쁜 일인가 상상해본다.

천국에 가서 이 대표를 만났을 때 부끄러움이 없도록.

이 대표의 동반자였던 배사라 선교사는 미국 미시시피 부농의 딸로 태어나서 공주 대접을 받고 자랐다. 1955년 미혼의 몸으로 한국 선교사로 왔다. 그분은 남장로교 선교부에 속했다. 1955년은 6.25가 일어난 지 5년째로서 한국은 극심한 가난 가운데 있었다. 배 선교사는 주로 전라도 지역을 전도하며 선교 사역을 했다. 광주를 중심으로 시골을 돌아다니며 전도했다.

또한, 그분은 성경을 중요시하는 신학교에서 공부했기 때문에 한국에서도 성경학교를 세우고 기전여고 교장과 성경학교 교장직을 맡아 일했다. 수많은 사람을 만나고 하도 바쁘게 일하다 보니 한국말도 금방 늘었다. 그녀의 한국어 실력은 어떤 면에서 한국 사람보다 더 나을 때도 있었다.

재미있는 것은 그녀의 한국어는 전라도 사투리였다. 그래서 그분이 한국말을 하는 것을 들은 사람들은 저 미국 여자가 전라도 사투리를 다 쓴다며 이상해하면서도 더 친근하게 여겼다.

그러던 중 전남 광주에서 이 대표를 만나 대학생 선교 사역을 전개한 것이다. 그것이 내가 속했던 선교 단체의 시작이었다. 그가 선교 단체 사역을 시작하면서 선교부와 한국 교계 지도자들과 마찰이 많았을 것으로 생각된다. 이 대표 역시 신학교를 졸업했으나 목사 안수를 받지 않아서 교계 지도자들과의 관계가 매끄럽지 못했다. 그는 그리스도인이자 내 대학교수인 박흥섭 교수와도 사이가 좋지 않았다. 당시 나는 그런 정치적인 관계는 잘 몰랐는데, 여러 차례 나를 가르쳤던 박흥섭 교수로부터 이 대표에 대한 비난의 말을 많이 들었다.

그러나 대학생 사역이 활발히 일어나자 우리 단체는 미국남장로교 선교부에서 벗어나 독립적인 이름을 얻고, 한국의 대표 대학생 선교 단체로 성장하게 되었다. 배사라 선교사는 복잡하고 예민한 정치적 관계에 밀려

들지 않고 온전히 하나님을 사랑하고 양들을 사랑하며 성경 가르치기에 힘썼다.

특별히 성경을 영어로 많이 가르쳤는데, 영어 공부를 위해 그에게 배우겠다는 대학생들이 많았다. 그렇게 해서 예수를 믿게 된 학생들은 나중에 영어보다 성경을 더욱 사랑하게 되었다. 서울에서 단체를 시작할 때도 서울대, 고대, 연대생 등 많은 학생이 영어 성경 공부를 하러 왔다가 예수를 믿게 된 것이다.

수단은 영어였지만, 그의 성경 가르침은 순수하게 예수님을 증거했기 때문에 전도의 열매가 많았다. 세계적인 신약 학자로 유명한 김세윤 교수도 서울대 다닐 때 배사라 선교사에게 영어와 성경을 배운 학생 중 한 명이다.

배사라 선교사는 이 대표에게도 성경 강의안을 영어로 만들어줬다. 이 대표는 그것을 기초로 한국 학생들의 상황에 맞게 증거하여 아주 영감 있고 설득력 있는 설교와 강의를 했다. 순수하고 깊이 있는 성경 지식과 설득력과 현실감 있는 비유가 만나니 그 가르침이 빛나지 않을 수 없었다. 두 지식인이 협력할수록 더 많은 대학생이 말씀에 빠져들었다.

이 대표는 아주 머리가 좋고 지혜가 많은 사람이어서 대학생 선교를 성공적으로 이끌었다. 배사라 선교사 역시 공적인 가르침뿐만 아니라 일대일 개인 성경 공부를 통해서도 많은 학생을 주님께 인도했다.

그분은 부농의 딸이라는 자기 출신과 어울리지 않는 조그만 셋방에서 학생들을 데리고 생활하며 삶으로서 가르쳤다. 서울에 와서는 회관 옆에 붙어 있는 창문도 없는 조그마한 쪽방에 살면서 많은 여대생을 주님께로 인도했다. 당시 미국 선교사들은 선교사 촌을 따로 만들어 수세식 화장실이 딸린 고급 주택에서 생활했는데, 배사라 선교사는 별종이었다. 그의 집은 화장실은커녕 제대로 된 샤워 시설도 없어 대중목욕탕을 이용해야 했다.

배사라 선교사는 온화한 얼굴로 누구에게나 인자한 어머니 같은 사랑을 베풀어 전혀 외국인으로 느껴지지 않았다. 구수한 전라도 사투리도 한 몫했다. 복음에 대한 깊이와 목자로서의 절실함이 녹아 있었기 때문에 많은 열매가 맺어졌다.

대단한 것은 성격이 좀 괴팍한 편이었던 이 대표에게도 절대 순종의 자세를 가졌다는 것이다.

모든 사람의 존경을 받는 분이 이 대표의 행위와 말에 절대 순종하니 감히 누가 그를 거부할 수 있었겠는가?

어쩌면 그런 배 선교사의 태도 때문에 이 대표의 독재를 막지 못한 것은 아쉬움으로 남는다. 다만 동반자로서 한 지도자의 리더십을 세워준다는 점에서는 아주 중요한 일을 했다. 하나님은 모세의 리더십을 세워주기 위하여 그에 반기를 든 누이 미리암을 문둥병자로 만들었다. 이처럼 하나님의 역사를 위해서는 리더가 변질하지 않는 한 강한 리더십을 갖는다는 것은 매우 중요하다고 생각한다. 하지만 사울과 같은 리더십을 그대로 지키려 해서는 안 된다.

그녀의 인생은 철저히 복음적인 삶이었다. 양들에 대한 사랑과 희생, 어떤 사람이든지 비난보다는 좋은 점을 찾아 칭찬해 주는 품성, 소망이 없는 사람도 기다려 주는 인내 등은 예수님을 보는 것 같았다. 그가 전한 메시지가 가끔 인쇄물로 나오게 되면 진실하고 복음적인 내용이 더 두드러졌다. 특별한 예화나 예시는 없었지만, 복음 자체의 순수한 맛이 있어 많은 학생에게 인기가 있었다.

나는 배사라 선교사에게서 성경을 사랑하는 모습, 양들을 사랑하는 모습, 희생적인 삶의 모습을 배웠다. 그리고 인간적으로도 친밀한 관계였기에 개혁 후에 그분을 잃게 된 것이 아프고 괴로웠다.

개혁 후 한참이 지난 후였다. 어느 호텔 식당에서 그분을 마주친 적이 있었다. 그녀는 말없이 나를 깊이 껴안아 주었다. 오랜 날들이 지났지만, 갑자기 다시 대학생이 된 것 같았다. 머리가 하얗게 변한 배사라 선교사. 당당했던 체구가 아주 왜소한 모습으로 변했지만, 아직도 영적인 어머니로서의 그녀의 위엄은 살아 있었다. 나를 꽉 안은 그녀의 품 안에서 말하지 않아도 알 수 있는 사랑과 격려가 느껴져 나는 눈시울이 붉어졌.

그 후 시카고에서 식사를 한번 대접하려고 연락했더니 오히려 자기 집에서 점심을 먹자고 초청하여 나의 미국인 친구 데이비드와 함께 찾아갔다. 그녀는 엄청나게 풍성한 '전라도식' 밥상을 차려냈다. 심지어 데이비드가 길을 헤매느라 한 시간 이상 늦게 도착했는데 그때까지 기다리고 있었다. 그분다운 초대였다. 우리는 그날 오후 내내 수십 년간 쌓아뒀던 이야기와 많은 영적인 대화를 나누고 헤어졌다.

♥ 제자 양육의 위험성

내가 이렇게 나에게 큰 가르침을 줬던 분들과 '왜 헤어질 수밖에 없었는가'에 대해서는 미국에서 공부할 때 썼던 페이퍼로 대신하고자 한다. 이 부분은 내가 쓴 박사학위 논문의 일부를 발췌하여 정리한 것이다("주"는 생략함).

고든 맥도날드는 *Discipleship Journal*에 'Disciple Abuse(제자 학대)'라는 글을 썼다. 이 글에서 그는 인간 관계성의 파괴적인 형태 중의 하나가 '제자 학대'라고 했다. 그의 글의 일부를 여기에 인용한다.

> 개인이 성장하도록 돕는 제자 양육의 사역은 가장 친밀한 인간 관계성 속에서 일어난다. 사람과 사람 사이에 가장 친밀한 관계성에 대한 가능성이 있을 때, 신앙 성장과 발전이 있거나, 혹은 억압과 파괴적인 일이 일어나거나 할 것이다. 우리는 가끔 제자 양육 관계로부터 야기되는 놀라운 가능성들에 대해서 이야기할 필요가 있다. 그러나 긍정적인 측면만 말할 것이 아니라 그와 같은 친밀성이 가져온 어두운 면 즉 제자들의 학대에 대하여 소홀이 여겨서는 안 된다.

그는 이 글에서 영적인 지도자들에게 구체적으로 학대당한 실례들을 소개함으로 제자 양육이 얼마나 위험한 요소들이 있는가를 경고했다.

제자의 독특성과 강한 인격적인 관계성 때문에 제자 양육에 있어서 위험 가능성이 도사리고 있다. 데이비드 왓슨은 이 제자 양육에 있어서 몇 가지 위험 가능성을 지적한다.

첫째, 율법주의적이며 권위주의적인 것,
둘째, 새로운 제사장 제도로 발전할 수 있다는 것,
셋째, 한 개인의 강한 지배력 때문에 분열이 일어나게 할 수 있다는 것이다.

유교주의적 영향을 강하게 받아온 한국 그리스도인들에게 있어서 특히 이와 같은 경향이 더욱더 강하게 나타나고 있다.

1. 율법주의적이며 권위주의적인 제자 양육의 위험에 대하여 생각해 보자

목자(양육자)와 양(제자)의 관계가 너무 강하게 연결되어 있어서 양은 그리스도에게 붙어 있기보다 목자에게 붙어 있기 쉽다. 그래서 양은 목자의 가르침에 절대적으로 복종하게 되고 자율성을 갖지 못한다. 인내와 안위의 하나님께서 오래 참고 기다리시며 격려하심으로 한 영혼이 변화되고 성장하기까지 도우신다는 것이 성경의 가르침이다. 그러나 제자를 양육한다는 목자는 자기의 의도대로 쉽게 사람을 빚어내려고 하므로 율법적이고 권위주의적인 방법으로 사람을 강제하기 쉽다.

필자가 한때 속해있던 단체에서는 사람을 변화시키기 위하여 이마를 시멘트 바닥에 처박게 해서 피를 흘리게 하고, 코에다 고춧가루를 뿌려 회개하도록 하는 비인격적인 일까지 하는 것을 보았다. 어떻게 이러한 일이 있을 수 있는가 생각할 정도로 믿기지 않겠지만, 이것은 사실이다. 한 사람이 성령의 이끌림을 받아 성장하도록 돕지 않고, 인위적인 방법으로 강제하다 보면 이와 같은 현상까지 일어날 수 있는 것이다.

유교적인 문화의 배경에서 자란 우리 백성은 스승의 말에 맹목적으로 순종하는 경향이 있다. 특히, 어려서부터 부모와 학교 선생님의 말씀에 고분고분 순종하며 자란 아이들에게는 맹목적인 순종이 가능하다.

이와 같은 지도자 밑에서 자란 그리스도인들은 율법적으로 충성하고 헌신하기는 하지만, 영적인 변화나 성장이 없으므로 기쁨이 없고 열매가 없다. 항상 두려움과 불안한 마음뿐이요 사람의 눈치에 얽매여 살게 된다. 따라서 사람에게 칭찬은 받지만, 하나님에게는 칭찬이 없다. 율법주의적이요, 권위주의적인 지도자는 눈에 보이는 질서를 잘 잡고 일사불란한 추진력이 있으므로 사업적으로는 성공하는 것처럼 보이지만 실제 성령의 열매는 매우 희박하다.

이와 같은 위험은 기독교 역사를 통해서 나타난 현상이요, 오늘의 교회 내에도 흔히 일어나고 있는 현상이다. 그뿐만 아니라 신약성경 시대도 이와 같은 현상은 자주 일어났다. 바울은 골로새 교인들에게 이와 같은 문제를 발견하고 이렇게 꾸짖었다.

> 너희가 세상의 초등 학문에서 그리스도와 함께 죽었거든 어찌하여 세상에 사는 것과 같이 의문에 순종하느냐. 곧 붙잡지도 말고 맛보지도 말고 만지지도 말라 하는 것이니(이 모든 것은 쓰는 대로 부패에 돌아가리라) 사람의 명과 가르침을 좇느냐. 이런 것들은 자의적 숭배와 경배와 겸손과 몸을 괴롭게 하는 데 지혜 있는 모양이나 오직 육체 좇는 것을 행하는 데에 유익이 조금도 없느니라(골 2:20-22).

복음에 대한 가르침이 약해지면 항상 율법주의가 나타나게 된다. 이에 대한 바울 사도의 책망은 그의 서신의 곳곳에 나타나는데 특히 갈라디아서와 빌립보서에 강하게 나타난다.

2. 강한 제자 양육은 새로운 제사장 제도로 발전할 수 있다

제자 양육이 강조된 기독교 단체 등에서 흔히 벌어지고 있는 현상 중의 하나는 양은 목자에게 절대적인 순종을 요구받는다는 것이다. 마치 구약에서 제사장을 통해서만 하나님께 나아갈 수 있었던 것처럼, 양은 목자를 통해서만 하나님께 나아갈 수 있는 것이다. 조지아 번스위크에 있는 제일침례교회의 목사인 빌 리곤은 그가 한때 속해있었던 FGBM-FI(Full Gospel Business Men's Fellowship International)에서 경험했던 것을 이렇게 말했다.

"난 온 세계에서 똑같은 일이 일어나고 있다는 이야기를 듣고 있다. 신자는 목자에게 절대적으로 복종해야 한다는 목자 중심의 가르침이 양을 안전하게 살도록 돕는다는 미명하에 오히려 그에게 두려움과 정죄감을 갖도록 만든다는 것이다. 제자들은 그 단체의 목자 말에 순종하기 위하여 지역 교회로부터 떠나게 되는 경우도 있다. FGBMFI 지도자들과 활동적인 회원들이 대거 지역 교회로부터 빠져나가고 말았다."

빌 리곤은 그 자신도 번스위크 도시 밖에 있는 어떤 지도자와 절대적인 순종 관계를 맺도록 강요당했다고 고백했다. 이 단체의 기원은 포트 로더데일에 있는 교회 성장 사역 단체인데, 지역 혹은 나라를 초월해서 목자와 양의 연결고리가 굳게 맺어져 있다. 양은 모든 문제에 대해서 목자에게 순종해야 한다. 예를 들면, 헌금, 결혼, 가정생활, 주택, 직업, 재정 문제, 생활양식 등 '모든 것과 관계된 모든 일'에 대하여 목자는 양에게 절대적으로 순종을 요구할 수도 있다. 이와 같은 조직이 곧 새로운 제사장 제도를 낳는다.

이와 같은 조직 안에서는 개인의 자유가 크게 침해당하기 마련이다. 개인이 스스로 하나님의 목소리를 들을 수 없고 하나님의 뜻을 알 수 없다. 성령의 인도하심을 받아 스스로 말씀을 깨닫고자 하기보다 목자의 성경 해석에 의존해서만 성경을 이해하고자 한다. 지도자의 잘못된 성경 해석도 맹목적으로 받아들일 뿐 비판은 엄두도 못 낸다. 그러므로 진정한 예수님의 제자를 양성한 것이 아니라, 한 조직이나 한 개인에 예속된 사람으로 거듭나게 한다.

데이비드 왓슨은 이에 대한 위험에 대하여 이렇게 지적한다.

대다수 그리스도인은 하나님의 인도하심을 발견하는 데 어려움을 당한다. 그러므로 처음에는 누군가 그들을 상세하게 인도해 주면 어려움 없이 하나님의 인도하심을 찾을 수 있어 편하다. 그러나 이것은 결국에 가서는 위대하신 목자에게 의존하게 되는 대신 인간 목자를 불건전하게 의존하는 결과를 가져온다.

칼 윌슨도 그들의 양 떼를 강제로 지배하는 어떤 지도자들에 대하여 이렇게 언급했다.

그들은 그들의 제자들이 언제 결혼해야 하는가, 언제 학교에 입학해야 하는가, 이혼할 것인가 또는 말 것인가 등을 명령한다… 만약에 교회 성도들이 성경의 가르침과는 다른 교리나 삶의 방식을 목사가 결정하도록 맡겨 버린다면 교회에서의 제자 양육에 큰 타격을 받게 될 것이다.

필자가 과거에 속해있었던 단체에서 경험했던 사실을 잊을 수 없다. 그 단체의 조직은 완전히 피라미드 조직이었다. 최고의 지도자 밑에 작은 목자들이 있고 그 밑에 또 작은 목자들이 계속 연결되어 있다. 최고 지도자는 자기가 만든 설교 본문을 그 밑에 있는 목자가 암송하게 하고, 그 설교문을 기초로 하여 몇 차례고 소감을 쓰게 함으로 그의 사상을 주입한다.

그는 설교를 준비하기 위하여 그의 설교문 이외의 다른 주석을 참조하는 것을 매우 꺼린다. 그의 설교는 연쇄적으로 전해 내려와 전 회원이 그 가르침에 온전히 스며들기까지 체계적인 교육이 진행된다. 그렇게 훈련받은 작은 목자들은 조직체 내에서는 유능한 일군이 되지만, 전혀 자발성이 없고 하나님에게 의존하는 대신 한 개인에 의존도가 강하고 항상 두려움과 겁에 질린 얼굴을 하고 다닌다. 윗사람과 종적인 관계는 강하게 맺어 있으나 횡적인 관계는 거의 없다.

이런 조직 안에서는 한 조직체로서는 커질 수 있으나 한 그리스도인으로서의 성장은 거의 없다. 개인과 단체에 대한 충성심은 강하나 하나님에 대한 충성심은 매우 약하다. 단체의 성공은 사랑하나 하나님과 이웃에 대한 사랑은 매우 미약하다. 이와 같은 것이 심해지면 개인 우상숭배로 전락하고 만다.

그 지도자는 구체적인 개인 생활에도 지배권을 행사한다. 그는 회원들의 결혼, 직장, 집, 이사 등을 결정하는 데 그의 의견을 크게 반영했다. 어떤 점에서는 그것이 각 개인에게 큰 도움이 될 때도 있다. 그러나 그의 영향력이 너무 크게 작용하기 때문에 개인의 자발성이 상실되는 것이다. 또한, 가정이 하나님이 아닌 사람에게 심하게 간섭받기 때문에 가정의 평안과 행복이 침해받게 된다. 그는 부부 사이를 훈련이라는 핑계로 강제로 떼어놓는 일이 다반사였다. 부인을 외국에 보내놓고 남편은 한국에 남도록 하고 남편의 여권을 빼앗아 자기가 보관하는 것이다. 헌금도 자원하는 마음으로 하는 것이 아니고 강제적으로 하게 했고, 부모의 생활비를 돕는 것을 죄악시하고 오직 하나님께만 바치는 것이 옳은 것처럼 가르쳤다.

이와 같은 결과는 처음부터 악의가 있어서가 아니고 제자를 잘 훈련하고자 하는 좋은 동기에서 출발한 것이다. 강하게 훈련해 훌륭한 제자를 양육하고자 하는 선한 동기에서 출발했기 때문에 그와 같은 행동이 많은 사람에게 호응받았다. 그러나 그것이 도에 지나치면서 인간의 강제가 성령의 역사를 방해했고, 그의 일방적인 월권행위를 견제할 사람이 누구도 없었다는 것이 문제였다. 이것은 누구나 범할 수 있는 잘못이다. 이와 같은 위험은 우리 교회의 곳곳에 도사리고 있는 위험의 요소들이다.

3. 목자의 지배적인 강제성은 필연적으로 분열을 초래한다

제자 양육의 목표는 지도자 한 사람에게 의존하게 하는 것이 아니라 하나님께 의존함으로써 예수님을 닮도록 하는 것이다. 그러므로 성숙한 그리스도인이란 모든 사람을 섬기며 모든 신자와 하나가 되고자 힘쓴다. 그러나 하나님께 의존하는 대신 사람에게 의존하게 될 때 신앙 인격이 성장하지 않고 사람을 중심으로 당파를 만들기 쉬우므로 분열을 조장한다. 이 현상이 고린도 교회에서 뚜렷하게 드러났다.

> 이는 다름이 아니라 너희가 각각 이르되 나는 바울에게, 나는 아볼로에게, 나는 게바에게, 나는 그리스도에게 속한 자라 하는 것이니(고전 1:12).

특히, 유교 문화에 영향받은 한국 교회에서는 이 현상이 더욱 뚜렷하게 나타난다.

한국에서 20년 이상 선교활동을 하면서 한국 문화와 사회를 깊숙이 꿰뚫어 본 영국 선교사 배도선 씨는 한국 기독교 내에 유교의 영향을 다음과 같이 날카롭게 지적했다.

"한 사람의 스승과 제자 관계가 한번 맺어지면 그 제자는 쉽게 그 스승을 떠나 다른 스승에게 갈 수 없고, 또한 한 사람이 두 사람의 스승을 둘 수도 없다. 이와 같은 필연적인 유대, 혹은 제자로부터 절대적인 충성에 대한 기대는 다른 선생이 그 제자를 도적질하지 못하도록 예민한 경계심을 갖게 한다. 종교적인 영역에서 이와 같은 경향이 더욱 뚜렷하게 드러난다. 교회 분열의 배후에는 지도자 간의 경쟁의식, 교단 간의 장벽을 허무는 협력의 어려움 등이 있는데, 이것은 유교 사상에 깊은 뿌리를 두고 있다."

물론 이것은 한국에서만 있는 현상이 아니다. 앞에서 언급한 리곤 목사는 그의 부목사 프랭크와 함께 일하고 있었는데, 프랭크가 그를 떠났다. 그 이유는 하나님께 깊이 헌신하는 제자를 양육하기 위해서는 따로 제자를 양육해야 하겠다는 것이다. 그와 함께 몇 쌍의 부부가 교회를 떠났다. 프랭크는 교회를 떠나는 이유를 리곤 목사가 그들의 필요를 채워주지 못했기 때문이라고 했다. 지도자끼리 서로 협조할 줄 모르는 처사에서 나온 행동이다.

교회 지도자들이 올바른 제자 양육의 동기를 갖지 못할 때 자기의 세력 확장의 방법으로 제자를 양육할 위험이 있다. 교회 지도자들은 먼저 자신들이 다른 모든 기독교 지도자와 교제하고 협력하며 하나가 되기 위해 힘쓰며, 양들이 그들의 본을 따르도록 해야 할 것이다. 그와 같은 자세를 가질 때 우리는 한 사람의 제자를 여러 지도자가 도울 수 있다. 한 제자의 전인적인 인격을 도울 때 도움의 영역이 각각 다를 수 있다. 한 목자는 그 양의 물질생활에 대해서 도울 수 있고, 또 다른 목자는 그 양의 이성 문제를 도울 수 있다. 한 사람이 한 영혼을 모두 책임질 수가 없다. 하나님만이 근본적으로 자라게 할 수 있고 우리는 다만 하나님의 동역자로서 옆에서 한 부분을 도울 뿐이다.

이상에서 살펴본 대로 제자 양육은 참으로 중요한 것이지만 여러 위험 요소가 있다는 것을 알아야 한다. 이와 같은 위험을 피하고자 우리는 다음과 같은 자세를 가져야 한다.

먼저 종의 마음을 가져야 한다. 제자 양육의 위험을 피하려고 우리는 예수님과 바울로부터 그들의 모범을 배울 수 있다. 예수님과 바울은 제자와 밀접한 관계 하면서도 결코 제자를 학대하지 않고 성숙한 그리스도인으로 양육하셨다. 그분들이 종의 마음과 부모의 마음으로 제자를 도왔기 때문이다.

♥ 개혁에 대한 열망

이 대표와 배사라 선교사의 가르침을 바탕으로 새롭게 역사한 말구유 회관, 돌맞이 걸음마운동, 고시반 퇴반 사건을 거쳐 비로소 자립한 우리의 모임은 순수하게 복음으로 불타고 있었다.

장래에 관한 질문에 문자 그대로 '주님을 위하여 다 드리겠다'는 신실한 젊은이들이 있다는 사실은 얼마나 이 나라의 큰 자산인가?

맨바닥에서 시작한 말구유 역사는 만 4년 만에 100명의 숫자로 불어났다. 헌신 된 수많은 형제가 주님 앞으로 나아와 예배를 드리게 된 것은 거의 기적과 같은 일이었다. 공동체를 세우기 위해 혼자 맨땅에 헤딩하던 나로서는 하루하루가 감격스럽고 눈물 날 정도로 감사했다.

학생들은 가난한 호주머니를 털어 기꺼이 헌금하고 또 대학을 졸업하고 직장에 들어가면 10의 2조를 헌금하며 더욱 선교에 힘썼다. 순수한 학생들이 주님께 자신을 바칠 때 세상 그 어느 것도 무서운 것이 없었다. 재래식 화장실 냄새가 나는 그 어두컴컴한 말구유 회관은 늘 신앙의 불꽃으로 환했다. 그 작고 허접한 공간에 이처럼 주님의 사랑으로 불타는 형제들이 몰려든다는 것은 상상키 어려운 기적이었다.

불과 15평의 판잣집에 젊은 청년 100명이 모여 예배를 드리는 모습을 상상해보라. 당시는 1평에 8개의 의자를 놓고 8명이 앉을 수 있었으니 15평의 회관에 100명이 모이면 거의 숨이 막힐 지경이었다. 여름에도 그 흔한 선풍기 하나 없어 옆 사람의 후끈한 열기를 온몸으로 받아 가며 예배를 드려야 했다. 나중엔 땀이 줄줄 나고 하도 답답하니까 한 형제가 영업이 한창인 옆 식당에 가서 선풍기를 빌려 달라고까지 했다.

정말 이것은 코미디 중의 코미디가 아닌가?

그런데도 그가 힘들게 예배드리고 있는 양 떼들을 사랑하는 마음만은 정말 아름다웠다고 생각한다.

이처럼 이 대표는 학생들에게 이러한 강한 복음정신을 심어 주었다. "하나님을 위하여 생명을 다 드려야 한다. 하나님이 원하시면 어떤 희생도 다 감당해야 한다"는 그의 감동적인 설교를 통해서 얼마나 많은 젊은이가 소망을 갖게 되었는가?

당시에도 많은 외국 선교사가 대학생 선교를 위해 애썼다. 젊은이들을 전도하기 위하여 그들에게 장학금을 주고 캠퍼스 앞에 도서관을 지어 주는 등 그들이 온갖 물질적인 지원을 쏟아 부었음에도 대학생 전도 사역은 실패하는 경우도 많았다. 그러나 이 대표의 방식은 확연히 달랐다. 그는 학생들이 가난한 가운데도 기꺼이 헌금하며 주님 가신 십자가의 길을 걸을 수 있도록 가르쳤다. 그리고 희망을 찾기 힘든 60년대의 대학생들에게 큰 소망과 비전을 심어 주었다.

"받기만 하는 손은 문둥이의 손이다. 받기만 하지 말고 주라. 이것이 예수님의 가르침이다. 주는 자가 복이 있고 승리자가 된다."

1970년에 방글라데시에서 싸이클론으로 인해 수십 만의 이재민이 생겼을 때 전국에 있는 가난한 형제들이 100만 원이라는 당시로는 큰돈을 헌금하여 구제금으로 보냄으로 주는자 정신을 배우게 되었다.

이 가르침은 당시 방글라데시에 싸이클론으로 인해 수십 만의 이재민이 생겼을 때 현실이 되었다. 전국에 있는 가난한 형제들이 100만 원이라는 당시로는 큰돈을 헌금하여 구제금으로 보내며 세계 선교를 위한 한 축을 감당한 것이다.

구제금을 전달할 때도 인상적인 장면이 연출됐다. 키 작은 대표 학생이 구제금을 건네니 키가 큰 외국인 구호 단체의 대표는 허리를 많이 굽혀서 전달받았는데, 이 사진에 담긴 의미가 너무 상징적이어서 전국에 있는 우리 단체에 배포했다. 6, 70년대 미국에 손을 내밀던 우리가 이 일로 인하여 누군가를 구제할 수 있다는 자부심은 많은 청년에게 용기와 희망을 주었다.

이처럼 영적 지도자의 위대한 리더십은 얼마나 큰 영향력을 발휘하는가?

이와 같은 대학 청년들에 대한 복음운동은 한국 교회를 깨우치는 데도 큰 역할을 했다.

그 어떤 외국 선교사라도 실패한 대학 선교를 해냈으니 이 대표는 스스로 얼마나 대견했겠는가?

그는 키도 아주 작고 왜소해 남의 관심을 끌기 어려운 타입이었다. 하지만, 그는 소위 SKY 대학은 물론 전국 대부분의 캠퍼스를 말씀으로 정복하여 복음의 역사를 확장했다. 또한, 돈을 벌기 위해 서독에 간 간호사들에게도 복음의 능력을 펼쳤다. 고향을 떠나 괴로운 그들 마음을 치유해 주고 신앙적 삶의 동기를 유발하였다. 그는 돈에 한이 맺힌 그들에게 우리 삶의 복적이 돈을 섬기는 것이 아니라 하나님을 섬기는 것이며, 그것이 얼마나 복된 삶인가를 가르쳐 외로운 타국 생활을 버티게 했다.

그러나 사단은 이 대표를 가만두지 않았다. 이 대표의 말은 그 단체에 속해있는 모든 사람에게만큼은 하나님의 말씀과 버금갈 지경이었다. 하나님께 순종하듯 그에게 순종해야 했다. 그에 대한 학생들의 존경심은 가히 하늘을 찌를 듯했다. 심지어 그가 말하면 생판 모르는 사람들끼리도 당장 결혼해야 했다. 그는 모든 회원에게 주님께 전부를 바치고 순종하라 가르치고서는 끝내, 그 스스로 예수님의 자리에 앉았다.

그의 말에 불순종하면 가차 없는 보복이 돌아왔다. 때로는 볼기를 맞아야 했고, 얼음물이 가득 담긴 통에 덜덜 떨며 몇 시간이고 앉아 있어야 했다. 또 권투 시합이라는 핑계로 글러브를 끼워 스파링을 시키기도 했다.

상대방의 뺨을 때리게 해서 약하게 때린 자는 명령 불복종 자로 간주하고 폭행의 릴레이가 이어지도록 했다. 벌칙을 받는 사람이 안타까워 약을 발라 주거나 감싸주는 이가 있으면 공동정범의 낙인을 찍고 엄청난 린치를 가했다.

자기 마음에 들지 않는 사람은 여러 사람 앞에서 야구 방망이로 볼기를 때렸다. 그 모든 행위에 거룩함은 사라진 지 오래였다. 모두가 숨죽였고, 그 누구도 그와 가까이하기를 두려워했다. 곁에 있다가 행여나 말 한마디 실수하면 어떤 린치를 당할지 몰랐다. 조성기 작가의 『야웨의 밤』이라는 소설이 그의 이야기다. 우리는 그 소설의 현장 한가운데에 있었다.

이 대표는 그 엄청난 영향력을 서독 간호사들에게도 뻗쳤다. 서독에서 힘들게 번 돈을 부모에게 보내는 일은 부모를 거지로 만드는 것이라고 비난했다. 부모는 하나님께 맡기고 너희들이 책임질 일이 아니라고 가르치면서 자기는 엄청난 헌금을 그들로부터 받았다.

그렇게 전국은 물론 세계에서 거두어들인 헌금을 자기 부인이 관리하도록 했다. 그는 이사회 회계감사를 자기 말 잘 듣는 사람에게 맡겨 어떠한 제재도 받지 않고 무사통과하도록 만들었다. 은행에 자기 이름으로 엄청난 돈을 예금했으니 은행 지점장은 그를 VIP로 대접했다. 당시 내가 은행 심부름을 도맡아 했는데, 그는 예금 입출금을 아무도 모르게 했다. 그 결과 엄청난 헌금을 자기 마음대로 물 쓰듯 쓸 수 있었다.

나는 이것이 잘못되어도 너무나 잘못되었다는 것을 깨달았다. 그러나 저지할 방법은 없었다. 어쩌다 바른말을 한마디 하면 여지없이 폭언과 매로 돌아왔다. 그런 사람에게 맨몸으로 항의한다는 것처럼 무모한 일은 없었다. 그래서 그에게 맞서기 위해서는 우선 나의 실력과 입지를 다지는 것이 중요하다고 생각했다.

나는 늦깎이로 대학에 들어갔기 때문에 간사들 가운데 나보다 나이가 어린 사람이 선배가 된 경우가 많았다. 또한, 나는 이전에는 전혀 교회 생활을 해본 적이 없기에 기독교에 대해서도 거의 문외한과 다름없었다. 그래서 말과 행동에 실수가 잦았다. 또한, 처음 시작한 광주의 간사 생활에 엄청난 실패를 경험한 자였다. 심지어 간사를 그만두겠다고 한번 도망갔다 돌아왔기 때문에 간사 중에서도 서열이 한참 밀려있는 상황이었다.

그래서 이 대표와 선배 간사들과 함께 식사할 때는 마치 성경에 나온 하인들처럼 그들의 식사를 섬기고 난 후 밥을 먹어야 했다. 선배 간사들보다 나이가 많은 나로서 이런 수모가 참으로 견디기 힘들었다.

그는 항상 제2인자를 세워 모든 일을 관리하게 했다. 그런데 그 2인자라는 자리를 자주 바꿨다. 마치 북한 공산당처럼 자신의 입지를 위해 정적을 제거하는 경우와도 같다. 제2인자가 되면 많은 특권을 누리지만 막상 그의 세력이 커지기 전에 바꿔버리는 것이다. 그 당시 나는 2인자의 자리를 꿈도 꿀 수 없는 위치였다. 그러나 내 나름대로 아무리 억울한 일이 있어도 하나님을 섬기는 마음으로 그를 섬기면 나머지는 하나님이 다 책임져 주실 것이라는 믿음이 있기에 최선을 다했다.

그러던 중 간사들이 함께한 모임에서 일주일간 창세기 소감 발표회를 가지는 시간이 있었다. 매 소감 발표회 때 나의 발표는 많은 사람에게 큰 감동을 주었다. 기도를 많이 하고 소감을 쓰니 성령충만한 글이 나올 수 있었던 것인데 졸지에 이 대표의 마음도 사로잡아 버렸다.

급기야 나는 이 소감 발표를 통해 위치가 급부상하여 제2인자 반열에까지 오를 수 있었다. 이것은 공식 직함이 아니고 그의 변덕에 맞춰 잠시 이용당하는 위치에 불과했다. 하지만 막상 그 자리에 오르게 되니 모든 간사가 내가 하는 말은 그가 하는 말로 받아들였다. 전에 없던 영향력이 생겼다. 물론 내가 무서워서가 아니라 내 배후 조종자인 이 대표 때문이었다. 이 시기가 언제 끝날지 모르지만, 나는 지금을 이용해 무엇인가는 해내야겠다는 결심으로 호시탐탐 때를 기다렸다.

♥ 모험을 함께 한 동지

내 인생을 통틀어 절대 빼놓을 수 없는 동반자가 한 명 있다. 바로 지금은 개신대학원대학교 명예 총장인 손석태 목자다. 그는 내가 인생의 고갯길에서 휘청거릴 때마다 나를 붙들어 준 가장 끈끈한 친구다. 그에 대한 애정과 고마움을 담아 이런 글을 쓴 적이 있다.

개혁의 동지 손석태 친구

그 친구는 나를 좋아하고 많은 도움을 주면서도 못된 버릇이 있다. 내가 그보다 나이가 많음에도 항상 나를 가르치려 하고 골탕 먹이기 좋아했다. 그래서 우리는 서로 다투는 일도 많았다.

그도 그럴 것이 나는 두메산골 출신이고 그는 부잣집 장손으로 태어나서 좋은 학벌에 온갖 경험을 많이 했으니 내가 얼마나 우습게 보였겠는가?

아무튼 그는 자주 내 비위를 건드릴 때가 많았다.

한번은 ESF 간사들과 온마음교회 성가대 지휘자와 함께 성지여행을 갔다. 해외여행을 간다고 내 나름대로는 꽤나 비싼 카메라를 사서 갔다. 많은 간사가 사진을 찍을 때 나도 옆에서 열심히 찍었다. 그런데 한번도 사진을 찍은 경험이 없어서 필름을 넣을지도 몰랐고 그냥 찍으면 사진이 되는 줄 알았다. 나중에 보니 필름도 없는 상태로 셔터만 눌러댔다. 얼마나 부끄럽고 창피한지 쥐구멍을 찾을 정도였다. 그런데 그 친구는 여행 내내 그것을 들추어내며 그 후배들과 온마음교회 성가대 지휘자 앞에서 나를 놀려 먹는 것이었다. 정말 꽉 쥐어박고 싶었다.

미국에서 공부할 때였다. 나는 미시시피 잭슨에서 공부했고, 그는 필라델피아에서 공부했다. 처음 우리는 두 사람 다 가족 없이 홀몸이었다. 우리는 가끔 전화했다. 한번은 내가 전화하면서 "너무 힘들어서 더 이상 공부 못하고 한국에 돌아가야 할 것 같다"고 말했다. 진심이었다기보다 위로받으려고 SOS를 친 것이다. 그런데 그는 거의 두 시간 동안 전화기를 붙들고 내게 퍼부어 대며 훈계했다. 나중에 전화비가 250불이 나왔다. 나는 당시 한 달 생활비가 5백 불이었다. 생활비 반을 그 친구가 소비하게 만든 것이다.

　우리가 그렇게 힘들게 개혁했는데 그는 제일 먼저 한국에 있는 총신대학교에 들어갔다. 그리고 다음에는 자기 혼자 미국으로 떠나고 만 것이다. 얼마나 화가 나고 미운지 정말 참기 힘들었다. 그는 1년을 공부하고 여름방학이 되어 한국에 돌아왔는데 얼굴에 기름기가 줄줄 흘렀다. 그동안 잘 먹고 잘 산 것 같아 더 부아가 났다. 그 후 목자 수양회를 갖게 되었는데 이 친구를 골탕 먹이기 위하여 금식 수양회를 하기로 했다. 그런데 다른 사람들은 너무나 못 먹고 살아와서 금식을 견디지 못하고 다 죽어가다시피 하는데 이 친구는 아무 문제 없이 편편한 것이다. 고기, 버터, 치즈를 많이 먹어서 며칠 금식하는 정도는 아무 문제가 없었다.

　이처럼 우리는 투덕거리며 서로 골려 먹기 좋아하는 사이였지만 누구도 끊을 수 없는 끈끈한 우정이 있었다. 진심으로, 사심 없이 서로를 도왔다. 친구란 이런 것으로 생각한다. 무엇인가 숨기고 위선적으로 말로만 사랑한 것이 아니라 흉허물없이 속마음을 다 드러낼 사이가 아닌가 생각한다. 내 손녀까지도 손석태 목사를 내 베프라고 부른다.

　이런 끈끈한 사이였기에 감히 이 대표에 대항해서 거사를 시작할 수 있었다. 만약에 서로 절대적인 신뢰가 아니었다면 도저히 그를 대항할 모험을 생각할 수도 없었을 것이다. 그 친구는 배짱이 있고 용기가 있는 사람이다. 아무리 이 대표가 반격을 해올지라도 끝까지 싸울 수 있는 사람이지, 쉽게 딴마음을 품지 않을 것이라는 확신을 됐다. 사실 당시 우리에게 이 대표라는 존재는 북한의 김일성, 남한의 박정희보다도 더 두려운 존재였다. 단체 내에서만큼은 군주적인 존재였다. 만약 개혁이 실패하면 절대 군주에게 반역하다 대역적으로 참수당하는 일이 벌어질 수도 있었다. 이런 상황에서 그를 정면으로 대항한다는 것은 생명을 같이 할 신뢰가 아니고는 불가능한 일이었다. 조금이라도 우리 둘 사이에 다른 생각을 한다면 둘 중의 하나는 돌이킬 수 없는 파탄자가 될 수밖에 없었다. 그러니 그의 성공은 나의 성공이요 나의 성공은 그의 성공인 절대적인 공동운명체였다.

친구로서의 그의 도움은 보이지 않게 많았다, 그중 잊을 수 없는 것은 두 가지다.

첫째, 내가 미국에 공부하러 가는 데 많은 도움을 주었다.

나는 사실 미국에 공부하러 가고자 하는 마음이 없었다. 당시 일이 너무 많고 바빠서 유학을 준비할 여력이 없었다. 그는 나에게 구체적으로 유학을 할 수 있는 정보를 제공해 주었고 유학을 준비하도록 격려를 많이 해 주었다. 또한, 두 차례나 유학 비자가 거부당했을 때 영사를 감동하게 할 편지를 써 주어 비자도 받게 도와줬다. 유학 시절에도 앞에서 이야기한 대로 인정사정없는 심한 말을 했지만 그런 말들이 어쩌면 내가 끝까지 유학을 마치는 데 도움이 되었으리라 믿는다.

둘째, 잊을 수 없는 것은 개혁의 와중에서 내가 한양 회관을 일으켜 다시 세우는 데 큰 도움을 준 일이다.

개혁의 과정 중에 이 대표는 우리 한양 회관을 초토화시키려고 3명의 간사를 상주시켜 양들에게 나를 사단이라고 세뇌했다. 몇 주 후 내가 다시 돌아 왔을 때 나와 양들과의 관계가 완전히 깨져 있었다, 이것은 가장 큰 고통이었다. 그동안 목자와 양으로 어떤 문제도 함께 나누며, 함께 눈물로 기도하던 관계가 허물어져 가고 있었다. 그런데 가장 심각한 문제가 발생했다. 본부에서 파송된 간사들에 의하여 세뇌된 한 형제가 나의 비리를 조작하여 장문의 편지를 보내왔다. 그리고 검찰에게 고발하겠다는 것이다. 그뿐만 아니아 몇몇 다른 회관 목자를 찾아다니면서 나의 허물을 떠벌렸다.

그는 손석태 목자에게도 찾아가서 나의 허물을 나열하며 거짓된 비리를 알리고 동조를 구했다. 그때 손석태 목자는 그의 말을 털끝만큼도 믿지 않고 사정없이 야단을 치며 돌려보냈다. 그는 철저히 나를 신뢰했기에 그 친구의 말을 한마디도 믿어주지 않았다. 한쪽 송사만 듣고 옳은 재판을 하지 못한다는 말이 있다. 언제나 한쪽 편 말만을 듣게 되면 그 생각에 말려 들어가기 쉬운데, 그는 나의 의견은 듣지 않았음에도 철저히 나를 신뢰하며 그를 책망해서 보냈다.

그 형제는 자신의 판단이 어리석은 것이었음을 깨닫고 스스로 사라지고 말았다. 이후 양 떼들과의 관계가 회복되는 큰 계기가 되었고 그 형제가 사라짐으로 나를 대항하던 몇몇 형제도 수그러들기 시작했다. 손 목자는 내 사역의 위기에 진정 나를 신뢰하고 지지해 준 고마운 동역자였다.

항상 좋은 감정을 가지고 지나는 것만이 아니라 할지라도, 진정한 이해와 신뢰 그리고 필요할 때 도움을 줄 수 있는 사람이 진정한 친구다.

젊은 날, 손석태 목자와 나는 항상 종로에서 간사 모임이 끝나면 돌아오는 길에 함께 했다. 같이 식사도 하며 대화도 많이 했다. 목자 중에 가장 인간적으로 가까운 관계였다. 그와 함께 배사라 선교사에게 성경을 배웠고 이승장 목자와 함께 여관에서 합숙하며 「일용할 양식」을 집필하기도 했다. 그가 담당하고 있던 동대문 회관은 역사가 깊다. 중국계 미국인인 아다 룸(Ada Lum) 교수가 동대문 개척에 큰 도움을 주어서 일찍 회관으로 자리를 잡았다.

그는 광주에서 광주일고를 다닐 때부터 선교 단체 고등부 소속이었기 때문에 오랜 경험과 실력이 있었다. 그래서 단체가 서울로 올라와 개척할 때 크게 기여했다. 그는 내가 지방에서 올라와 아직 서울에 적응하기 힘들었을 때 서울살이에 익숙하도록 도와주기도 했다. 그는 경제적으로 여유가 있었기 때문에 외로운 나에게 전화도 자주 했고, 야구장에도 데려갔다.

나는 그때 사람이 한 장소에 그렇게 많이 모여 있는 것을 처음 봤다. 야구가 뭔지도 모르는 촌사람에게 그는 규칙 하나하나를 가르쳐 주며 흥미를 갖도록 도와주었다. 만나면 항상 그가 밥을 샀다. 그는 간사 중에 나와 가장 가까웠고, 내가 신뢰할 만한 인물이었다.

사람의 눈치를 잘 안 보는 이 대표마저도 그에게는 함부로 하지 못했다. 그나마 이 대표에게 바른말을 할 수 있는 사람은 손석태 목자뿐이었다. 그래서 나는 그와 의기투합만 된다면 개혁을 위한 큰 산을 넘을 수 있다고 생각했다.

1976년 4월 8일. 그날은 부활절을 앞두고 종로에서 간사 모임이 있었다. 마침 그날 아침 손석태 목자는 이 대표에게 심한 모욕과 꾸지람을 받은 상태였다. 동대문 회관 한 학사의 결혼식 날짜를 정하는 데 이 대표와 의견 충돌이 있었던 것으로 기억한다. 모임이 끝난 후 손석태 목자와 함께 집에 가기 위하여 전철역으로 가는 중이었는데 나는 그에게 아침 식사를 같이하자고 제안했다. 갑자기 떠오른 생각은 아니었다. 하지만 오늘이야말로 적기라고 생각했다.

식사 자리에서 음식이 나왔는데, 나는 한 술도 뜰 수 없었다. 그에게 어떤 말을 해야 할지 가슴이 두근거렸다. 감히 이 대표의 잘못에 대해서 말을 꺼낸다는 것은 상상키 어려운 일이었다. 거대한 고목처럼 굳게 뿌리내려 있는 일인 독재 체제. 그 견고함에 대항해서 제2인자가 부정적인 이야기를 꺼낸다는 사실 자체가 역적모의와 같았다. 심장이 쿵쾅대고 손조차 떨렸다.

"왜 안 먹습니까?"

내 속내를 알 리가 없는 손석태 목자가 의아한 듯 물었다. 그러나 두려움 때문에 머뭇거린다면 영영 개혁의 길은 요원할 수밖에 없다.

비인격적인 한 사람의 지도자 때문에 얼마나 많은 사람이 억울한 고난을 당하고, 순수하고 유능한 많은 젊은이가 불의하고 악한 사단에 농락당했는가?

열띤 신앙인이 쓸모없는 사람이 되고 오히려 악의 도구로 전락하고 있었다.

최고의 엘리트들이 포진되어 강력한 힘을 보유한 이 단체가 잘못된 길을 가게 된다면, 얼마나 무섭고 파괴적인 단체로 변질할 것인가?

거룩함은 사라지고 악의 도구로써 이 나라와 교회에 어떤 피해를 가져올 것인가?

한없이 두려운 일이었다. 하지만 많은 사람에게 위험을 불러올 악을 제거할 수 있는 리더격의 위치에 있는 사람이, 자기 신변을 위하여 그 책임을 감당하지 않는다면 그 자체가 큰 악이라고 생각했다. 설사 주동자로 몰려 역적의 자리에 서더라도, 내가 상상한 것보다 더 크고 무서운 피해를 본다고 할지라도 지금이 아니면 기회가 없을 것 같았다. 모르드개가 에스더에게 한 말이 생각났다.

> 모르드개가 그를 시켜 에스더에게 회답하되 너는 왕궁에 있으니 모든 유다인 중에 홀로 목숨을 건지리라 생각하지 말라 이 때에 네가 만일 잠잠하여 말이 없으면 유다인은 다른 데로 말미암아 놓임과 구원을 얻으려니와 너와 네 아버지 집은 멸망하리라 네가 왕후의 자리를 얻은 것이 이때를 위함이 아닌지 누가 알겠느냐 하니 (에 4:13-14).

평소에 우리는 공산 치하에 사는 사람들처럼 서로의 생각을 솔직히 나눌 수가 없었다. 특히, 이 대표에 대한 반감이나 부정적인 생각은 내색조차 할 수 없었다. 만약 티가 나게 되면 금방 그에게 알려져 상상키 어려운 정신적, 육체적인 고통을 받게 되어 있었다. 당시 유행했던 말 중에 이 대표는 자기 뒤에 앉은 사람의 뱃 속에 회충이 몇 마리가 있는 것까지도 아는 사람이라고 했다.

하지만 그 식당에서 나와 손석태 목자 사이의 공기는 평소와 묘하게 달랐다. 사람이 심한 모욕을 당하면 그 감정이 더욱 격해질 수밖에 없다. 손 목자는 아침에 있었던 일로 마음에 파도가 일렁이고 있었다. 나는 아주 조심스럽게 말을 꺼냈다.

"언제까지 브레이크 없는 차를 몰고 낭떠러지로 질주하고 있는 이 대표를 그대로 보고만 있어야 하겠습니까?"

놀랍게도 내가 그 말을 꺼내자마자 그는 기다렸다는 듯이 나보다 훨씬 더 강렬하게 개혁의 필요성을 성토했다. 서로 입 밖으로 꺼낸 적은 없었지만, 그도 나만큼이나 변화를 원하고 있었다. 그만큼 우리는 수없이 상처 입고 있었다.

어느 겨울날도 그랬다. 그날따라 눈이 아주 많이 온 아침에 목자 모임이 있었다. 당연히 교통이 두절되었으니 대다수 목자가 지각할 수밖에 없었다. 그런데 이 대표는 모임에 늦은 모든 목자를 두 줄로 세워 한 사람씩 마주 보게 하고는 서로 주먹뺨을 치게 했다.

처음에는 머뭇거리며 형식적으로 치다가 계속 더 세게 치라고 윽박지르니 서로 감정이 격해져 아주 심하게 뺨을 때리게 되었다. 적막 속에서 퍽퍽 소리가 이어졌다. 우리에겐 불어 터진 뺨보다 더 크고 붉은 응어리가 남았다.

자존심이 강한 목자들에게 그때의 사건은 정말로 참을 수 없는 아픔이었다. 특히, 손석태 목자에게는 그때가 잊을 수 없는 고통이었을 것이었다.

"다시 그날 같은 일이 있어서는 안 됩니다!"

그동안 누구에게도 토로하지 못했던 이 사건을 상기시키자 손석태 목자는 불같이 개혁의 의지를 굳혔다. 이제 우리 두 사람은 완전히 의기투합해서 거사를 진행해 나갔다.

우리는 이승장 목자를 찾아갔다. 이승장 목자는 유능한 분이어서 초창기 이 대표의 사랑을 많이 받았고, 유학을 보내 그의 후계자로 삼고자 하는 계획도 있었던 것으로 알고 있다. 그는 이 대표의 인정을 받아 목자 중에서 유일하게 해외여행까지 다녀온 케이스였다.

그때 이승장 목자의 딸은 당시 치료가 거의 불가능한 심장질환을 앓고 있었다. 걸음조차 힘들었던 딸을 매일 아침 학교에 바래다주느라 간사 모임에 늦을 수밖에 없었는데, 이 대표는 같은 부모로서 위로는 못 해줄망정 오히려 고통받는 그의 마음에 대못을 박는 말과 행동을 많이 했다. 그는 차마 해서는 안 되는 언어적, 정신적, 육체적인 폭력을 이승장 목자에게 가했다. 그리고 이 대표는 당시 이승장 목자가 개척하여 성장시킨 서대문 회관을 떠나서 개척 초기의 명륜 회관으로 자리를 옮기라는 불호령마저 내렸다.

이승장 목자는 성숙한 분이어서 속이야 어떻든 그 고난을 잘 견뎌냈다. 그러나 우리가 보기에는 너무나 안타깝고 가슴이 아팠다. 그래서 우리는 다른 목자 중에 그분을 먼저 찾아갔던 것이다. 손석태 목자와 내가 이 대표의 횡포를 더는 감당할 수 없다고 이야기했더니 그는 우리가 자신을 떠보러 온 줄 알고 경계했다. 그러면서 이 대표에 대한 비판 대신 우리가 주님의 종을 잘 모셔야 한다고 오히려 그를 감싸는 것이었다.

"내게 왜 이런 말을 하는 거요?"

가슴이 덜컥했다. 손 목자의 당혹스러운 눈빛이 보였다.

그가 이 거사에 동조하지 않으면 모든 것이 탄로 나고 말 것 아닌가?

하지만 나는 그를 설득하기 위하여 말을 이어 나갔다. 마침내 그는 순수 개혁을 원하는 우리의 진정성을 확인하고는 한마음이 되었다. 그때 만난 다방에서 그는 컵을 들어 테이블에 내려치면서 이런 식으로 가다가는 우리 단체가 이단의 단체가 되고 말 것이라고 함께 울분을 토했다.

이제 세 사람의 마음이 합해졌다. 다음으로 명륜 회관의 김정일 목자를 찾아갔다. 그는 명륜 회관으로 옮길 이승장 목자 대신 서대문 회관으로 옮기라는 명을 받은 직후였다.

소위 영전하게 되었으니 얼마나 기뻐하고 좋아하는지!

기분 좋게 짐을 싸고 있는데 우리가 이런 거사를 하자고 하니 멈칫하는 모습이었다. 머리로는 이해하면서도 싫은 기색이 역력했다. 그러나 세 사람이 간절하게 권면하니 마지못해 우리를 따랐다.

우리는 그 시간 속리산으로 갔다. 이 대표 근방인 종로에 있는 목자들만 빼고 전국에 있는 목자들을 다 그곳으로 불러 모았다. 당시 2인자 위치에 있었던 내가 전화를 하니 이 대표의 명령인 줄 알고 한 사람도 빠짐없이 다 모였다.

이때를 위하여 내가 그의 제2인자가 된 것이 아닌가?

물론 그렇기에 이 사건이 탄로 나면 가장 먼저 공격을 당할 사람 역시 나라는 사실은 불문지하였다.

그만큼 아무도 모르게 전국의 목자들이 속리산에서 거사를 꾸민다는 것은 하나님의 특별한 역사였다.

하나님의 은혜가 아니면 촘촘하게 이어진 그물 같은 연결망을 뚫고 이 대표 몰래 이 거사를 어떻게 이룰 수 있었겠는가?

꿈도 꿀 수 없던 일이 현실로 벌어지고 있었다.

모두 모인 우리는 그날 밤에 한 사람 한 사람 이 대표에 대해 성토했다. 예상 못 한 바는 아니지만 놀랍게도 그들 모두 마음의 상처가 생각보다 훨씬 깊었다. 우리는 밤새도록 서로를 붙들고 울었다. 어두운 밤이 깨어지고 새로운 새벽이 동트고 있었다.

날이 밝자, 이상할 만큼 모두의 마음이 차분히 가라앉았다. 그리고 우리의 뜻을 담은 성명서를 작성하기 시작했다. 글솜씨가 좋은 이승장 목자가 펜을 들고 한 사람, 한 사람의 생각을 모아 모든 문제를 자세히 기록해 나갔다.

우리가 속리산에서 이런 거사를 꾸미고 있는 동안 서대문 회관은 난리가 났다. 그날은 서대문 회관에서 천병오 학사 결혼식이 있었다. 그런데 주례를 맡은 이승장 목자가 사라지고 없는 것이었다. 사모님들은 다 모였는데 어떤 한 사람도 목자들이 어디로 갔는지 아는 사람이 없었다. 이 대표가 모르는, 상상도 할 수 없는 일이 일어난 것이다.

목자들이 부활절을 앞두고 매우 중요한 시기에 한꺼번에 사라져 버렸으니 얼마나 황당했겠는가?

우리는 성명서를 작성한 후 당시 이 대표와 가까이 있으면서 그의 신임을 크게 받고 있던 전요한 의사를 불렀다. 그리고 우리의 현실을 그에게 알림으로써 사태가 이렇게 심각하니 당신이 이 대표에게 잘 말해서 생각을 좀 바꾸게 해달라고 부탁했다. 그때까지도 우리는 모두 우리 단체의 역사를 너무 사랑하여 개혁을 원한 것이지, 무너뜨리고자 함이 추호도 없었다. 그 후 목자들이 각자 자기 회관에 가서 성명서를 읽음으로써 개혁의 불길은 당겨졌다.

당시의 상황을 설명해 주는 객관적인 글 두 편을 여기에 싣는다.

[선교사들에게 보낸 편지]

가장 먼저 당시 단체의 상황을 이해하기 위하여 우리 개혁의 리더들이 해외에 있는 선교사들에게 보낸 편지를 수록하고자 한다.

사랑하는 님께

> 이 닦아둔 것 외에 능히 다른 터를 닦을 자가 없으니 이 터는 곧 예수 그리스도라 (고전 3:11).

우리의 모든 죄와 허물을 담당하시고 새 생명을 주신 예수 그리스도의 은혜가 사랑하는 선교동역자님께 함께 하옵시기를 기도합니다. 특히, 주님의 부르심을 받아 선교 일선에서 온갖 고초를 겪으시면서 예수님의 생애를 본받고 계시는 선교사님들께 하나님의 위로가 충만하시길 기도드립니다.

지난 1달 동안 본국에서 마땅히 힘과 소망을 주는 기쁜 소식을 전해 드려야 할 저희들이 슬픔과 실망과 분노와 아픈 말을 드렸음을 생각할 때 뭐라고 용서를 빌어야 할지 도저히 할 말이 막히고 맙니다. 다만 기도하는 것은 이번 기회를 통해 우리의 성경 읽기 단체가 어떤 개인이나 단체의 의식이나 사상에 기초한 모임이 아니라 온전히 우리 주 예수 그리스도를 머리와 터로 삼아 한국 지성인들의 복음화와 세계 선교 역사 가운데 귀히 쓰임 받는 그릇이 되기를 빌 뿐입니다.

우리는 이 부활절 회개운동이 빠른 시일 내에 이뤄지리라고 생각했기 때문에 되도록 해외선교사님들께는 상처를 주지 않고자 편지를 보내지 않았습니다. 그러나 현재 개혁의 징조가 많이 엿보이나 신앙적인 방법보다 인간적인 방법으로 해결코자 하는 점이 많으므로 뚜렷한 결정이 아직 이루어지지 못한 상태에 있습니다. 그래서 여러 가지로 이해되지 않는 점이 많고, 기도 제목을 찾고자 하나 구체적인 문제를 모르기 때문에 종잡기 어려운 선교동역자들께 우리의 입장을 밝히고, 기도를 요청하는 바입니다.

1. 개혁의 의의와 방향

예수님께서 전해 주신 복음은 회개의 복음입니다(막 1:15; 눅 24:47). 신자의 생활은 항상 죄를 회개하고 예수님을 새롭게 영접하는 생활이어야 합니다. 또한, 교회도 항상 처음 사랑을 회복하기 위해 회개하는 개혁운동이 끊임없이 이루어져야만 성령께서 역사하실 수 있는 것입니다(계 2:4,5). 특히, 프로테스탄트 즉 개신교가 부패하지 않고 성장하는 생명력은 끊임없는 회개운동, 즉 개혁에 있는 것입니다. 그러기 때문에 기독교는 영원한 개혁의 종교라고도 불리는 것입니다. 이번에 시니어 목자들을 통한 회개운동의 목적은 성경 읽기 단체의 개혁을 위해서 기도하자는 것이었습니다. 그 구체적인 내용은 다음과 같습니다.

첫째, 성경 읽기 단체가 하나님께 영광이 되고, 양들이 주인이 되는 모임이 되어야 하겠다는 것입니다. 마땅히 하나님께 돌려드려야 할 영광이 한 개인에게 돌려지고, 한 개인이 마치 하나님이나 예수님처럼 군림하며, 절대시 되어서는 안 되겠다는 것입니다. 그뿐만 아니라 성경 읽기 단체의 주인은 하나님이시요, 학사들이요, 학생들이 되어야지 목자가 양들을 주장하고 이용해서는 안 된다는 것입니다.

둘째, 성경 읽기 단체는 성령이 인도하시는 자율적이고 개성 있는 모임이 되어야 하겠다는 것입니다. 성경 읽기 단체는 그동안 한 개인이나 혹은 각 지구에 특수사정을 무시한 채, 생각하고, 말하고, 행하는 것이 획일적이고, 인위적이었습니다. 그래서 지성인 복음화운동을 한다고 하지만, 정작 뜻있는 지성인들이 뛰놀기에는 너무나 운동장이 좁았습니다. 하나님께서 양들 각 사람에게 부여하신 고귀한 인격과 개성, 그리고 자유를 존귀하게 여기고, 각자의 은사대로 또한 성령이 인도하시는 대로 하나님께 헌신하도록 돕는 이외의 어떤 율법을 강요해서는 안 되겠다는 것입니다.

셋째, 비성서적인 교육 방법을 지양해야 하겠다는 것입니다. 우리는 하나님의 자녀로서 반드시 영적인 훈련이 필요합니다. 그러나 그 훈련은 하나님 앞에서 자기를 부인하고 하나님께 순종하며, 하나님께 쓰임 받는 사람이 되는 것이어야지, 한 인간이나 단체에 예속되고, 한 인간이나 단체에 복종하기 위한 훈련이어서는 안 되겠다는 것입니다. 또한, 훈련 방법은 좀 더 고상한 인격적 감화와 성령의 감동으로 말미암은 자율적인 훈련(self-training)이어야 한다는 것입니다.

넷째, 성경 읽기 단체는 학생운동으로서의 본질을 되찾고, 이 시점에서 새로운 방향 설정이 필요하다는 것입니다. 기독학생운동은 정치, 경제, 사회, 문화, 교육 등 각 분야를 이끌어가는 크리스천 지도자 양성을 그 목적으로 하고 있습니다. 운동은 마땅히 이 학생운동을 후원하고, 학사들 스스로가 사회 각 분야에서 신자로서 영향력 있는 지도자가 되어야 그 의의가 있는 것입니다. 그러나 000-man 들은 당장 새로운 방향 전환이 없는 한 000 내에서의 빛과 소금은 될 수 있을지 모르지만, 가정과 사회에서 빛과 소금이 되기는 어려운 실정입니다.

다섯째, 헌금은 반드시 공개적으로 바로 쓰여야 하겠다는 것입니다. 각 지구는 일 년에 평균 두 번씩 있는 '선교 사업 실무자 대회'를 통해서 철저한 회계장부 감사를 하고, 헌금이 올바로 쓰이지 못한 지구에 대해서는 실로 가혹한 징벌을 그 지구 목자에게 가했습니다. 그리고 매월 실무자는 각 지구의 회계 보고를 본부에, 또는 다른 지구에 보내고 있습니다. 그러나 본부 회계장부는 성경 읽기 단체 창설 이후 한번도 공개된 적이 없습니다. 그것도 1975년도까지 본부 실무자가 대표 목자 사모님이었습니다.

특히, 해외에서 선교사님들이 본국에 보내는 돈이 얼마나 되며, 어떻게 들어오고 있으며 그것이 어떻게 쓰이고 있는지에 대해서는 성경 읽기 단체에 각 부장급 목자들조차도 전혀 알 수 없는 비밀입니다. 예를 들어, 시카고(Chicago)에서는 매월 세계 선교비로 상당한 액수가 종로 본부로 송금한 것처럼 보고서에 기록되어 있지만 실제로 이 돈이 본부에 보내지고 있는 것인지, 아니면 미국 어느 곳에 따로 저금하고 있다면, 그 액수가 얼마나 되며 무엇 때문에 저금하고 있는지 알 수가 없습니다.

한마디로 성경 읽기 단체는 물질 문제에 있어서 빛 가운데 드러나지 못한 점이 너무 많고, 헌금이, 구제헌금이든 선교헌금이든 목적대로 쓰이지 못한 점이 너무나 많습니다.

2. 우리들의 입장

이상의 문제점을 두고, 시니어(Senior) 목자들이 회개운동을 전개하는 방법적인 면에서 잘못된 점이 있었다는 것을 하나님 앞에서 시인하고, 회개합니다. 그것은 부활절 준비기간 동안 어떠한 명목이든지 간에 1주일간 근무 이탈을 하고, 각 지구의 헌금을 본부에 승인 없이 쓴 사실입니다.

또한, 그 후에도 온전히 목자로서의 기본사명에 전념치 못한 것을 용서해 주시기를 바랍니다. 그러나 이 문제를 이번에 분명히 해결치 못한다면, 우리는 하나님 앞에서 죄인이요, 역사 가운데 큰 죄인이 되리라는 신념에는 변함이 없습니다. 또한, 이번 문제가 적당하게 정치적으로, 일시적으로 해결된다고 할지라도 근본 문제가 해결되지 않는 한에는 언젠가는 이러한 문제가 또다시 생기게 되리라는 데 의견을 같이하고 있습니다.

또한, 우리는 이번 1976년도 부활절 회개운동이 어떤 한 개인에 의해서, 혹은 성경 읽기 단체 시니어 목자들로부터 시작된 것으로 생각지 않습니다. 이것은 하나님께서 시작하신 일이요, 하나님께서 우리 시니어 목자들에게 맡기신 일이요, 또한 하나님께 친히 이루시고, 영광 받으실 일이라고 확신합니다. 실로 우리를 인도하시고, 지난 한 달 보름에 가까운 기간 동안 우리 성경 읽기 단체를 지키시고, 보호하신 하나님께 감사와 찬송을 드립니다.

우리가 이 회개운동을 전개하는 데 있어서 우리의 주장하는 바는 다음과 같습니다.

(1) 우리는 모두 회개해야 한다는 것입니다. 특히, 이OO 목자님은 시니어 목자들을 통하여 이루어지고 있는 회개운동의 진상을, 진실하게 종로의 양 떼들, 선교 후보들, 주니어(Junior) 목자들, 해외선교사들에게 공개하고, 하나님과 국내외의 양들 앞에서 회개하시라는 것입니다.

(2) 1970년도 이후 성경 읽기 단체에 본부 회계장부(선교 사업, 구제 사업, 「일용할 양식」 사업)를 공개해야 한다는 것입니다. 그리고 구제 헌금은 본래의 목적대로 써야 한다는 것입니다.

(3) 성경 읽기 단체에 정관을 만들고, 정관에 의한 체제 개편, 정관에 의한 인사 관리를 하자는 것입니다. 특히, 이번 사건의 수습 이사회 구성을 제의합니다(공개 회개 및 장부 공개 후).

(4) 이OO 목자님은 목자 회장으로서 본 사건과 지금까지의 모든 역사에 책임을 지시고, 실무 일선에서 물러나 말씀과 기도에 전념하시길 요구합니다. 이 문제가 완전히 해결될 때까지는 해외에 선교사로 나가는 것을 반대합니다. 그렇다고 우리는 이OO 목자님을 목자로서, 혹은 한 인간으로서 그 인격을 욕되게 할 생각이 없습니다.

(5) 이 회개운동이 전개되는 과정 가운데서 성경 읽기 단체 역사 자체가 부정되거나 성경 읽기 단체가 파괴 혹은 분열되어서는 안 되겠습니다. 또한, 이 문제가 정치적으로도 해결되어서는 안 되겠습니

다. 이 사건을 통하여 성경 읽기 단체는 더욱 견고해지고, 하나님께 더욱 귀히 쓰임 받는 모임이 되어야 한다는 것입니다.

3. 해외선교사님들에게 부탁드리는 말씀

(1) 이 문제가 하나님 앞에서 진실하게 해결되도록 기도를 요청합니다.

(2) 선교사님들은 엄정하게 객관적인 입장에 서 주십시오. 만일에 선교사님들이 객관적인 입장에 서지 못함으로 회개할 자가 회개하지 못하고, 오히려 파벌과 분열을 일으켜 성경 읽기 단계에 쉽게 백년대계의 기초를 흐리게 한다면 슬픈 일입니다. 만일 우리에게 잘못이 있다면 충고해 주십시오. 기쁨으로 받아들이겠습니다.

(3) 이 문제가 해결될 때까지 지구 자치제를 원합니다. 본국의 일방적인 지시에 따르는 것보다 각 지구는 지구별로 역사를 감당하시길 고민합니다. 또한, 헌금도 어떤 명목으로든지 문제가 해결될 때까지는 본국에 보내시지 않는다는 것이 좋겠습니다.

(4) 이 문제 해결에 협조를 요청합니다. 선교사님들은 그 어느 사람 못지 않은 성경 읽기 단체의 주인이십니다. 주인으로서 알아야 할 바, 또 주장해야 할 바, 책임을 져야 할 바가 있다고 믿습니다. 그래서 진정한 의미에서 주인이 되시길 바라고, 이 문제가 해결되도록 진실한 협력과 동역을 요청하는 바입니다.

1976년 5월 18일

대전: 서베드로 · 전주: 장바나바 · 동대문: 손마태

명륜: 김요나 · 서대문: 이요셉 · 한양: 안나다나엘

올림

[유용규 박사의 학위 논문]

당시의 상황을 이해하기 위하여 유용규 박사의 논문을 인용한다.

Yong K. Riew, "The Theology of Mission Structures and Its Relation to Korean Indigenous Student Movements,"(Fuller Theoiogical Seminary, 1985), p. 472-473.

1976년, 이 사무엘의 리더십에 큰 위기가 있었습니다. 주역인 안병호를 중심으로 한 대부분의 고위 참모들은 이 사무엘에 반대하는 일치된 행동을 취했습니다. 그들은 이 대표가 그들의 생각을 채택하도록 설득하거나 혹은 그와 헤어지기를 원했습니다. 그들의 주된 이유는 다음과 같습니다.

(1) 이 대표가 UBF를 독재적으로 운영하고 있다는 주장.
(2) 이 대표의 엄격한 성경 공부 방법 - 학생들 사이에 떠도는 소문에 의하면 훈련 받는 이가 할당된 성경 구절을 외우지 못하면, 폭행당한다고 합니다.
(3) 이 대표가 외국에서 UBF 간호사들이 보낸 선교자금을 사적으로 사용한 것.
(4) 지역 교회에 대한 이 대표의 적대감. 이것은 교회와 좋은 관계를 갖기를 원하는 그의 반대자들과의 견해와 달랐습니다.
(5) 그의 신학적 훈련에 대한 극도로 부정적인 생각. 그의 반대자들은 이것에 반대했습니다.
(6) 이 대표의 일방적인 회원 간의 결혼 상대자 지정과 UBF 회원들의 거주지 선택.

안(안병호) 씨의 기본 취지는 이 대표와 결별하는 것이 아니라 마음을 터놓고 소통하며 그의 솔직한 고백을 통해 UBF가 새로운 통합의 출발을 하도록 하는 데 있다고 전해집니다. 그러나 양측은 완전한 소통을 하는 데 실패했고, 그해에 그들은 분리되어 "Student Bible Fellowship"(cf. Eim 1983:10-11; Chung 1983:325)이라고 불리는 또 다른 학생운동을 시작했습니다.

"이 조직의 임원 대부분은 신학 교육을 받은 경험이 있습니다. 일부 졸업생 지도자들은 새로운 교회를 시작했고 학생 지도자들은 학생 전도를 책임지고 있습니다"(Chung 1983:325).

원문

In 1976, there was a great crisis in Samuel Lee's leadership. Most of the senior staff with Byung Ho Ahn as their prime mover, took concerted action to oppose Samuel Lee. They wanted either to persuade Lee to adopt their ideas or to separate from him. Their major reasons were:

(1) Lee's supposed dictatorship of UBF.
(2) Lee's rigorous method of Bible Study – There was the unwarranted rumor among students that if any trainee failed to memorize his assigned Scripture verses, he or she would be penalized by lynching.
(3) Lee's private use of mission funds sent by UBF nurses from foreign countries.
(4) Lee's antagonism toward the local church. This differed from his opponents who wanted to have good relations with the church.

(5) His extremely negative notion of theological training, which was contrary to the view of his opponents.

(6) Lee's one-sided arrangement of members' marriage partners and the location of the residence of UBF members.

It is reported that Ahn's basic intention was not to separate from Lee but rather to engage in heart to heart communication with him and thereby earn his true confession that UBF might make a new united beginning. However, both parties failed to fully communicate and that year, they were separated and started another student movement called the "Student Bible Fellowship" (cf. Eim 1983:10-11; Chung 1983:325).

Most of the staff personnel of this organization have had theological education. Some graduates leaders have started new churches while student leaders are responsible for student evangelism (Chung 1983:325).

♥ 이 대표의 반격

이 대표는 사람을 다루는 기술이 탁월한 리더였다. 마음을 꿰뚫어 보는 통찰력과 카리스마가 대단한 그의 리더십 덕에 지금껏 그 어느 사람도 감히 대적할 수 없었다. 하지만 우리의 개혁 의지 앞에 그는 전에 없던 위기에 봉착한 것이다.

그는 자신의 리더십이 부정당하는 절체절명의 상황에 즉각적으로 방어와 복구에 나섰다. 제일 먼저 사모님들을 모아 도움을 구했다. 흔들리는 남편 목자의 마음을 가장 잘 돌이킬 수 있는 사람이 바로 사모님들이라고 생각했기 때문이다. 또한, 그는 탁월한 설득력으로 한 사람 한 사람씩 포섭하여 계속 자기편으로 돌이키며 자신의 입지를 구축해 나갔다.

동시에 이 대표는 주동자를 색출하기 위해 길길이 날뛰었다. 자신이 예상했던 대로 내가 개혁의 주동자라는 사실이 밝혀지자, 본색을 드러내며 가차 없는 응징에 들어갔다. 그는 내게 집중포화를 퍼붓기 시작했다. 자신에게 도전한 나에 대한 이 대표의 증오심은 상상을 초월했다. 자기 딴엔 나에게 그렇게 잘해 주고 제2인자로 세워 많은 특권까지 베풀어 준 셈이었다. 그런 내가 배은망덕하게 배반의 선봉자가 되었다는 사실은 그의 이성을 잃게 했다.

나를 응징하기 위한 그의 전략은 아주 교묘하고 치밀했다. 나와 함께한 그의 반대자들을 단체로부터 완전히 고립시키고 공포 분위기를 조성했다. 동시에 그는 권모술수로 사람들의 마음을 얻어가며 계속 지지 세력을 넓혀나갔다. 상식이 통하지 않는 무서운 조직사회에서 리더의 일방적인 공격 대상이 된다는 것은 생각만 해도 몸서리쳐지는 일이다.

이 대표는 내가 가장 사랑하는 것이 무엇인지 알고 있었다. 그는 내가 섬기고 있던, 밑바닥부터 일궈낸 한양 회관을 점령했다. 그는 자기 심복과 같은 세 명의 목자를 한양 회관에 밤낮으로 상주시키고 회관 형제들을 설득하는 작업에 들어갔다. 이 대표 편의 목자들은 온갖 거짓말을 뱉어내며 아무것도 모르는 순진한 형제들을 감언이설로 회유했다.

"너희들의 목자. 그 안병호가 지금 얼마나 큰 죄를 짓고 다니는지, 그가 사단의 앞잡이가 되어 얼마나 돌이킬 수 없는 악을 행하고 있는지 아느냐?"

그들은 강하게 성토하며 양들을 흔들어 놨다. 그렇게 그에 대해서 울분을 토하던 대부분의 간사는 결국 이 대표의 회유로 원래의 자리로 다 돌아가 버렸다. 특히, 사모님들은 철저히 이 대표의 편에 서서 그를 지지했다. 사모들은 모험을 추구하는 남성과는 달리 여성의 특성상 안정을 추구했다. 그래서 이 대표는 개혁의 거창한 기치 아래 남편 목자가 자칫 사역지를 잃고 방황할 수도 있다고 우려하는 사모님들의 심리를 철저하게 이용했다.

나의 상황은 더 심란했다. 주동자로 찍혀 도피 생활을 하고 있던 나는 당시 전화가 없어 가족에게 연락도 할 수 없었다. 그들이 지금 어떤 상태에 있는지, 이 대표의 계략 아래 안전한지 궁금하고 두려워서 미칠 것 같았다.

모든 것이 이대로 끝나는 듯했다. 결국 나만 돌아갈 회관도, 갈 집도 없게 되었다.

기어이 거사는 실패하고 나만 혼자 제거되고 마는 것인가!

나는 깊은 절망에 빠졌다. 그러나 그럴수록 나는 더 하나님의 도우심을 애타게 구했다. 혼자서 이룰 수 있는 일이 아니었다. 이 문제를 해결하기 위해서는 하나님의 지혜가 절대적으로 필요함을 깨달았다. 나는 한양 회관 근처 여관방을 얻어서 홀로 숙식하면서, 하나님께 기도하면 반드시 응답하신다는 약속을 믿고 간절히 기도하고 또 기다렸다.

동시에 인간적인 고뇌가 깊어져만 갔다. 회관 밖에서 몇 차례 양들을 만났지만 그들의 반응은 싸늘했다. 그들은 이미 이 대표가 심어놓은 목자들에게 넘어간 뒤였다. 나중에는 아예 나를 만나려고 하지도 않았다. 개혁하고자 하는 진심이 담긴 성명서를 읽어줄 기회조차 그들은 허락하지 않았다.

그도 그럴 수밖에 없는 것이 당시 그 단체 내에서 이 대표의 말 한마디는 하나님의 말씀보다 무게감이 컸기 때문이다. 반역의 주역으로 리더의 주 타깃이 된 나로서는 이겨낼 재간이 없었다. 그런 분위기 속에서 자행되는 소름 끼치도록 무서운 공격과 고립을 견디기 어려웠다.

상황은 더욱 어려워져 갔다. 해결의 실마리는 전혀 보이지 않는 가운데 시간은 계속 흘러갔다. 그 사이에 이 대표는 목자들을 거의 다 회유해서 자기 손아귀에 넣고 반란(우리는 개혁이라 부름)을 진정시켜 가고 있었다.

정황상으로는 개혁의 실패였다. 감히 그의 절대 권력에 대항하여 개혁한다는 것은 불가능하다는 게 증명된 것 같았다.

역모에 실패하면 역적으로 몰려 3대가 망하듯이, 나는 이제 이 단체에서 영원히 사단의 앞잡이로 낙인찍히고 말 것인가?

종교 재판에 회부되어 화형당한 중세의 이단자가 바로 영락없는 내 모습이었다.

감히 누가 그에게 맞서 혁명을 이룰 수 있단 말인가?

♥ 가족에게 향한 화살

그들의 잔인한 응징은 이제 나 자신에게만 국한되지 않았다. 그들은 집요하게 내 가족에게까지도 보복했다. 이 대표는 해산을 코앞에 둔, 만삭의 내 아내를 난방도 되지 않는 경기도의 모처로 추방했다. 임신중독증으로 고생하던 아내는 그 만삭의 몸에, 겨우 아장아장 걷는 어린아이들과 함께 나도 알지 못하는 시골로 강제 이사를 가야 했다. 가족이 간 곳을 아는 사람은 몇 사람밖에 없었다. 나는 차마 입이 떨어지지 않았지만, 장인에게 이 사실을 알리고 도움을 청했다. 내 장인, 장모는 상상도 할 수 없는 이 소식을 듣고 아연실색했다. 그리고 수소문 끝에 겨우 우리 가족이 있는 곳을 찾아 처가로 데려갔다.

기나긴 도피 생활 중 한번은 아내와 아이들이 묵고 있는 처가를 찾아갔다. 가족들의 얼굴을 보니 긴장이 확 풀렸다. 너무나 오랜만에 아내와 단잠을 잤다. 그런데 그날 새벽 일찍 장모님이 나를 흔들어 깨웠다.

"성애, 어디 갔어?"

나는 후다닥 일어나 옆을 훑었다. 아내는 없었다. 당연히 내 옆에 누워 있어야 할 아내가 이 이른 새벽에 사라진 것이다. "저도 모르겠어요!"라고 말하면서도 심장이 쿵쾅댔다. 그런데 사실 장모님은 아내가 어디에 있는지 알고 있었다. 자기 아내가 왜 사라졌는지도 모르고 심신이 지쳐 자는 내가 너무나 답답하고 안쓰러워서 한번 떠본 것이다.

만삭의 아내는 병원에 있었다. 밤중에 산기를 느끼자 나를 깨우지도 않고 처가에서 꽤 먼 개인병원을 혼자 찾아가 해산하고, 아침에서야 가족들에게 연락한 것이었다. 그 이야기를 듣고 나는 머리가 하얗게 되어 아무 말도 할 수 없었다.

남편이라는 사람이 어떻게 자기 아내가 해산한 줄도 모르고 있다니!

또 심지어 바로 옆에 있으면서도 아무런 도움을 주지 못했다니!

나는 온몸의 피가 얼굴로 쏠리는 것 같았다. 장모님 앞에서 고개를 들 수 없었다.

이 남편을 옆에 두고도 밤중에 혼자 먼 거리를 걸어 가서 해산한 것을 지켜본 장모님은 이제 나를 어떤 사람으로 볼 것인가?

나는 병원에 가서 말없이 산모와 아이를 보았다. 갓 태어난 아이는 피부가 온통 쭈글쭈글하게 갈라진 상태였다. 몹시 마음이 고통스러웠다. 웃으며 꼬물꼬물한 아기를 들여다 볼 여유조차 없었다. 나는 모든 계획이 실패한 독립군처럼 힘없이 여관으로 돌아왔다. 그렇게 의기투합해서 개혁을 부르짖었던 동역자들은 전부 연락 두절이었다.

여관방 벽에 기대어 앉으니 한숨만 흘러나왔다. 들리는 소문에 의하면 이 대표는 나를 제거하기 위해 모든 방법을 동원하며 혈안이 되어 있다고 했다. 거사를 시작한 날이 4월 8일이었고 내 막내가 태어난 날이 4월 19일이다. 출산한 아내를 격려하거나, 꼬물거리는 막내를 품에 안아볼 그 평범한 일상조차 내게는 너무나 큰 사치였다. 그 12일 동안 나는 극한의 불안, 공포 가운데 떠돌이 생활을 하고 있었다.

♥ 빼앗긴 회관과 집을 되찾다

나는 고립무원 상태에서 오직 하나님만을 붙들고 기도할 뿐이었다.
"제발 도와주십시오. 주님은 이 모든 사정을 알고 계시지 않습니까!"
나는 정의로운 하나님께서 나의 편이 되어주실 것을 믿었다. 하나님은 다윗이 물맷돌 몇 개로 골리앗을 무너트리도록 하신 분이시다. 나 역시 이 위기를 헤쳐 나가도록 도와주실 것이 자명했다.

그러던 어느날 여관방에서 간절히 기도하다가 자정이 될 때쯤 나는 놀라운 지혜와 함께 용기와 능력이 샘솟는 듯한 성령충만함을 느꼈다. 어쩌면 내가 주저했던 것은 하나님께 온전히 의지하지 못해 두려움에 잠식된 것이리라. 주님이 함께하시는 일에 두려운 것은 없었다.

그 용기 충전, 아니 성령충만함을 경험한 나는 곧바로 한양 회관으로 쳐들어갔다. 문은 잠겨 있었다. 하지만 나는 더 이상 주저하지 않았다.

'열릴 때까지 힘차게 계속 문을 두들겼다.'

계속 문을 때려대자 누군가 문을 열어 주었다. 나는 두말없이 문을 박차고 들어갔다. 그곳에는 일고여덟 명의 학생들과 목자 한 사람이 자고 있었다.

불시에 깨어난 그들은 나를 보고 눈이 휘둥그레졌다. 그들은 잠시 당황해하다 정신을 차리고 나를 저지하려고 했다. 여러 사람이 한꺼번에 달라붙으니 몸으로 버틸 수가 없었다. 영락없이 쫓겨나게 되었을 때 고시반을 퇴반했던 김경섭 형제가 그들을 막아섰다. 그의 얼굴을 보니 다시 한번 불끈 용기가 솟았다. 나는 본부에서 보낸 간사에게 온몸의 힘을 끌어모아 호령했다.

"이곳은 내 집이야!
너는 남의 집에 함부로 들어온 무단 침입자야!
당장 나가!
나가지 않으면 경찰을 부를 거야!"

그러자 그는 혼비백산 도망을 갔다.

2주일 이상 못 보았던 양들을 만나니 나는 너무 감격스러워 눈물이 날 것 같았다. 자고 있던 학생들을 모아 놓고 비로소 성명서를 읽어주며 자초지종을 이야기할 수 있었다.

그들은 개척과 동시에 내가 눈물과 기도로 키운 양들이 아니던가!

척박했던 4년 동안 함께 많은 일을 겪으며 너무나 밀접한 관계를 맺어왔기에, 그들은 내가 처한 모든 상황을 이해하고 즉시 나에게 돌아올 수 있었다.

다음 날 이 대표는 더 이상 양들을 나로부터 떼어놓을 수 없다는 것을 알고 결국 주둔하게 했던 목자들을 철수시켰다. 드디어 하나님께서 나의 간절하고 참담한 기도를 들으시고 한양 회관을 돌려주신 것이다.

극적으로 빼앗긴 사역지를 되찾자 다행히 소통이 끊겼던 동료들과의 연락도 재개되었다. 그토록 애썼던 개혁의 결과는 너무나 참담했다. 대부분 간사들은 이 대표의 영향력 안으로 다시 복귀했다. 오직 나와 처음부터 뜻을 같이했던 손석태 목자와 이 대표의 악행에 치를 떨었던 이승장 목자만이 복귀하지 않았다. 지방에서는 전주에 있는 장창식 목자가 유일하게 돌아가지 않았을 뿐이었다.

서울에 있는 우리 세 명의 동역자들은 다시 뜻을 세우고 의기투합하여 이 대표에게 공동 대응하기로 했다. 비록 아주 적은 수였지만 그동안 사역지도 잃고 고군분투하던 나로서는 마치 이 동역자들이 천군만마와 같이 느껴졌다. 무엇보다 손석태 목자나 이승장 목자는 나보다 이 대표의 약점을 잘 알기에 함께 대항해서 싸우는 데 큰 도움이 되었다.

그리고 우리 셋이 담당하고 있는 지구가 어느 정도의 규모가 있었기에 그나마 이 대표에게 대항할 여력이 있었다. 우리는 서로를 잘 알고 있었다. 같은 서울권이라 평소 만남이 잦았고,「일용할 양식」을 집필하기 위하여 함께 여관에서 합숙한다든지 혹은 중요한 행사들이 있을 때 협업한 적도 많았다. 그만큼 어느 정도 이 대표에 대항할 수 있는 실력을 갖춘 사람들이었으며, 무엇보다 서로를 믿고 있었다.

이 대표는 우리 세 사람이 협공으로 맞서니 나 하나를 공격할 때와 달리 상대하기가 몹시 버거운 듯 보였다. 특히, 손석태, 이승장은 과거에도 그가 함부로 대하지 못했던 사람들이었다.

왜냐하면, 그들은 나와 비교하면 객관적인 눈이 있고, 특히 이승장은 그가 내세우기 위해서 외국에도 보내주고 특혜를 베풀던 인물 아니었던가?

무엇보다 이승장은 세계적인 기독교 단체와 한국 기독교계의 지도자와도 나름의 친분을 가지고 있어 함부로 대할 수 없는 존재였다.

술수에 능했던 이 대표는 이승장 목자가 병중의 딸로 인해 물질적으로 어려웠던 것을 알고 있었다. 그는 그 약점을 이용하여 이승장 목자를 자신에게 온전히 굴복시킬 계기를 찾던 터였다. 그랬던 그가 예상을 깨고 도전자로 나오니 이 대표로선 상당히 당황할 수밖에 없었을 것이다.

이 대표는 이승장을 회유하기 위해 아마도 다양한 미끼를 던졌을지도 모른다. 그는 얼마든지 그러고도 남을 사람이기 때문이다. 그러나 아무리 회유하거나 흔들어 대도 이미 한 번의 위기를 거친 우리 세 사람의 동역은 굳건했다. 나는 다시 한번 개혁에 대한 강렬한 소망이 생기기 시작했다.

이 대표 역시 모든 방법을 동원하며 우리의 개혁의 불씨를 송두리째 말살하고자 애썼다. 한편, 그는 절대 만만치 않은 우리들을 회유하기 위해 새로운 인물을 찾았다. 자신의 가장 큰 후원자이자 한국 기독교계에 유명한 역사학자요, 경희대학교 부총장이셨던 이원설 박사의 도움을 구했다. 이원설 박사는 서로가 일단 만남의 테이블로 나와 대화하자며 중재했다. 그래서 중재 당사자인 이원설 박사와 이 대표, 배사라 선교사 그리고 우리 쪽의 이승장, 손석태, 나까지 이렇게 여섯 명이 경희대 캠퍼스에서 만나게 되었다. 이 자리에서 이원설 박사는 역사학자로서의 입장에서 모인 사람들을 간절히 설득했다.

"우리가 이 어려움을 딛고 일어선다면, 얼마나 아름다운 화합의 역사적 선례를 남길 수 있겠습니까?

하나님의 인도하심으로 이렇게 대단한 역사를 이루었는데 이대로 서로 등을 진다면 이로 인한 한국 교회의 손실은 이루 말할 수 없을 것입니다."

그것은 내가 하고 싶은 말이었다. 나는 이때다 싶어 이 대표의 비열함과 나의 억울한 심정을 호소했다.

"아무리 내가 잘못이 있다고 할지라도 출산을 앞둔 연약한 내 아내를 난방도 안 되는 시골 외딴집으로 추방할 수 있다는 것이 말이 됩니까?

내 장인 장모도 찾을 수 없는 곳으로 보내다니, 이것이 가당한 일입니까?

이 횡포로 인해 임신 중독이었던 아내가 사산할 뻔했는데 이것이 기독교인의 도리로서 가능한 일입니까?"

나는 주체하기 힘든 흥분으로 강력히 항의했다. 그리고 무엇보다도 그들이 빼앗아 간 우리 가족의 삶의 터전, 집을 돌려준다는 약속이 우선시되어야 대화가 제대로 되지 않겠냐고 따졌다.

이야기를 듣던 이원설 박사의 표정이 굳어졌다. 그가 생각하기에도 이 대표의 처사가 너무 심했다고 느낀 모양이었다. 섬찟 놀라는 표정이 역력했다. 그날의 6자 회담은 더 이상의 이견조정 없이 단지 빼앗긴 집을 되돌려 받은 것으로 끝났다.

그러나 이날부터 이 대표의 회유와 설득은 더 집요해졌다. 그는 내가 집으로 돌아오자 매일 아침 찾아와 온갖 사탕발림 같은 말로 나를 회유했다. 예를 들어, 자기는 곧 미국으로 갈 테니 한국의 대표는 나보고 맡으라는 등 온순해진 양처럼 나를 부드럽게 대해 주었다.

그러나 이 대표의 변덕과 성향을 알고 있는 나로서는 그 제안은 검토할 가치도 없었다. 나의 제안은 '단체를 나간 우리를 다시 받아주는 것'과 '이 대표가 자기 잘못을 사과하고 다시는 독재적인 방법으로 단체를 이

끌어 가지 않겠다고 약속하는 것'이었다. 그래서 이 위기가 누구의 잘못이냐를 따지기보다는, 우리 단체가 새로워지는 계기로 삼기 위한 더 구체적이고 실제적인 조처를 해 주기를 부탁했다.

그러나 그는 나의 예상을 저버리지 않았다. 내 앞에서는 그렇게 하겠다고 약속하고 돌아가서는 여전히 말과 행동을 바꾸었다. 그는 추종자들을 통해서 우리의 배반을 규탄하는 등 다양한 방법으로 우리를 끝끝내 괴롭혔다.

♥ 양 떼들과의 갈등

나는 비록 일인 독재 체제를 뒤집는 데는 실패하고 그 과정에서 참담한 어려움을 겪기도 했지만 그나마 개혁의 당위성과 목소리를 낼 수 있음에 감사해야만 했다. 결국 집도 찾고 사역지로도 복귀했으니 이 정도면 작은 승리라고 봐도 좋을 수 있었다.

그러나 안을 들여다보면 심각한 문제가 발생하고 있었다. 지금까지의 사역 중에 가장 괴로운 일이 펼쳐졌다. 그 분쟁의 과정을 겪으면서 100여 명이던 학생들이 다 떠나고 겨우 30여 명만 남은 것이다. 가장 가슴 아팠던 것은 고시반 퇴반 사건으로 위대한 신앙 결단을 했던 4명 중의 한 명이 큰 상처를 받고 떠난 일이다.

그는 정말 가난한 집의 학생이었다. 그의 아버지는 리어카로 과일 행상을 하셨는데 혼자 먹고 살기도 힘든 상황에서 도저히 아들의 학비를 도울 여력이 없었다. 그렇게 경제적으로 열악했던 그가 고시반 퇴반까지 감당하며 희생할 수 있었던 것은 하나님에 대한 믿음 때문이기도 했지만, 목자인 나를 깊이 신뢰했기 때문이었을 것이다.

그러나 내가 단체로부터 사단의 괴수라는 집중포화를 받자 나에게 크게 실망했던 모양이다. 그는 결국 개신교 자체에 깊은 실의를 느낀 나머지 종교 자체를 가톨릭으로 옮겨 버렸다. 그는 어린 시절 사고로 엄지손가락을 잃었는데, 한때는 믿음으로 모진 운명을 극복했다고 그 손가락을 내밀며 많은 사람 앞에서 간증하기도 했다. 그러나 그는 하나님의 은혜로 자유를 얻었다고 그렇게 수없이 외쳤음에도 불구하고 정작 신앙의 근본적인 문제는 극복하지 못했던 것 같다.

지금도 그 형제를 생각하면 마음이 미어진다. 목자로서 오히려 양 떼를 실족시킨 죄에 대해 속죄하고 싶다. 참으로 똑똑한 형제인데 가정적인 배경, 신체적인 약점의 아픔을 극복하지 못한 그 형제를 복음으로 온전히 이끌지 못하고 혼란을 준 것에 대해 그의 앞에 무릎이라도 꿇고 사죄하고 싶다.

나는 환영받으며 돌아오지 못했다. 회관의 공기는 너무나 무거웠다. 과거에 그처럼 서로 신뢰하고 사랑했던 목자와 양의 관계는 이제 완전히 허물어지고 말았다. 이 대표의 공격은 성공했다. 공개적으로 나의 리더십에 대적하는 형제들도 많았다. 말씀을 전하면 순수한 마음으로 받아들이기보다 그 말씀을 그대로 내게 적용해 비난하기 일쑤였다. 예를 들면, 이런 식이었다. 요한일서를 강의한 어느 날이었다. 이야기가 끝나자 한 형제가 말했다.

"그 말씀에 비추어 보면 목자님도 사랑이 없는 것 아닙니까?"

또 어떤 형제는 설교 중에 제시한 예화가 비성경적이라고 트집을 잡기도 했다. 그간 쌓아놓은 애정과 신뢰가 손가락 사이의 모래처럼 빠져나갔다. 어떻게 해도 오해와 불신이 쌓이니 나는 영적으로 피폐할 대로 피폐해졌다. 문제를 일으키고 대적하는 형제들을 감당할 수 없어서, 부끄럽게도 꾹꾹 눌러놓았던 거친 성격이 드러나기도 했다.

그처럼 사랑했던 양 떼들이 이리 떼로 돌변해가는 모습은 너무나 견디기 힘들었다. 나의 첫 양 떼를 빼앗긴 경험은 지금까지의 목회 평생 가장 크고 고통스러운 사건이었다.

어느 날은 나를 지나치는 형제들의 이상한 낌새가 있었다. 왜 그러는지 의아해했다 그들의 시선이 머무는 곳을 만져봤다. 아뿔싸, 등 뒤에 조롱이 담긴 종이가 붙어 있었다. 키들거리는 그들 사이에서 내가 선 땅이 발밑으로 꺼져 들어가는 것만 같았다.

나는 더 이상 그들을 웃으며 대할 수 없었다. 이렇게 영적으로 냉랭해지니 가장 먼저 불평들이 나오기 시작했다. 이전엔 말구유 같은 회관에서도 불평 없이 잘 지냈는데, 이제는 냄새나고 어두운 회관이 싫다고 떠나는 사람도 생기기 시작했다. 그래서 많은 돈을 들여 내부 인테리어를 했지만, 그것으로 학생들의 불평이 사라지게 할 수는 없었다. 장소의 문제가 아니라 영적인 문제였기 때문이다.

영적으로 완전히 피폐해진 가운데 기쁨이 없는 사역에 지친 나는 전혀 다른 사람이 되어 갔다. 목자로서 사랑을 가지고 양들을 보듬을 여력이 없었다. 흔들리는 나를 보면서도 남은 자로서 헌신하며 이 역사를 지켜온 동역자들을 생각하면 다만 감사할 뿐이다.

그 후 76년 여름 수양회에서 로마서 말씀을 공부하면서 우리는 조금씩 영적으로 회복되어 갔다. 그리고 77년 위도에서 빌립보서 수양회를 하면서 내 개인적으로, 또 우리의 공동체적으로 큰 회복의 역사가 일어났다. 곽인경이라는 자매가 수양회 첫날부터 설교 시간이 길다는 등 온갖 불평을 쏟아냈다. 그러나 그녀는 끝날 때가 되어서는 얼굴이 환해져서 십자가의 은혜가 너무 컸다고 간증했다.

그녀뿐만 아니라 참석했던 모두가 큰 은혜를 받았다. 특히, 한 자매가 소감 발표에서 딸만 여섯인 가정에서의 아픔을 간증했을 때, 같은 처지인 다른 두 자매도 서로 부둥켜안고 울면서 일생을 짓눌러 온 한을 고백하기도 했다. 그녀들이 받은 핍박과 아픔에 우리 모두도 그들을 바라보면서 마음의 고통을 함께 나누었다.

그 사이 회관도 자리를 옮겼다. 좁디좁은 판잣집에서 좀 더 건물다운 곳으로 이사를 했다. 동궁다방 2층. 한결 나아진 환경에서 모임을 하면서 역사는 더욱 활발하게 이루어졌다.

하지만 모든 일이 쉬이 풀린 것은 아니다. 개혁의 여파를 수습하고 내적인 문제를 다스리느라 정신없이 뛰어다닐 때쯤 안타깝게도 또 한번 고난의 파고를 겪게 된다. 그 당시 나의 가장 큰 버팀목이었던 손석태, 이승장 목자가 유학을 떠나는 바람에 전국 역사를 내가 도맡게 되면서 후배 목자들과 수많은 갈등을 겪게 된 것이다.

그들은 자기들에게 어려운 짐을 맡기고 유학을 떠난 선배 목자들을 불만스러워했다. 그리고 그 불똥은 고스란히 나에게 튀었다. 과거 절대적 순종 관계였던 선후배 사이가 내 리더십이 붕괴함으로써 완전히 어그러지고 만 것이다. 후배들과의 불편한 관계는 참으로 견디기 힘들었다.

사실 우리가 그렸던 개혁의 청사진처럼 후배들을 인격적으로 대접하며 영적인 리더십을 발휘해야 했다. 하지만 그동안 배운 것이 거친 말과 조건 없는 순종이었기에 새로운 개혁의 틀 속에서의 좋은 리더십을 갖기는 역부족이었다.

나는 혼자 있을 때 고린도전서의 사랑 장을 수없이 외우고, 섬기는 종의 도를 몸에 익히고자 부단히 노력했다. 하지만 역부족이었다. 사랑이

메마르니 대인 관계가 어려워졌다. 양 떼들이 무섭고 후배들이 너무 무서웠다.

거기다 나는 말실수를 너무 많이 했다. 나는 내 뜻을 세련되게 돌려서 말하는 법을 몰랐다. 내 의도는 그게 아니었는데, 직선적인 표현으로 상대의 감정을 상하게 했다. 이전 단체에 몸담으며 몸에 밴 습관들은 양 떼들과 동역자들에게 상처를 너무 많이 줬다. 심지어 그때마다 진심으로 용서를 구하기보다 변명과 자기방어에 몰두한 참으로 유치하기 짝이 없는 자였다.

그렇게 한참 부족한 내가 어떻게 역사를 감당할 수 있었는지, 이것은 놀라운 하나님의 은혜가 아니고는 불가능한 일이다. 지금도 과거 나의 거친 성격과 부드럽지 못한 언어로 상처받은 형제자매들을 생각하면 부끄럽기 짝이 없다. 이 대표의 비인격적인 태도를 그토록 비난하며 개혁의 기치를 올리던 나였다.

하지만 자기도 모르는 사이 그를 닮아가고 있었다. 나 또한 개혁대상자에서 예외가 아니었다. 부디 하나님께서 용서해 주시기를 간절히 기도할 뿐이었다.

♥ ESF(기독대학인회)가 태동하다

개혁의 기치를 든 후 ESF가 태동하기까지의 아픔을 돌이켜 본다. 이 대표는 그 후에도 계속하여 온갖 감언이설로 우리 개혁의 동지들을 설득하려 했다. 하지만 그가 간과한 것이 하나 있었다. 우리는 정의에 불타고 진리에 목숨을 거는 사람들이었다. 이 대표가 꾀려 하면 할수록 우리

네 사람 이승장, 장창식, 손석태, 안병호는 살아남기 위해 더 강하게 몸부림쳤다.

우선 우리가 할 수 있었던 가장 중요하고도 강력한 일은 「일용할 양식」을 발간하는 것이었다. 당시 우리가 그 선교 단체에 속했을 때도 「일용할 양식」 집필진은 이승장, 손석태, 안병호였다. 집필을 위하여 우리 세 사람은 여관에 합숙할 정도로 그 일에 열성적이었다.

그들이 집필진이 없어 「일용할 양식」을 발간할 수 없는 상황에서 우리는 기습적으로 그것을 발간했다. 속이 말이 아니었을 이 대표는 우리가 발간한 「일용할 양식」을 읽고 잘 썼다고 칭찬했다. 그것이 그의 진심이었는지 아니면 또 다른 회유의 수단이었는지 속내는 알 수 없다. 그러나 어찌 되었든 우리는 처음의 주장, 즉 그가 개혁의 조건을 수락하고 우리에게 어떤 불이익도 주지 않겠다고 보장하기 전까지는 돌아가지 않겠다는 뜻을 굽히지 않고 버텼다.

이 대표는 당근과 채찍을 능수능란하게 사용하는 사람이었다. 특히, 채찍은 무서운 폭력으로 돌아오기도 했다. 한번은 건장한 젊은 간사들 세 사람이 나를 찾아와 단체에 돌아오지 않으면 죽여버리겠다고 공갈을 쳤다.

"목자님도 언제까지 그렇게 단독행동을 하실 겁니까?

아직 회복할 명예가 있을 때 돌아오지 그래요?"

그렇다고 물러설 나도 아니었다. 단호하게 우리의 요구 조건을 들어 주지 않으면 돌아가지 않겠다고 맞섰다. 그러자 그들은 주먹으로 사정없이 나의 면상을 쳤다. 나는 코피를 흘리며 도망가 그날 밤 손석태 목자 집에서 잠을 잘 수밖에 없었다.

또한, 이 대표는 젊은 간사들을 사주하여 전화로 언어폭력을 가하기도 했다. 그들은 내가 모세를 반역한 고라와 같은 사람이기에, 하나님의 큰

벌을 받을 것이라는 둥 온갖 저주를 퍼부었다. 당당한 척 전화를 끊으면서도 가슴이 섬찟했다.

이 대표는 동시에 감언이설로 우리를 설득하며 협상을 해왔다. 어떤 달콤한 약속에도 우리 네 사람은 넘어가지 않았다. 우리는 일관되게 개혁을 요구했고, 개혁의 분명한 증거를 보기 전에는 결코 복귀할 생각이 없었다.

이런 가운데 우리의 선택지는 좁았다.

그곳을 나와서 새로운 단체를 만들어야 하는가?

개혁의 동지들은 이 문제를 놓고 수많은 시간을 토론했다. 그래서 내린 결론은 '우리가 또 다른 단체를 만드는 것은 결국 분리주의자라는 불명예를 얻게 될 수밖에 없다'는 것이었다. 우리는 끝까지 개혁으로써 그 단체가 거룩하고 건전한 학생 선교 단체로 발전하기를 간절히 바랐다. 그래서 새로운 단체 설립은 포기했다. 사실 조직을 새로 이루기도 결코 쉬운 일이 아니라고 생각했다. 그래서 우리는 최선을 다해 이 대표와 계속 협상하면서 그를 압박했다.

그러나 그는 우리의 주장을 끝까지 거절하고 더 이상의 협상도 물리쳤다. 우리를 제외한 채 이사회를 다시 구성함으로써 사실상 우리를 추방하고 만 것이다. 관계는 끝났다. 어쩔 수 없이 우리는 추방된 자로서 이사회를 구성하고 SBF라는 단체로 새 출발을 할 수밖에 없었다. 다만 분리주의자라는 불명예를 면하게 된 것은 다행이었다.

인내의 시간은 길었다. 4월 8일에 우리가 개혁을 시작한 지 7개월이 지나 있었다. 처절하게 뜨거웠던 여름을 지나, 10월에 들어서고 나서야 비로소 SBF로 새 출발을 하게 된 것이다.

♥ 가장 가슴 아팠던 일

개혁 후 우리를 가장 가슴 아프게 한 일은 당시 초등학교 저학년이었던 이승장 목자의 딸, 한나의 죽음이었다. 상황을 잘 알고 있던 이 대표가 조금만 도와주었던들 그 아이는 죽지 않았을 것이다. 한나가 앓고 있는 심장판막증은 당시 한국의 의술로는 치료할 수 없었으나, 미국에서는 능히 치료할 수 있었던 것으로 알고 있다.

그러나 이 대표는 그의 길을 막은 셈이다.

자기는 자식들을 얼마나 금과 옥으로 키웠는가?

그러나 사랑하는 동역자가 견디는 아픔에는 그렇게 냉담할 뿐이었다. 이 사건은 우리가 개혁을 지속할 수밖에 없는 하나의 원인도 되었을 것이다.

결국, 한나는 우리가 개혁한 후 얼마 안 되어 하늘나라로 갔다. 세브란스병원에서 이승장 목자의 모습을 보는 순간, 나는 같은 부모로서 단장의 고통을 함께 느꼈다. 한편으로 말할 수 없는 분노가 치밀었다. 그가 그 슬픔을 어떻게 견디었는지 도무지 상상할 수 없다.

사모님의 오빠가 슬퍼하는 동생에게 했던 말을 잊을 수 없다.

"인간이기에, 그 정 때문에… 죽음과 이별의 아픔을 슬퍼할 수밖에 없구나!"

나는 이 말이 얼마나 큰 위로가 되었는지 모른다. 인간이기에 슬픔은 당연하지만, 내가 그 단체에 속해있을 때는 그마저도 믿음이 부족하다며 심하게 야단맞고는 했다.

내가 아직 그 단체의 소속일 때, 가장 사랑하고 아끼던 서울교대생 한 자매가 연탄가스 중독으로 세상을 떠난 일이 있었다. 잠잘 곳이 없다고 하는 친구에게 방을 내어주고서, 자기는 평소 쓰지 않던 방에서 자다가 그런 변을 당한 것이다.

그때 나는 슬픔과 고통 때문에 며칠 동안 쏟아지는 눈물을 억제할 수 없었다. 당시 종로로 오는 버스 안에서도 눈물을 쏟아 얼굴이 부어 있었다. 이것을 본 이 대표가 왜 그러냐고 물어 봐서 사실을 이야기했다. 그는 슬픔에 휩쓸리는 내가 믿음이 없다고 심하게 야단쳤다. 그래서 사랑하는 사람이 죽어도 그가 하나님 나라에 간 것을 믿는다면 지나치게 울어서는 안 된다고 주입되어 있었다.

그러나 사모님의 오빠가 슬퍼하는 자기 여동생을 위로하는 말을 들으며 내 생각이 와르르 무너졌다. 슬픔 앞에 요동치는 감정은 눌러 없애는 것이 아니라, 더 큰 사랑과 공감으로 덮어주어야 하는 것이었다.

"인간이기에 그 정을 억제할 수 없구나!"

그 말은 사랑하는 자를 잃은 사람들에게 말해 주는 나의 단골 멘트가 되었다.

위로 예배를 드리러 신촌 성결교회 목사님이 심방을 왔다. 나는 비탄에 빠진 가정에 어떤 설교를 해 주실지 매우 궁금했다. 그런데 내 생각과는 다른 의외의 내용이었다. 요한복음 12장 24절 말씀이었다.

> 내가 진실로 진실로 너희에게 이르노니 한 알의 밀이 땅에 떨어져 죽지 아니하면 한 알 그대로 있고 죽으면 많은 열매를 맺느니라(요 12:24).

한나의 죽음을 통해서 하나님께서 많은 열매를 맺게 하신다는 것이다. 이 말씀은 나에게 더 크고 굳은 새로운 각오를 하게 했다.

'그래, 이 사건은 우리에게 슬픔만을 주는 일이 아니다. 이 딸의 죽음이 헛되지 않기 위해서라도 우리의 개혁은 꼭 성공해야 한다.'

과연 한나의 죽음은 우리에게 큰 슬픔이었지만 많은 열매를 맺는 아름다운 죽음이었다.

하나님께서 승장 목자님과 금자 사모님을 통해서 얼마나 많은 열매를 거두었는가?

나는 승장 목자의 설교나 책에서 한나에 대한 언급을 수없이 읽고 들었다. 한나는 이 목자의 목회 인생에 거룩하고 아름답게 살아 있다. 이 사건으로 이승장 목자가 주님을 더 깊이 알게 되었고 영적으로 성숙하여 많은 열매를 맺고 있다고 믿는다.

내 아내는 막내를 낳느라 한나의 장례식에 참석하지 못하고 며칠 후 금자 사모님을 찾아갔다. 그런데 아직 어린 요셉이 문 앞에서 내 아내를 만나자마자 이렇게 말했다고 한다.

"이모! 우리 누나, 하늘나라에 갔어요!"

내 아내는 가끔 그 장면을 떠올리면 지금도 눈물이 난다고 했다.

♥ 새로 태어나기 위한 몸부림

모든 일이 다시 시작되어야 했다. 하지만 우리가 새 단체를 세우기에는 역부족이었다. 우리는 각자의 장점을 살려서 새로운 단체를 이루어 가기 위하여 그야말로 몸부림을 쳤다.

그중에서도 장창식 목자의 역할이 컸다. 지방에서는 장창식 목자가 유일하게 우리 개혁에 동참해서 큰 힘이 돼줬다. 그가 담당하고 있었던 전주 지구는 회관의 규모가 크고 훌륭한 학생 학사 리더들이 많았다. 그래서 그는 이 대표에게 사랑받았고 그의 사모님 역시 더 큰 사랑을 받았다. 이 대표는 그에게 집도 사주었다. 그러므로 인간적으로 생각하면 제일 먼저 이 대표에게 돌아가야 할 사람은 장창식 목자였을 것이다.

하지만 장창식 목자는 교장 선생님의 아들로서 아주 원칙주의자이고, 진리에 어긋난 것은 보지 못하는 정의감이 매우 강한 사람이다. 그가 한 번 결정하면 누구도 돌이킬 수 없었다. 그는 이 개혁의 역사 중에 나머지 세 사람이 유학하는 가운데도 끝까지 남아서 후배들과 함께 새로운 역사를 도왔다. 그리고 훌륭한 임종학, 한의수, 조완철 목자들을 키워 SBF(Students Bible Fellowship) 역사에 중심이 되는 전주, 광주, 부산의 역사를 세우게 했다. 그리고 자기 집을 전주 회관에 기증하고 서울에 올라와서 동대문 회관을 지켰다. 그리고 우리 세 사람이 모두 한국에 돌아오자 그는 맨 나중에야 영국 유학을 떠났고, 유학을 마치고는 뉴욕으로 가서 미국 후배 선교사들을 섬기고 있다. 그는 불가능할 것 같았던 이 개혁의 역사를 이어지게 한 놀라운 일을 한 것이다.

우리가 개혁하면서 느낀 가장 큰 문제점은 바로 신학의 부재였다. 성경을 말씀 그대로 믿고 순종하는 것은 좋다. 그러나 앞뒤 문맥 없이, 신학적인 해석 없이 문자 그대로 믿고 따르는 것은 많은 문제를 일으켰다. 예를 들면, 이 대표는 리브가가 이삭의 아내로서 가겠느냐고 묻자 "가겠나이다" 했다는 말씀을 인용해, 얼마나 많은 사람을 억지로 결혼시켰는지 모른다. 또한, 그는 마태복음 10장 35-37절 말씀을 두고 부모를 버려야 참 신앙이라고 잘못 가르쳤다.

> 내가 온 것은 사람이 그 아버지와, 딸이 어머니와, 며느리가 시어머니와 불화하게 하려 함이니 사람의 원수가 자기 집안 식구리라 아버지나 어머니를 나보다 더 사랑하는 자는 내게 합당하지 아니하고 아들이나 딸을 나보다 더 사랑하는 자도 내게 합당하지 아니하며 (마 10:35-37).

이 말씀을 신학적 해석 없이 따르기 시작하면 비극이 일어난다. 서울 미대 출신 한 자매는 아버지가 죽었지만 집에 들어가지도 않았고 장례식에도 참석하지 않았다. 집안이 뒤집혔지만, 그녀는 이 대표의 가르침에 따른 충성스러운 성도의 모습이라고 스스로 생각했다.

70년대에는 그 단체 소속의 많은 간호사가 독일, 미국 등에 취업해 돈을 벌었다. 그들은 한국보다 월급을 훨씬 많이 받았고, 대다수는 곤궁한 고국의 부모에게 기꺼이 돈을 보냈다. 그러나 이 대표는 마태복음의 말씀에 빗대 하나님보다 부모를 더 사랑하는 것은 옳지 않다고 하면서 돈을 보내지 못하게 했다. 그러면서 하나님께 드리라고 했고 그 많은 헌금 관리를 자기 아내에게 맡기고 마음껏 돈을 썼다.

이런 사례를 통해 우리는 바로 선 신학 없이 성경을 문자적으로 해석하여 엉뚱한 일을 하는 것이 얼마나 위험한가를 깨달았다. 무엇보다 제대로 된 신학 공부가 우선이라는 데 뜻이 모였다. 먼저 손석태, 이승장은 미국과 영국으로 유학을 떠났고 장창식과 나는 한국에서 신학교를 다녔다.

처음에 이들이 유학을 떠났을 때 후배들은 순수한 마음으로 격려해 줄 수 없었다. 개혁 직후, 우리 단체가 아직 제대로 자리 잡기도 전이었기 때문이다. 그러나 돌이켜보면 그분들이 어려운 가운데 신학의 첫 삽을 뜨고 돌아왔기 때문에 우리 모임에서 신학이 바로 설 수 있었다. 그 시간은 많은 교계 지도자들과 관계를 맺고 SBF가 성장해 가는 자양분이 되었다.

나 역시 손석태 목자의 도움으로 미국에 공부하러 갈 수 있었다. 그는 내 유학 생활에 많은 정보를 줬고 위기의 순간에 한 줄기 빛이 돼줬다. 특히, 그는 SBF가 신학적으로 건전하게 성장할 수 있도록 신학 정립에 큰 도움을 주었다. 개혁 직후에는 우리의 신학에 문제가 많았다. 극단적인 자유주의 신학, 극단적인 은사주의 신학이 뒤섞여 메시지의 일관성이 없었다. 함께 수양회를 가질 때도 그런 탓에 학생들에게 많은 혼란을 주었다.

간사들 사이에도 의견 대립이 많아 갈등이 심했다. 그때마다 손석태 목자는 우리가 지향해야 할 신학의 방향을 바로 세웠다. 그리고 모든 간사가 신학을 제대로 공부하도록 많은 도움을 줬고, 훗날 신학교 총장으로서도 한국 교회에 크게 공헌했다. 이승장 목자는 그동안 그가 닦아 놓은 인맥을 나에게 인계해 주어서 다른 단체와 기독교 지도자들과의 관계를 갖는 데 큰 도움을 줬다. 특히, 내가 OMF 한국 이사에 참여하도록 도와 배도선 선교사와 김인수 박사와 연이 닿을 수 있었다. 그들과의 교제는 나 개인적으로나 SBF에 좋은 기반이 됐다.

또한, 이승장 목자는 영국에서 학생운동의 모델이 되는 단체들을 두루 살피면서 학생운동의 방향을 어떻게 잡아가야 할 것인가를 제시했다. 더 나은 비전을 위해 SBF에서 ESF로 개명하자는 아이디어도 그의 머리에서 나온 것이다.

그가 영국 유학 중에 한국 교계 지도자들과 폭넓게 교제한 것도 ESF가 학생운동 단체로서 교회 또는 다른 선교 단체와 교류하는 데 큰 도움을 주었다. 그는 나중에 한국에 들어와 학원복음화협의회 상임대표로 일하면서 한국 교회와 선교 단체가 연합해서 일하는 데 크게 이바지했다.

네 시작은 미약하였으나 네 나중은 심히 창대하리라(욥 8:7).

욥기의 말씀은 개혁 이후 ESF의 모습을 떠올리게 한다.

ESF는 겨우 4지구에서 시작했으나, 최초의 개척자로서 한의수 목자가 광주를 개척함으로 학원 복음화의 시동이 걸렸다. 다음으로 조완철 목자가 부산을 개척했다. 장창식 목자가 서울로 올라오게 되어 임종학 목자가 전주를 맡았고, 채미자 간사는 내가 온마음교회를 전임하게 되어 한양 회관 책임 목자의 직을 맡았다. 그리고 내가 미국 유학을 가게 되었을 때 김육진 목자가 다시 온마음교회를 책임지며 자연히 ESF와 연결고리가 이어졌다. 이 다섯 명의 새로운 리더십을 바탕으로 ESF는 더 크고 단단하게 성장했다.

특히, 전주 회관에서는 임종학 목자의 능력 있는 리더십으로 학생 사역이 폭발적으로 성장했다. 그 기세가 다른 모든 지구에 활력을 불어넣었다. 그의 메시지는 사자와 같은 울부짖음으로 젊은 학생들을 향한 캠퍼스 개척의 불을 댕겼다. 그의 "이 산지를 내게 주소서"라는 제목의 설교는 전국 개척의 포문을 힘차게 열었다.

선교가 없는 학생 사역은 죽을 수밖에 없다고 하면서 그는 강력히 선교를 외쳤다. 어쩌면 그 당시 선교란, 우리에게 계륵 같은 것이었다. 살아남기도 힘든 판에 선교에 관심을 두고 전개할 에너지와 여유가 없었다.

그러나 임종학 목자의 외침은 우리를 일깨웠고, 그처럼 힘든 가운데도 선교를 시작할 수 있게 한 원동력이 됐다. 그래서 ESF 최초의 선교사로서 전주 출신 송종록 선교사가 영국으로 떠나 영어를 배우고, 다시 중국으로 가서 중국 선교가 시작된 것이다. 그 후 많은 선교사가 중국에 가서 풍성한 열매를 맺었다. 그 후 전주 지구는 훌륭한 해외선교사를 계속 배출해 냈다.

최초의 ESF 지구 개척으로서 전주 한의수 목자가 광주를 개척한 것도 의미 있었다. 한의수 목자는 지성과 야성을 갖춘 리더로서 광주에 큰 부흥을 일으켰다. 그를 통해 ESF가 광주에 뿌리내리자, 우리가 살아남을 수 있겠다는 용기가 생겼다. 아직까지 개혁의 소용돌이에서 헤어나지 못하고 있을 때, 척박했던 개척지가 한 지구로서 우뚝 세워지는 모습을 보며 모두 비전을 갖게 된 것이다.

그는 또한 ESF가 정착할 수 있도록 기발하고 혁신적인 아이디어를 주도적으로 제공했다. 특히, 광주에서 시작한 EMF(학사 의료인 모임)는 학사회의 새로운 모델이 됐다.

채미자 목자는 내가 온마음교회를 맡아 일하도록 도와주었고, 한양 지구 ESF를 성공적으로 책임졌다. 그는 성경 공부를 인도하는 데 탁월한 재능이 있었다. 똑똑하고 유능한 학생들을 일대일 혹은 그룹으로 공부시켜 든든한 리더로 세워갔다. 그런 그의 제자들 가운데 교수, 의사 출신들이 많이 있다.

그는 해외에서도 성경을 가르쳐서 많은 사람을 예수님께 인도했다. 그녀 덕분에 ESF가 성경을 가르치는 탁월한 능력이 있는 단체로 알려지게 되었다. 그런 한양 회관이 모판이 되어 온마음교회를 세우고 동작 회관, 성동 회관으로 확장되어 나가게 되자 한양 회관은 다시 한양대 앞으로 옮겨왔다. 처음에는 장소 문제로 많은 어려움이 있었지만, 한양 회관은 금방 한 지구로 성장했고, 채미자 목자는 동대문 회관까지 책임을 맡아 정상궤도에 올려놨다.

김육진 목자는 내가 유학하는 동안 온마음교회를 맡아 성공적으로 책임졌다. 그가 없이는 내가 3년 반이나 유학하는 동안 교회가 존속되기 어려웠을 것이다. 그는 내가 유학에서 돌아온 후 동작 회관을 개척하여서 한 회관으로서 든든히 세워나갔다. 김육진 목자는 설교에서나 성경 공부에 복음을 깊이 있고 진실하게 다뤘다. 그 덕에 한 영혼 영혼이 복음의 터 위에 잘 자랄 수 있었다. 그래서 그에게 성경을 배우려는 사람들이 우리 모임 밖에서도 많았다.

조완철 목자는 부산에서 직장 생활하면서 전주 출신 학사 몇 사람과 성경 공부를 하고 있었다. 그러나 캠퍼스 복음화에 대한 소명과 울림으로 직장에 사표를 내고 부산 회관을 개척하게 된 것이다. 용기 있는 그는 뛰어난 지성과 조직력으로 든든한 리더들을 세워갔다. 그래서 부산 회관은 다른 회관보다 더 늦은 개척지였지만 성장이 매우 빨랐다. 이처럼 다섯 명의 리더들은 개혁을 시작한 우리보다 훨씬 능력 있게 사역을 감당하여, ESF라는 단체가 학생 선교 단체로서 훌륭히 자리매김할 수 있었다.

개혁 후 이제 우리 단체는 우리만의 정체성을 찾는 일이 시급했다. 기존 단체에 대한 우리의 요구 중 하나는 이 대표가 훈련이라는 명목하에 폭력과 비인격적 행위를 했던 것을 사과하라는 것이었다. 그래서 우리는 새로운 단체를 세우면서 이 대표로부터 답습했던 잘못에서 벗어나기 위하여 몸부림을 쳤다. 우리 역시 알게 모르게 그의 훈련 방법이 몸에 배어 있었기 때문이었다.

우선 우리의 중심인 예배 모임을 주일에서 금요일로 바꾸고, 주일은 모두가 교회로 출석하도록 했다. 그리고 모든 학사는 지역 교회를 섬기도록 했다. 선교 단체와 교회와의 관계를 회복하기 위한 결정이었다. 학사들의 헌금으로 재정을 충당하지 않으면 안 되는 재정구조에서 학사들을 지역 교회로 보낸다는 것은 상상할 수도 없는 모험이었다. 지역 교회로 흩어진 학사들은 그들이 출석하는 교회에 십일조를 하고, ESF에도 선교헌금을 드려야 했으므로 감당해야 할 짐이 더 무거웠다.

꼭 필요한 일이었지만, 학사들을 지역 교회에 가도록 한 일로 ESF의 생존 자체가 위기를 맞았다. 그래서 궁여지책으로 헌신 된 학사들을 중심으로 교회를 개척했다. 그 교회는 학생 사역을 섬기는 일을 주로 했다.

최초의 교회 개척은 동대문 회관 학사들이 나기호 목사를 모시고 세운 동문교회였다. 그다음으로 한양 회관 학사들을 중심으로 온마음교회가 세워졌다. 온마음교회는 동문교회와 달리 교회만을 따로 담임하는 사역자가 없었다. 내가 동시에 ESF 한양 회관과 ESF 전국 대표를 맡았기 때문에 여러 어려움이 있었다. 이런 시행착오가 시금석이 되어 전주 회관, 광주 회관, 부산 회관, 동작 회관에서 교회를 개척할 때는 많은 참고가 되었다.

우리의 중요한 과제 중 하나는 '신학 바로 세우기'였다. 그동안 제대로 된 신학이 없어 많은 문제가 됐던 것을 뼈저리게 느꼈다. 바른 신학을 세우기 위해 신학교를 다니기도 했으니 그 짐은 더욱 무거울 수밖에 없었다.

네 명의 개척 동역자가 연이어 유학을 떠난 것도 그 이유였다. 두 명이 먼저 미국, 영국으로 유학을 떠나고 장창식 목자와 나만이 남아서 이 역사를 감당해야 했을 때 참으로 무거운 짐이었다. 그러나 어느 정도 안정이 된 후에는 나도 유학을 다녀와야만 했다. 신학교에서 조직신학을 배우고, 기독론, 성령론, 교회론을 배우면서 우리의 정체성을 세우는 데 힘썼다.

개혁 후 정체성을 세우기 위하여 중점적으로 애썼던 부분을 정리하자면 다음과 같다.

♡ 갈등 가운데 하나되기

개혁으로 인하여 일인 독재 가운데 있었던 우리가 자유를 얻게 되자, 극단적인 진보주의적인 신학을 신봉하는 자들, 은사주의를 신봉하는 자들이 간사들 가운데도 생겨나기 시작했다. 그러니 본래의 성경적인 보수주의 입장에서 출발한 우리 ESF가 분열의 조짐에 직면할 수밖에 없었다.

기독교 역사를 보면 가톨릭에서 분리해 나온 개신교는 수많은 기독교의 종파로 다시 분열되었다. 그래서 좋은 뜻으로 개혁해 나온 우리가 그와 같은 전철을 밟지 않을까 심히 우려스러웠다. 우리는 분열만큼은 막아야 한다는 심정으로 인내하며 일치하기 위해 기도했다.

하나님께서 우리의 기도를 들어 주시어 극단적인 자유주의를 주장한 사람들, 은사주의자들이 스스로 사라지고 분열의 위기에서 벗어났다. 비로소 성경적인 바른 신학의 터 위에 하나가 되어 성장하게 된 것이다. 결국 개혁한 ESF는 분리되지 않고, 오히려 정통성으로 가톨릭에 비유될 수 있는 그 단체가 분열했다.

♡ 철저한 말씀 중심의 사역을 이루기

이를 위하여 전 회원들이 철저히 QT를 하게 했다. 엄격히 말씀 중심의 설교, 봄·가을 성경 강해를 통한 성경학교, 봄·가을 말씀을 중심으로 하는 주말 수양회, 4박 5일의 여름 수양회, 철저한 일대일 공부, 소감 쓰기, 인격적으로 예수님을 닮도록 돕는 제자 양육을 우리의 기본 프로그램으로 사역을 감당했다.

♡ 교회와 다른 선교 단체와의 교제 및 협력 관계

하나님 나라의 사역은 혼자할 수 있는 것도 아니고 한 단체가 독립해서 할 수 있는 것도 아니다. 건전한 신학과 사상을 가진 다양한 지역 교회와 더불어 다른 선교 단체와도 교제하고 협력 관계를 맺어야 한다.

우리는 CCC, IVF, JOY, YM 등과 학생단체협의회 창립에도 참여했고, 교회 지도자들- 홍정길, 하용조, 김동호 목사들과 학생 선교 단체 대표들과 함께 학원복음화협의회의 창립에도 동참했다. 나는 2회에 걸쳐 학생단체협의회 회장과 학원복음화협의회 공동대표를 역임했다. 이들이 주축이 되어 시작한 '선교 한국 대회'에도 ESF가 2회에 걸쳐 주최 측 역할을 했다. 이를 이루어 가는 데 황석호 간사의 역할이 컸다. 그는 당시 강남에 있는 온마음교회의 조그만 사무실에서 본부 간사로 일하면서 여러 기독교 단체와의 교제를 넓혔고 ESF를 적극적으로 소개했다. 그것이 계기가 되어 우리 단체가 선교 한국의 주요 멤버가 될 수 있었고, 학원복음화협의회 조직과 학생단체협의회 조직에 주요 멤버로 참여하게 된 것이다.

또한, 교회와 각 단체와의 교류에 실제로 큰 영향을 끼친 분은 이승장 목사다. 그분이 교계의 영향력 있는 분들과 친분이 깊어서 그들이 ESF를 인정하게 된 계기가 되기도 했다.

♡ 지방분권에서 중앙집권으로 조직 전환

지구 중심적인 성격이 강하다 보니 전체로의 통일이 어렵고 대외적인 교제나 지구 간의 강한 연대가 어려웠다. 이에 중앙집권적인 조직으로 변화하고자 했으나 쉽지는 않았다. 리더 간사들이 저마다 각 지구를 맡고 있으므로 자기 지구도 감당하기 벅찬데, 전국적인 일을 한다는 것은 힘들었기 때문이다.

더군다나 본부를 서울에 세워야 하는데 서울에 센터를 마련할 수 있는 재정적인 준비가 전혀 없었다. 이때는 과도기로서 전국의 대표는 지구를 책임 맡은 간사가 겸임했다.

♡ 전임 대표와 본부 사무실 마련

과도기에 우리는 서울에 본부 사무실을 두고 처음에는 평 간사를 두었다. 맨 처음 본부 사무실은 강남에 있는 온마음교회 건물에 붙어 있는 다락방이었다. 최초의 간사는 황석호 간사였고 성경 읽기 간사로 변영희 간사가 감당했다.

다음에는 내가 대표로 있을 때 상근 총무제도를 도입했다. 처음 총무로 김호열 목자가 선임되었고 본부 사무실을 옮겨 도곡동에 있는 새 건물 2층을 사용했다. 이 건물은 서대문 회관 출신으로 온마음교회에 출석하고 있던 신현임 학사의 아버지가 새로 건축한 건물이었는데, 아주 싼값에 임대하여서 우리가 요긴하게 사용할 수 있었다.

다음에는 온마음교회를 신축한 후 그 건물 4층을 임대해서 사용했고, 당시의 총무는 이노호 간사였다. 그다음 구로동에 있는 단독 건물을 본부 사무실로 매입했다. 상근하는 전임 대표제를 도입하여 최승범 간사가 대표를 맡았다. 그 후 우리 단체에 속하지 않는 사람까지도 응모하게 하는 전임 대표 모집공고를 냈다. 이때 최초로 투표를 통해 선출된 전임대표가 김성희 대표다. 그는 탁월한 행정가로서 ESF가 규모를 갖춘 선교 단체로 발전하는 데 크게 이바지했다. 그가 대표로서 기획한 'ESF 40주년 기념 수양회'는 ESF 역사에 한 획을 그었다.

김성희 대표의 바통을 이어받은 정사철 대표는 ESF의 숙원인 '본부 사무실 건축'이라는 힘든 사역을 감당하게 되었다. 요즘처럼 학생 선교 단체가 성장하기 어려운 시대에, 오로지 본부 사무실로 사용할 곳을 서울에 건축하는 일은 선교 단체로서 가장 힘든 일이자 실로 놀라운 하나님의 은혜다.

여기에는 많은 학사의 눈물 어린 헌금과 정 대표의 강한 헌신 그리고 리더십의 열매가 있었다. 정 대표는 간사로서 상상할 수 없는 큰 헌금을 드렸고, 전세금을 건축비에 보태기 위해 자기 거처를 본부 건물로 옮기는 결단까지 했다.

나도 온마음교회 건축비용을 충당하기 위해 전세금을 건축헌금에 보태고, 교회 건물에서 5년을 살았던 경험이 있다. 그 기억을 돌이켜 볼 때 대표가 공적인 건물에 거처를 갖는 것은 결코 말처럼 쉬운 희생이 아니다. 그는 본부 건물을 건축하면서 너무나 힘들어서 치아가 몇 개나 빠졌다고 한다. 이와 더불어 자비량으로 아름다운 건축 설계를 맡은 박세민 학사의 헌신에도 큰 감사를 드린다.

건축의 역사에 있어서 중요한 역할을 감당한 특별한 분이 있다. 그는 한양 회관 출신 최윤선 학사다. 그는 ESF가 본부 역할을 할 수 있도록 미아리에 건물을 마련하여 무료로 사용하게 도와주었다. 본부 사무실에 숙소를 마련해 간사들의 숙소, 선교사들의 임시 숙소, 지방에서 올라온 간사들까지 잠깐씩 머물도록 해줬다.

특별한 행사가 있을 때면 본부 사무실에서 간사들과 학생 리더들이 합숙하면서 준비할 만큼 그곳은 아주 중요한 장소로 사용됐다. 또한, 대표의 가정이 거할 수 있는 집도 마련해 주었다.

지방에서 올라온 대표가 서울에 거할 집을 마련한다는 것이 얼마나 어려운 일인가?

최윤선 학사의 물질적인 도움은 ESF가 성장하는 데 큰 역할을 감당했다. 현재의 본부 사무실을 새로 건축할 때도 그는 엄청나게 많은 헌금을 드렸다.

♡ 세계 선교에 역점 두기

앞에서도 언급했듯이 임종학 목사의 세계 선교 도전은 개혁 초 어려운 상황에서도 우리가 세계를 향한 비전을 품게 했다. 전주 출신 송종록 선교사는 ESF 최초의 선교사로, 영국을 거쳐 중국 선교의 기틀을 잡았다. 그 덕에 ESF가 북경에서 신학교를 하면서 현지인 지도자를 훈련할 수 있었고 그 후 전주 지구, 광주 지구, 한양 지구, 부산 지구 등에서 많은 선교사가 중국에 가서 큰 선교의 열매를 맺었다.

다음에는 미국, 유럽, 필립핀 등으로 선교 지역을 넓혔다. 홍귀표 선교사는 시카고에 다민족 교회를 세워 각국에서 온 민족들을 훈련했고, 이들이 다시 본국에 가서 '학생 단체 교회'를 세우게 하는 새로운 선교 패러다임을 창안했다. 그에게 훈련받은 8개국 이상의 지도자들이 자기 고국에서 교회를 개척하여 잘 성장하고 있다. 김성훈 선교사는 GBT 선교회 소속의 번역 선교사로 파송되어 아제르바이잔어 성경 번역을 했다. 현재는 세계 한인 디아스포라의 선교 책임을 맡고 있다.

나 역시도 개혁 후에 ESF의 정체성을 세우기 위해 부단히 노력했다. 내가 할 수 있는 일은 성경 가르치는 일이었다. 매일 몇 팀을 일대일로 가르쳤고, 나를 따라 모든 학생 리더들도 일대일 성경 공부 교사가 되었다. 그래서 내 박사 학위 논문도 일대일 성경 공부에 대한 주제로 쓸 수 있었다.

수양회 역시 내가 특별히 마음 쓴 부분이었다. 매년 봄에는 주말에 신록 수양회, 가을은 알곡 수양회를 했다. 주말을 이용해서 서울 가까운 리트릿 센터에 모여서 밤새워 성경을 강해한 뒤 소감을 써서 발표했고, 주일 밤늦게 주말 수양회를 끝내고 성령이 충만해서 돌아왔다.

여름에는 5박 6일 동안 수양회를 가졌다. 초등학교 교실에 박스를 깔고 한 교실에서 50명 정도씩 잠을 자는 형편이었으니 환경이 썩 좋지는 못했다. 아기들은 밤새워 울고, 모기에 뜯기는 것이 큰 고통이었다. 오고 가는 교통편도 매우 불편했다. 수양회 장소로 이동하는 중 차가 고장이 나서 제시간에 수양회를 시작하지 못한 때도 있었다. 하지만 수양회가 끝나면 모든 이들의 얼굴이 반짝반짝 빛이 났다.

수양회 프로그램은 단순했다. 먼저 분반 공부를 통해서 정해진 성경 본문을 공부하고, 그 본문 내용을 바탕으로 한 강사의 설교를 들은 후 소감을 썼다. 그 외 특별한 프로그램이라고는 팀마다 이미 공부한 성경 내용을 소재로 한 연극 발표회, 전 회원이 참석하는 합창 등이 전부였다. 겨울방학에는 성경 한 권을 집중적으로 일주일 내내 강의하기도 했다. 강의가 2~3시간 내내 계속됐지만 지치는 이가 없었다.

그뿐만 아니라, 빌라 한 채를 전세 내서 훈련원을 만들어 학생들을 그룹별로 나누어 합숙하도록 하며 간단한 서신서 하나를 공부하는 프로그램도 가졌다. 한번은 여관을 빌려서 9명의 형제, 자매들이 합숙하며 성경 통독을 했다. 식사는 배달시켜 먹고 온전히 아침부터 취침 전까지 성경만 읽었다. 간단한 성경 가이드를 참고하여 대강 흐름을 잡으면서 줄곧 소리 내어 읽었다.

한 형제는 어려서부터 교회를 다녔는데 상투적인 교회 용어들은 알지만, 신앙에 확신이 없었고 회의론자였다. 그런데 성경 통독을 하고 나서 자신이 얼마나 큰 죄인인가를 알고 통곡하며 회개했다. 그 후 그는 확신 있는 리더가 되었다.

ESF의 정체성을 바로 세우기 위한 일들이었지만 이 시기는 나 스스로에게도 큰 자양분이 됐다. 이렇게 성경을 열심히 공부한 것은 미국에서 신학을 공부하는 데 큰 밑바탕이 됐다. 성경을 많이 알고 있었기 때문에 영어로 쓰인 신학적인 내용을 충분히 이해할 수 있었고, 페이퍼를 쓰는데도 성경적인 영어 표현을 빌려다가 사용하며 큰 도움을 얻었다.

생존의 가능성조차 가늠하기 어려웠던 ESF는 이제 국내에서는 물론 세계적인 단체로 우뚝 섰다. 처절하고 뼈를 깎는 모두의 노력이 있었지만, 이를 완성한 것은 하나님의 은혜가 아니고서는 설명할 수 없다.

물론 학생 선교 단체들에 드리워진 코로나의 그림자 탓에, ESF도 어려움이 많았다. 그럼에도 불구하고 ESF는 '일대일'이라는 독특한 방식 때문에 이 땅의 학원 복음화를 성공적으로 이뤄가고 있다.

이렇게 어렵게 시작한 ESF를 하나님께서는 현재까지 성장하도록 어떻게 돕고 계시는가를 살펴보고자한다.

♥ ESF의 국내 사역과 세계 선교 현황

1. 국내 사역

* ESF 간사: 88명 (전임 간사 71명, 협력 간사 및 기타 간사 17명)
* ESF 지구: 23개 지구(본부 포함하면 24개)
* 학생 숫자: 전체규모는 약 1,000명으로 추산
* 학사 숫자: 약 1만 명으로 추산

2. 해외 사역

지금 현재 아시아에 중국, 일본, 필리핀, 몽골, 베트남, 캄보디아, 튀르키예, 인도, 미얀마 등 총 9개 나라 19개 지구이다. 북미에는 미국(뉴욕, LA, 시카고, 에리조나, 아이오아, 사이판)과 캐나다(벤쿠버)에 7개 지구가 있다. 유럽에는 독일 하이델베르그 개척을 시작했고, 헝가리와 불가리아 개척도 시작했다. 남미에 5개 나라(도미니카공화국, 온두라스, 쿠바, 과테말라, 페루)에 6개 지구, 아프리카에 에스와티니와 베넹, 케냐, 시에라리온 등 4개 지구, 이밖에 협력 사역지는 총 15개 지역이 있다.

특히, 이제는 현지인 사역자들이 세워지고 그들에 의한 새로운 단계의 사역들이 시작되고 있다. 사역자 수로 보면 아시아에 전임 선교사가 27명, 현지인 사역자가 21명이다. 북미에 전임 선교사가 16명, 유럽에 10명, 현지인 사역자가 2명이다. 남미에는 현지인 사역자가 5명이다. 아프리카에는 전임 사역자가 2명이다. 이를 총 합산하면 57명의 전임 선교사와 28명의 현지인 사역자가 있다. 그리고 Part Time 사역자가 14명이며 협력 선교사가 21명이다. 5개 대륙과 22개 나라 45 지역에 파송되어있다.

이와 같이 ESF는 끊임없이 생명력 있게 뻗어가고 하나님의 쓰임을 받고 있다.

제4장

우물 밖으로 나간 개구리

유학 생활에서 나의 편협함을 깨치는 사람들을 많이 만났다.

좋은 선생님과 좋은 벗.

유학에서 얻은 가장 큰 재산인지도 모른다.

Chapter 4

The Burning Heart, The Greatest Grace

♥ 유학 가게 된 동기

앞서 말한 것처럼 내가 예전에 속해있던 단체는 평신도들의 모임이어서 성경 지식은 많으나 신학적인 바탕이 부족했다. 신학적인 배경지식 없이 성경을 문자 그대로 받아들이고, 각자 자기 소견대로 해석했기 때문에 부작용이 많았다. 그 때문에 선교 단체가 잘못 흘러가게 된 것이다. 이런 선례가 ESF에 반복되어서는 안 되겠다고 생각했다.

그런 연유로 우리 개혁 동지들은 신학을 다시 처음부터 공부하기로 했다. 나는 한국에서 신학교를 다니고자 했으나 당시 학교 내에 내분이 있어서 수업이 제대로 진행되지 않았다. 미국 유학은 어쩔 수 없는 선택이었다.

하지만 준비할 시간이 턱없이 부족했다. 개혁의 역사를 이루는 동시에 온마음교회 사역을 시작하느라 눈코 뜰 새 없이 바빴다. 그 시간을 쪼개 토플 시험도 준비하고, 내가 3~4년간 유학하는 동안 교회가 자리 잡도록 미리 대비해 놓아야 했다. 꼭 필요한 일이긴 했지만, 나의 유학은 울며 겨자 먹기식이었다.

♥ 첫 번째 시험

내가 미국에 들어갔을 때는 이미 학기가 시작해 있었다. 진도를 따라가기는커녕 한국에서의 일에 지치고, 시차 때문에도 수업에 집중할 수가 없었다. 강의를 못 알아듣는 건 물론이고 수업 시간에는 줄곧 잠이 쏟아져 견딜 수 없었다.

그런데 한 달이나 지났을까?

아직 적응도 안 되었을 무렵, 교수 중에서 가장 학생들의 두려움의 대상이었던 구약학 교수가 시험을 본다는 것이다. 시험! 첫 고비가 찾아왔다.

그는 친절하게도 50개의 예제를 주어서 미리 공부하도록 했다. 그런데 불과 한 달 수업을 했을 뿐인데, 그 내용이 얼마나 많은지 노트만도 책 한 권 분량이었다. 거기에 읽어야 할 교과서는 또 따로 있었다.

나는 수업 중에 도통 영어를 알아들을 수가 없으니 필기한 노트 자체가 없었다. 예제를 아무리 읽어도 답을 하나도 알 수 없었다. 이제까지 나름대로 공부를 잘한다는 말을 들었는데, 이곳에서는 영 바보가 된 기분이었다.

그런데 다행히 친절한 외국인 친구가 노트를 빌려주어서 복사본을 달달 외우듯 공부했다. 그런데도 어떤 문제들은 답을 찾을 수가 없어서 종일 씨름했다. 그럴 때 미국인 학생들에게 물으면 친절하게 답을 가르쳐 주기는 하는데, 영어가 안 되니 알려주는 답도 알아들을 수가 없었다. 요즘 말로 '미치고 팔짝 뛸 노릇'이었다.

차마 못 알아들었다고 하기가 부끄러워, 대충 알겠다고 하고 또 다른 친구에게 똑같은 문제를 물었다. 이렇게 네 사람을 거쳐야 겨우 뜻을 알 정도였다. 당시 내가 참 많은 사람을 귀찮게 했음을 인정한다. 그렇게 노력하다 보니 시험을 어느 정도 치를 수가 있었다. 결과는 93점. '궁하면 통한다' 정신과, 달달 외우는 한국식 암기법의 승리였다. 이 일은 나에게 유학을 계속할 수 있겠다는 큰 용기를 주었다.

♥ 가족을 데려오다

이미 세 아이 가정의 아버지이자 남편이던 나는 유학이 맘 편하지만은 않았다. 나 혼자 유학 가는 것도 엄청난 사치라고 생각했다. 가족까지 데리고 유학을 간다는 것은 생각도 할 수 없었다. 내 아내는 나보다도 더 교회에 없어서는 안 될 중요한 일을 하고 있었기 때문이다.

내가 유학을 떠날 때 가족은 16평 아파트 전세로 살고 있었다. 그 좁은 아파트에서 세 자녀를 키우고 있으므로 아주 불편한 형편이었다. 그런데 내가 유학을 떠나자마자 내 빈자리에 교회를 섬기고 있던 간사님이 들어와 함께 살았다. 생판 남과 함께, 그것도 그 작은 집에서 불편했을 만도 한데 아내는 당연하다는 듯 받아들였다. 그처럼 당시 우리는 하나님을 위한 일이라면 세상 사람들이 이해할 수 없는 일들을 당연시하고 살았다.

그렇게 순응하며 살았기에, 내가 미국 이야기를 꺼냈을 때 아내는 천부당만부당한 일이라며 한마디로 거절했다. 그래서 애원하고 또 설득한 끝에 결국 가족이 미국에 오게 됐다. 작은 여유조차 없던 우리 가족은 미국에 오는 데 돈 한 푼이라도 아끼기 위하여 생활에 필요한 짐을 우편으로 부치지 않고 온통 짊어지고 왔다.

당시 큰애가 8세, 둘째가 7세, 막내가 5세였다. 하필이면 출국할 때 전두환 대통령이 해외 순방에서 귀국하는 날이어서 모든 비행기가 본래 스케줄대로 움직이지 못했다. 엉뚱한 곳으로 향하는 비행기를 몇 번이고 갈 아타면서 8개의 짐 덩이를 끌고 다니느라 아내와 어린아이들의 고생이 이 만저만이 아니었다.

가족들이 시카고 공항에 도착하니 새벽이었다. 스케줄이 온통 꼬여버 린 탓에 마중 나오기로 했던 사람조차 기다리다가 돌아가 버린 후였다. 제 몸보다 큰 가방을 몇 개씩 짊어진 가족들은 공항에서 속절없이 미아가 됐다. 나는 미시시피 잭슨에 있었고 가족은 시카고 공항에 내렸기 때문에 도울 길도 없었다. 나는 겨우겨우 전화로 시카고 인근에 사는 친구를 깨 워 가족들을 챙겨달라고 부탁했다. 좌충우돌 미국 생활의 시작이었다.

가족이 오니 불안하고 부족했던 미국 생활이 자리 잡아 갔다. 오히려 두 집 살림하는 것보다 생활비도 훨씬 절약할 수 있었다. 아내는 싼 식자 재를 사서 알뜰하게 음식을 만들어 먹을 수 있게 했고, 내 덥수룩한 머리 도 잘라 주어 이발비를 절약할 수 있었다. 또한, 학기마다 많은 페이퍼를 돈을 주고 타이핑을 맡겼는데, 내 아내가 타자를 쳐주었다.

아이들 아침과 점심은 학교에서 무료 급식으로 제공되었다. 신학교에 서 중고 자동차를 빌려줘 이동에도 문제없었고 주택비도 매월 200불밖에 안 되었다. 더군다나 아내는 주말마다 청소 일을 다니며 돈을 벌었고, 피 아노 레슨도 했다. 나도 시간이 나면 늘 아내와 청소 일을 했다.

또 학교에서 운영하는 무료 옷 가게에서 필요한 옷을 가져다 입으며 절 약했다. 이처럼 가족이 미국에 있으니 경제적으로나 심적으로 안정되어 공부도 더 열심히 할 수 있었다.

♥ 존경하는 두 멘토

유학 생활에서 내가 얻은 큰 유익은 두 분의 훌륭한 교수님을 만난 것이다. 우리가 인생을 살아가는 데 어떤 사람을 만나느냐가 중요하다고 하는데, 이 두 분의 교수님은 나의 학문 생활과 영적인 생활에 큰 도움을 주었다.

한 분은 구약을 가르친 윌리암 밴게메렌(Willem VanGemeren) 교수다. 그분은 목회하는 데 가장 중요한 일은 성경을 깊이 아는 '성경 제자'가 되는 것이라고 수업 시간마다 강조했다.

추수감사절에는 그분이 우리 가족을 초청해 온종일 좋은 시간을 보냈고, 우리도 그 가정을 초청하여 한국 음식을 대접하며 깊게 교류했다. 나는 그분이 강의하는 과목은 다 수강하여 배우고자 애썼다. 그리고 그분은 자신이 쓴 유명한 책 『구원 계시의 발전사』(The Progress of Redemption)를 한국어로 번역하도록 허락해 주었다. 나는 그 책을 번역하면서 구약을 구속사적으로 공부하는 데 큰 도움을 받았다. 신학 공부 없이 성경만을 공부한 나는 그분을 통해서 신학적인 관점에서 성경을 읽고 공부하는 힘을 기를 수 있었다. 이 책은 총신대에서 구약학 교재로 사용되었다.

또 한 분은 더글러스 켈리(Douglas Kelly)라는 교수님이다. 이분은 어려서부터 성경을 깊게 공부했고 히브리어, 헬라어, 불어, 라틴어에도 능통한 분이다. 그는 조직신학 교수였는데 성경신학에도 조예가 아주 깊었다. 조직신학을 강의하다가도 성경 본문을 강의할 때가 있었는데, 이때 영적으로 충만한 은혜를 받았다.

기도를 아주 중요시하는 분으로 학생들의 문제가 있으면 데려다가 간절히 기도해 주곤 했다. 수업 시간에도 형식적으로 기도하는 것이 아니라 아주 진지하게, 때론 긴 시간 기도했다. 그가 쓴 *If God Already Knows, Why Pray*라는 책은 내가 목회하면서 늘 가까이했고, 지금도 자주 읽고 은혜를 받는다.

켈리 교수는 영국에서 공부할 때 제임스 필립(James Philip) 목사님의 교회에서 기도 훈련을 많이 받았다고 했다. 제임스 필립 목사님은 스코틀랜드 길콤스교회 윌리암 스틸(William Still) 목사님의 제자였다. 윌리암 스틸 목사님은 제자 중에 선교사, 목사, 신학자들을 엄청나게 많이 배출했다. 그가 조그마한 도시 길콤스에서 시작한 교회를 통해 세계적으로 큰 영향을 주는 훌륭한 인재들을 양육했다는 사실은, 나의 목회에도 큰 자극이 됐다.

윌리암 스틸 목사님을 꼭 한번 만나 뵙고 싶었던 터에, 1992년 그 교회를 찾아간 적이 있다. 다만 아쉽게도 그때는 그분이 돌아가신 지 6개월이 된 뒤였다. 다행히 그 교회 장로님이 자기 집에 초대하여 점심을 먹으면서 스틸 목사님의 목회에 대한 많은 이야기를 들려주었다. 특히, 장로님들에게 설교 훈련과 기도 훈련에 대해서 등에 땀이 나도록 훈련했다는 이야기는 나에게 큰 감명을 주었다.

켈리 교수님이 한국에 방문해 한 달 동안 머문 적도 있다. 그는 무더운 여름 2주 동안 당시 에어컨도 없는 온마음교회 가건물에서 한 시간 이상씩 간절하게 설교를 해 주었다. 설교 본문은 요한계시록 8장이었는데, 그 내용이 얼마나 간절했는지 지금도 기억날 정도다.

2002년 미국을 방문했을 때는 그가 노스케로니아주에 있는 샬롯 RTS에서 가르치고 있었다. 그 학교 기숙사에서 일주일 머물면서 자주 교류했고, 하루는 그가 자기 집에 직접 초대하여 하룻밤을 머물면서 더 깊게 이야기할 수 있었다. 그때 그 교수님이 하루도 빠지지 않고 나를 위해서 기도하고 있다는 말을 듣고 크게 감동하였다. 정말 마음이 따뜻한 신학자다. 성경적인 삶의 모범은 여러 형태로 나타난다. 그는 당시에 자녀가 6명이나 되었다. 나는 이분을 통해서 신학적으로나 삶의 모든 면에서 큰 도움을 받았다. 늦은 나이에 낯선 땅으로 유학하러 가서 이런 분들을 만났다는 것은 큰 은혜가 아닐 수 없다.

♥ 나의 친구 데이비드 토퍼(David Toerper)

유학 가는 사람들은 당연히 영어를 잘하는 것으로 생각하지만, 막상 가서 보니 영어를 시원스럽게 말하는 유학생이 많지 않았다. 나 역시 영어로 공부하는 데 어려움이 많았다. 책을 읽는 데는 시간이 좀 걸려서 그렇지, 이해할 수는 있었는데, 유독 페이퍼 쓰는 게 어려웠다. 더 힘든 것은 듣고 말하기였다. 나뿐만 아니라 거의 모든 한국 학생의 공통적인 어려움이었다.

나의 전략은 '친구 사귀기'였다. 한 미국인 친구를 알게 됐는데, 그 역시 나이 많은 학생으로 가정도 있어 나와 공감대가 있었다. 그의 아들딸은 우리 아이들과 나이도 비슷했다. 나는 그에게 제안했다.

"네 딸은 내 아내에게 피아노를 배우고, 너는 나에게 영어를 가르쳐 달라."

그는 흔쾌히 받아들였다.

그는 시간 나는 대로 나와 이야기를 나누었고 나의 어설픈 영어 발음을 교정해 줬다. 단순히 기브 앤 테이크인 관계가 아니라, 우리는 코드가 잘 맞았다. 그는 나에 대한 호기심이 많았고 나 역시 그에게 관심이 많아 자연스럽게 좋은 친구가 됐다. 그의 딸 역시 우리 딸들과 아주 친한 친구가 되었다. 그래서 88년 서울 올림픽 때 그의 딸이 한국에 와서 3개월간 함께 지냈다. 그리고 내 딸도 대학 1학년 때 그 친구 집에서 두 달 정도 머무르며 코어컬리지(Coe College)에서 영어를 배웠다. 서로 자녀를 맘 놓고 맡길 수 있는 사이좋은 가족이 된 것이다.

내가 미국에 가면 어느 도시에 가든지 그는 나를 찾아와 함께 시간을 보냈다. 그는 한국에도 여러 차례 왔다. 40년이 넘도록 우리의 우정은 이어지고 있다. 둘 다 머리는 하얗게 셌지만, 그와의 대화는 여전히 유쾌하고 생기 넘친다. 예전에는 전화로, 요즘은 페이스 타임(Face time)으로 매주 2회씩 대화를 나누고 있다. 그리고 내가 영어 성경 공부를 시작하면서, 그가 매주 저녁 9시에 줌(Zoom)으로 영어 성경 공부반을 인도해 주고 있다. 그와 친구가 될 수 있는 것은 신앙의 관점이 같기 때문이다. 진보적인 사상이 강한 그는 겨우 고등학생 때 아직 미국과 냉전 중이던 소련을 방문했고, 이스라엘 키부츠에서 6개월 동안 살기도 했다. 깊게는 아니었지만 마틴 루터 킹과 접촉한 적도 있다고 했다.

이 친구와의 교제는 내가 예전에 몸담았던 단체에서 기인한 폐쇄적인 사고에 갇혀 있을 때, 좀 더 넓게 생각할 수 있도록 이끌었다. 한창 사고력이 왕성할 때 잘못된 사고방식에 빠져 버리면 헤어 나오기가 얼마나 어려운지 모른다. 그러나 나는 유학 생활을 하며 여러모로 나의 편협함을 깨우치는 훌륭한 사람들을 만났다. 좋은 선생님과 좋은 벗. 어쩌면 내가 유학을 통해 얻은 가장 큰 재산인지도 모른다.

♥ 한인교회를 섬기다

공부만 하러 갔지만 하나님께서는 미국에서도 의미있는 사역을 할 수 있게 도와 주셨다. 여러 가지 일 중에도 두 가지 기억에 남은 사역을 소개하고자 한다.

내가 유학 생활을 하고 있을 때 뉴욕에 있는 'SUNY at Stony Brook 한인 기독학생 모임'에서 나를 초청하여 주말 수양회를 가진 일이 있다. 한국에 있을 때 주말 수양회를 많이 해봤으므로 과거의 경험대로 저녁 7시부터 자정까지 5시간 동안 창세기 아브라함에 대하여 강의했다. 학생들은 긴 시간 꼼짝하지 않고 성경 강해를 들었다. 그리고 강해가 끝나자, 질문과 답변이 한 시간 이상 이어졌다. 말씀의 은혜가 가득한 상태로 합심해서 기도했다. 이들에게는 이런 경험이 처음이었을 것이다. 성령충만의 역사가 일어난 것이다.

그 후 그때 만났던 학생들을 다시 만나게 되면 우리는 뜨겁게 포옹했다. 그때 참석했던 학생들 가운데 서로 부부가 된 가정도 많다. 또 선교사로, 목사로, 신학교 교수로 주님을 섬기고 있는 사람들이 많이 있다. 그중에 한 학생은 웨스트민스터신학교(Westminster Theological Seminary)에서 조직신학으로 박사학위를 받고, 한국 신학교에서 교수가 된 후 미국 필라델피아에 있는 큰 교회 담임목사로 섬겼다. 내가 뉴욕을 방문했을 때 뜻밖의 자리에서 그를 만난 적이 있다. 놀랍게도 내 친지 아들의 결혼식 주례를 그가 하고 있었다. 그는 나를 반갑게 맞으며 "그 주말 수양회 때 제가 큰 성령 체험을 했어요."라고 말했다. 수십 년이 지난 일이지만 그때의 감동이 아직도 살아있다. 내가 미국으로 유학 가지 않았다면 이런 귀중한 만남과 경험을 할 수 없었을 것이니, 참 감사한 일이다.

가족이 온 후 얼마 안 되어 나에게 큰 변화가 일어났다. 잭슨에 있는 한인교회를 시작한 목사님이 그 지역을 떠난 것이다. 당시 신학생 중에 내가 가장 나이가 많았고 또 목사 안수를 받았었기에 자연히 한인교회를 맡게 됐다. 그 당시 미국에 있는 많은 한인교회는 단순한 교회의 역할이 아니라, 마치 유대인의 회당처럼 동족들이 모여 고국의 소식을 들으며 위로받는 장소였다. 한국에서 일주일 전에 발간된 신문을 나누어 읽으며, 연속극 비디오테이프를 빌려다가 돌려 보고 함께 밥 먹고 운동하는 작은 공동체 역할을 했다.

그래서 예배 시 설교도 20분 내외로 짧아야 했다. 만남과 소식 나눔이 주된 목적이었기 때문이다. 그런데 내가 교회를 맡으면서 설교가 한 시간 이상 길어졌고, 그 후의 교제 시간에는 합심 기도를 주로 했다. 특히, 나는 설교 시에 언제나 성경의 문맥, 사맥, 경맥, 영맥 등을 중요하게 다루고 성경 강해를 하여 삶에 적용하기 때문에 설교가 길어질 수밖에 없었다.

그러나 성도들은 그때까지 교제 중심의 모임에 익숙해서 부담스러워했다. 그럼에도 불구하고 나는 이 방식을 계속 밀고 나갔다.

"교회가 겨우 일주일에 한 번 모이는데 복음을 설교하지 않으면 어떻게 믿음이 생기며, 그 믿음이 자랄 수 있겠는가!"

그러나 얼마 지나지 않아 성도들의 생각이 긍정적으로 변하기 시작했다. 자기들이 만나본 목사님들 가운데 나처럼 순수하고 깨끗한 생각을 가진 목사는 보지 못했다고 하는 사람들이 많았다. 나는 설교로만은 교육이 어렵고, 성경을 가르쳐야겠다고 생각했다. 예배가 끝나면 저녁이 되는데, 성도들을 집에 초청하여 나는 성경을 가르치고 내 아내는 맛있는 한국 음식으로 저녁을 대접했다. 이 말씀 공부와 저녁 만찬은 깊고 영적인 교제가 되었다.

그렇게 성경을 공부한 후 성도들의 반응은 설교가 깊이 이해되고 재미있다는 것이다. 처음에는 듣기에 어려운 성경을 풀어 설교하는 것이 지루했으나, 계속 들으니 말씀이 귀에 들어오더라는 이야기였다. 그리고 그 말씀이 마음에 남게 되었다는 것이다. 그래서 성도들이 자기 집에 식사 초대를 할 때도 말씀 공부를 먼저 하고 식사를 하는 것이 전통이 되었다.

미국의 집들은 대부분 아주 컸다. 한 성도는 목수라서 특히 더 큰 집을 짓고 살았다. 덕분에 우리가 그 집에서 2, 3일 모여 수양회를 할 때도 있었다. 수양회는 오직 성경 공부가 주였다. 이렇게 해서 1년 동안 교회를 섬겼더니 우리에게 놀라운 변화가 일어났다.

잭슨에 있는 조그마한 도시에 가발 가게를 하던 성도가 있었는데, 영업이 잘되는 것을 보고 그 바로 앞에 다른 한국 사람이 새로운 가발 가게를 열었다. 양보 없는 두 가게는 모두 영업이 잘 안되고 말았다. 아이러니하게도 둘 다 우리 교회를 나왔으나, 서로 얼굴도 맞추지 않았다.

그러던 중 교회 전체가 소풍을 간 일이 있었다. 이 행사에서 두 가정이 극적으로 화해했다. 비록 술의 힘을 빌린 투정과 사과가 오갔지만, 마음만은 진심이었다. 많은 성도가 목사님 덕분이라고 나를 칭찬했다. 그러나 나는 이 사건이 그동안 전한 복음이 역사한 증거라고 생각한다.

그 후 잭슨에 있는 한인들이 한 사람도 빠짐없이 교회에 출석하는 대부흥이 일어났다. 그 후 내가 잭슨에 가면 성도들이 서로 자기 집에 초청하여 머물게 해 주었으니 그 관계가 얼마나 따뜻하고 깊었는지 알 수 있다.

내가 유학을 마치고 한국에 돌아올 때는 모든 성도가 한 사람도 빠짐없이 나에게 정성 어린 선물을 건넸다. 내가 다닌 신학교 RTS 펠로우십홀에서 마지막 환송 만찬을 했는데 내 미국인 친구, 데이비드 가족도 초청했다. 그 부인은 만찬에서 남다른 감동하였는지, 나에게 '허그를 해도 좋겠느냐'고 물어왔다. 그때 우리가 진심 담긴 따뜻한 포옹을 나눴던 기억이 난다.

♥ 안이숙 사모님을 만나다

유학을 마치고 돌아오다 LA를 들러 안이숙 사모님을 만났다. 그가 쓴 두 권의 책, 『죽으면 죽으리라』, 『죽으면 살리라』는 한때 한국 개신교인이라면 안 읽은 사람이 없을 만큼 유명했다. 그분의 신앙적 에세이는 우리 젊은이들에게 큰 감동을 줬다. 안이숙 사모님은 일제 강점기의 기독교 말살 정책에 정면으로 도전하여 신앙을 지킨 유명한 분이다. 내 딸이 태어날 무렵에 우리 모임 회원들도 그분의 책을 열심히 읽었다. 내 딸의 이름도 그분의 이름을 따서 지었기 때문에 나는 둘이 만날 수 있게 하고 싶었다.

지금도 기억나는 것은 그분이 감옥에 있을 때 자청해서 정신병자를 자기 방에 있게 한 일이다. 그가 광기로 난동 피울 때 사랑으로 꼭 껴안으니 광기가 사라졌다고 했다. 나는 그분의 이야기를 통해 아무리 힘든 영혼이라도 예수의 사랑으로 보듬으면 치유가 가능하다는 것을 깨달았고, 실제 내 목회 생활에도 그런 경험을 많이 했다.

사모님을 만난 나는 떨리는 마음으로 소개했다.

"제 딸의 이름도 사모님의 이름을 따 '안이숙'이라고 붙였습니다."

그분은 딸의 어깨를 감싸 안으며 정답게 인사했다.

"그럼 너는 안이숙 주니어네!"

안이숙 시니어와 주니어의 만남. 그때의 추억은 작은 사진 한 장으로 남아있지만, 우리 가족에게는 큰 이야깃거리다. 딸은 '요즈음에는 안이숙이라는 이름이 너무 촌스럽다'고 볼멘소리를 하기도 하지만, 그 역사적인 만남을 상기시키면 그 이름이 좋다고 한다.

♥ 유학을 마치고 돌아오다

당시 자식을 데리고 간 유학생들은 자식들 교육 때문에 한국에 돌아오기 힘들었다. 돌아왔다고 해도 아이들이 적응하지 못해 다시 미국으로 간 경우가 많았다. 나 역시 자녀들이 셋이나 미국 생활에 익숙해져 있어서 한국에 돌아오기까지 어려움이 많았다. 그러나 미국으로 유학 간 목적은 내 개인의 유익이 아니라 ESF에 더 큰 유익을 가져오기 위한 목적이었다. 무슨 일이 있더라도 내 일생을 ESF에 바쳐야 했기에 돌아와야 한다는 생각은 확고부동했다.

그런데 아이들은 한참 성장기에 미국에서 3년 가까이 보냈기 때문에 한국에 적응하기가 몹시 어려웠다. 큰애가 초등학교 6학년, 둘째가 5학년, 막내가 3학년이었다. 그런데 그 사이 한국말이 서툴어지고, 교과목의 내용은 또 미국보다 어려워 수업 시간이 녹록지 않았다.

시험 문제가 무슨 뜻인지 몰라 답을 쓰지 못했고, 지리나 역사 지식이 전혀 없어서 사회 시간이 가장 힘들었다고 한다. 한국에서만 자란 아이들이라면 훤히 알만한 대전이 어디에 있는지, 부산이 어디에 있는지, 광주가 어디에 있는지도 몰랐다. 선생님이 내준 숙제는 제때 해내기가 버거웠다.

한번은 동네 버스 정류장에서 어떤 부인과 대화하는 도중 마음 아픈 이야기를 들었다. 자기 아들 학급에 어떤 아이가 미국에서 돌아왔는데 숙제를 못 해서 매일 선생님에게 매를 맞는다는 거였다. 대화할수록 어딘가 익숙한 느낌이 들었다. 6학년인 내 아들의 이야기였다.

선생님이 매일 내준 수학 숙제는 깨알 같은 글씨로 자기가 문제를 만들어 답을 써오라는 것이었다. 그것도 A4용지 앞뒤 다섯 장을 써오라는 것이다. 대부분 아이는 처음과 마지막 장만 실제로 해서 내고, 중간 3장은 지난 시간 숙제를 묶어서 냈다. 선생님이 내용을 자세히 읽어볼 시간이 없다는 것을 노린 꼼수였다. 그러나 내 아들은 아주 순진하고 고지식해서 밤새도록 숙제해도 겨우 3장밖에 안 되었으니, 항상 매를 맞을 수밖에 없던 것이다.

이처럼 아이들이 적응하는 것을 힘들어한다는 걸 알고 있었지만, 나로서는 어떤 해결 방법이 없었다. 그래서 유학을 다녀온 많은 사람이 자식들 때문에 다시 외국으로 나가는 심정을 이해할 수 있었다.

그러나 나는 다시 미국에 간다는 것은 상상조차 할 수 없는 상황이었고, 우리 아이들은 나름대로 한국 생활에 적응하기 위하여 갖은 노력을 했다. 특히, 인간 승리 안이숙은 5학년 1학기에 미국에서 돌아왔는데도 불구하고, 2학기 말에 올백을 맞아 담임 선생님을 놀라게 했다. 담임 선생님은 학교를 떠난 후에도 안이숙을 기억하고 안부를 물었다고 한다.

막내는 학교에서 슬리퍼가 아닌 발을 감싸는 형태의 실내화를 신었다. 그런데 그 애는 발이 커져 신발을 바꿔야 했음에도 불구하고, 부모에게 사달라고 안 하고 옛날 중국 여자들의 전족처럼 그 작은 실내화에 발을 억지로 욱여넣고 다녔다. 그 탓에 지금도 발이 아주 못생겼다.

5학년 때 막내는 반장이 되었다. 당시에는 반장이 되면 학부모가 자주 찾아가서 봉투를 주는 문화가 남아있었다. 하지만 내 아내는 한번도 찾아가지도, 봉투를 주지도 않으니 담임에게 밉보여 차별대우를 받았다.

그런데 내 막내는 학교에서 있었던 일을 집에 와서 전혀 이야기하지 않았다. 나중에 알고서야 우리가 그런 핍박을 어떻게 극복했느냐고 물으니, 아주 귀한 명언을 남겼다. "무시를 무시하면 된다"는 것이다. 우리 가족은 지금도 그 말이 명언 중의 명언이라고 하면서 자주 인용한다.

제5장

완전한 연합과 조화를 위하여

나의 목회 철학은
'도저히 하나 될 수 없는 인간들이
주님 안에서 어떻게 연합할 것인가?'
배우고 실행에 옮기는 것이다.

The Burning Heart, The Greatest Grace

♥ 온마음교회, 지역 교회로의 모색

　1979년 4월 드디어 교회를 시작했다. 차츰 교회로서의 모습을 갖추기 위해 한 가지씩 실행해 나갔다. 당시 나는 목사가 아니었으므로 목사님을 모셔다가 세례식을 거행했다. 그리고 새벽기도를 시작했다. 그때까지 우리는 새벽마다 QT를 했기 때문에 또 새벽기도를 한다는 것은 별로 어울리지 않았다. 그러나 한국의 모든 교회가 하는 새벽기도 문화를 따르고자 했다.
　일반 교회로서의 모습을 갖추기에는 부족한 점이 많았다. 예배 장소도 기존 우리가 사용하던 ESF 한양 회관을 공동으로 사용했다. 그러므로 교회로서의 강단이나 십자가도 없이 성경책 한 권 겨우 놓을 수 있는 강의 탁자가 전부였다. 교회를 담임하고 있는 나 역시 교회를 위해 사역하기보다 ESF를 동시에 섬기고 있으니, 우리 교회는 이름만 있을 뿐 모든 멤버는 ESF 인으로서 정체성이 더 강했다.
　그러나 우선 ESF와 교회를 동시에 사용할 수 있는 넓은 장소를 마련하는 것이 더 급선무였다. 왕십리에서는 교회와 ESF를 동시에 섬길만한 장소를 찾을 수 없었고, 점차 ESF 한양 회관의 멤버들이 한양대, 세종대, 건국대생들뿐만 아니라 서울대, 서울교대, 중앙대, 숭실대 학생들로 확장되어 서울 중앙으로 옮길 필요성을 깨닫게 되었다. 강남 영동 사거리의 한 장소를 임대한 것도 그 때문이다.

그러던 중 내가 3년 이상 유학 가게 되어 나 없이도 이 사역에 어려움이 없도록 50평의 넓은 장소를 매입했다. 사실은 장소 전체를 매입한 것이 아니고 20평만 매입하고 나머지 30평은 건물 주인의 호의로 무료로 사용하게 되었다. 내가 유학을 가게 될 때 김육진 목사가 후임으로 교회를 책임 맡았다.

유학을 마치고 돌아왔다. 그러나 교회는 여전히 어렵고 ESF도 어려웠다. 내가 없는 동안 교회를 책임졌던 김육진 목사는 이렇게 말했다.

"이런 형태의 교회는 도저히 성장할 수 없습니다. 이제라도 해산하고 지역 교회로 발전할 수 있는 지역에 가서 새로 교회를 개척하는 것이 훨씬 나을 것입니다."

그 말에 나는 깊이 공감했다. 맞는 말이었지만 우리의 형편이 그렇질 못했다. ESF 전국 역사나 새로운 한양 회관 역사를 생각할 때 아직도 내가 시급히 해야 할 일이 많았기 때문이다.

그래서 우선 함께 쓰던 한양 ESF와 교회의 장소를 분리하고자 했다. 한양 ESF도 한양 지구, 동작 지구, 성동 지구로 나눴다. 한양 지구는 한양대 앞에 캠프를 얻고 채미자 목자가 맡았다. 동작 지구는 서울대 앞으로 옮기고 김육진 목자가 책임을 맡고, 몇 명의 인턴 간사를 파송했다. 성동 회관은 건국대, 세종대 앞으로 옮기고 정의호 목자가 책임을 맡았다. 온마음교회는 서울교대 근처 지하에 세를 얻어서 사용했다. 기존에 우리가 사용하던 영동 사거리 상가는 사무실로 꾸며 월세를 받고 임대했다.

공동체마다 각각의 장소와 일꾼들의 생활비를 마련하는 일은 참으로 어려웠다. 교회에는 이제 성인 30여 명(주로 학사 출신)과 학생 30여 명이 모였다. 구성원들이 생겼는데도 불구하고, 나는 교회 담임목사인 동시에 전국 ESF 대표 간사를 겸임하고 있었기 때문에 교회 일에 집중하지 못하고 항상 바쁘기만 했다.

교회는 새로 들어온 일반 성도들과 기존 ESF 출신 성도들 사이가 물과 기름처럼 섞이지 못했다. 한 번은 이런 일이 있었다. 신앙에 새로운 관심을 두게 된 한 성도는 내 아내와 창세기 공부를 마치고 우리 교회를 아주 좋아하면서 잘 다니고 있었다. 그의 부인은 아주 세련된 멋쟁이였다. 남편은 그런 아내에 대한 자부심이 강했고, 항상 아내의 말이라면 그대로 따르는 사람이었다. 모범적인 이 부부는 교회에서 아주 중요한 존재가 됐다.

그러던 그가 어느 날 교회를 나오지 않겠다고 선언했다. 도무지 이유를 알 수 없었고, 전혀 문제없던 사람이기에 매우 충격적이었다. 나중에 알아보니 어떤 ESF 출신 성도가 "대학 때 전공이 뭐예요?"라고 물었다는 것이다. 문제는 그 부인이 대학을 나오지 않았다.

당시 ESF에 뿌리를 둔 성도들은 전부 학사 출신이라 상대방도 당연히 대학을 나온 줄 알고 별 뜻 없이 물어본 것이다. 하지만 이 질문은 애석하게도 그분에게는 돌이킬 수 없는 상처가 되었다. 그렇게 교회를 세우는 데 중요한 일꾼을 잃은 사건으로 교회에서 성도들 간 관계가 얼마나 중요한지 알게 됐다.

그 외에도 기존 성도들과 새로 들어온 성도들 간에는 보이지 않는 갈등과 어려움이 있었다. 교회가 수적으로 충분히 성장하지 못한 상태에서 한양 회관이 오히려 각 지구로 나누어지다 보니 기존 교인 수도 줄어들게 되었다.

더군다나 교회가 짊어져야 할 재정은 여전히 감당하기 힘든 무거운 짐이었다. 또한, 나는 교회에 집중해서 사역하지 못하고 여러 가지 일에 참여해 다양한 인간 관계 속에서 갈등이 많았다. 해야할 일은 많고 모든 사람을 만족시킬 순 없었다. 우리 사역의 특징은 친밀한 관계성으로 이루어져 있으므로, 교회를 섬기는 일이나 ESF를 섬기는 일은 많은 사람과의 인격적인 친밀함이 바탕이 되는 구조였다. 인간 관계 가운데는 좋은 관계도 있지만 어려운 관계도 있게 마련이다. 이것은 나에게 있어서 언제나 마음에 큰 짐이었다.

내가 이 일을 계속하는 한 이런 마음의 짐을 내려놓을 길이 없었다. 어떻게 하면 이 짐을 벗을까 수없이 생각하고 또 생각하다 친구 목사를 찾아가서 상담했다. 그는 "당신이 아니면 누가 그 일을 감당할 수 있겠소"라고 그만두기를 극구 말렸다. 그때 내 나이가 50이었는데, 그는 "그 나이에 당신이 무슨 새로운 일을 할 수 있겠소"라며 현실적으로도 충고했다. 하나님은 내가 이 일을 피할 수 없도록 꼭꼭 묶어놓고 계셨다. 나는 다시 한번 마음을 다잡았다.

♥ 한양 회관과 함께 건물을 신축하다

한양대학교에서 시작한 사역이 동작 지구와 성동 지구 그리고 온마음 교회로 발전했다. 이제 한양 회관은 더 이상 강남에 있어야 할 이유가 없었다. 다시 한양대 앞으로 이사를 와야 했다. 그러나 한양대 앞에서 회관 장소를 얻는 것은 결코 쉬운 일이 아니었다.

그 사이 강남으로 옮긴 지 7, 8년이나 지났지만, 여전히 한양대 앞에서 모임 장소를 구하기는 어려웠다. 1986년 가을 학기가 시작하기 전부터 나와 채미자 간사는 모일 장소를 얻기 위하여 몇 달을 찾고 찾았으나, 모든 곳이 영 마뜩잖았다.

오랜 시간 기도하다 보니 하나님께서 '셋집을 얻을 수 없으면 건물을 사버리면 될 것이 아닌가?'

이런 생각을 주셨다. 그래서 우리는 셋집을 얻기 위하여 전에 다녔던 부동산들을 다시 더듬어 찾아다니며 매입할 장소를 알아보기 시작했다.

그리고 마침내 우리가 사용하기에 아주 안성맞춤인 건물을 찾았다. 4층 건물이었는데, 꼭대기 층을 학생들의 집회 장소로 쓰고 1~3층은 세를 주면 돈 얼마 안 들이고 살 수 있을 것 같았다.

물론 돈은 여전히 한 푼도 없었다. 건물 주인과 값을 흥정하는 데 한 달 이상 걸렸다. 주인은 1억 1천만 원을 원했는데 1억 5백만 원으로 낮추어 달라고 한 것이다. 우리 편을 들어준 부동산 사장의 끈질긴 노력으로 계약하게 됐다.

'드디어 8년간의 숙원이 해결되는구나!'

참으로 기뻤다!

계약서를 작성하고 있는데 주인이 갑자기 전화 한 통을 받고 사라졌다. 우리는 영문도 모르고 기다렸다. 2시간 후에 전화가 왔는데 5백만 원 더 주겠다는 사람과 계약을 해버렸다는 것이다. 얼마나 실망이 컸는지 모른다.

중개에 실패한 부동산 주인은 나에게 엄청나게 화를 냈다. 1억 1천만 원도 싼 건물인데, 그것을 아등바등 깎으려고 하더니 결국은 놓쳤다는 것이다.

"안 목자, 참 지독한 사람입니다. 당신같이 끈질긴 사람은 처음 봤소."

코앞에서 건물을 놓친 나 역시 크게 실망했다. 그러나 포기할 수는 없었다. 오히려 '건물을 살 수 없으면 땅을 사서 건물을 지어버려야겠다'라는 오기가 생겼다. 땅을 사서 건물을 지으려면 ESF 한양 회관 단독으로는 할 수 없고 온마음교회와 연합으로 지어야만 했다. 그래서 온마음교회는 다시 ESF와 어쩔 수 없이 갈등을 피할 수 없는 형편으로 빠져들게 되었다.

나의 부동산 탐방기는 또다시 시작됐다. 이제부터는 건물 지을만한 땅을 찾느라 부동산을 돌아다녔다. 전에 다녔던 똑같은 부동산들을 다시 찾아갔다. 부동산 사장들의 반응은 "별 황당무계한 사람 다 본다"는 식이었다.

"언제는 30평짜리 사무실을 임차하겠다더니, 또 갑자기 건물을 사겠다고 찾아오고, 이제는 건물 올릴 땅을 사겠다고요?"

혹시 내가 정신 이상이 있는 사람 아닌가 하는 눈초리였다. 그래서 아예 나를 상대하지 않겠다는 중개사들도 많았다.

그러던 중, 골목길 구석에서 "복덕방"이라는 정겨운 간판을 붙이고 일하는 나이 많은 할아버지가 땅을 하나 소개해 주었다. 그 땅이 지금 온마음교회 건물이 지어진 곳이다. 140평 좀 못 되었는데, 평당 200만 원이었다. 주인은 2억 7천만 원에 팔겠다고 했다.

나는 무리해서 값을 깎다가 된통 당한 사람 아닌가?

그래서 이번에는 흥정도 하지 않고 그 값으로 계약하기로 했다.

급한 대로 20만 원을 걸고 가계약했다. 그 돈마저 수중에 한 푼도 없어 백현기 학사가 10만 원, 내 동생 안경호가 10만 원을 빌려줬다. 2주일 후에 계약금 2천 700만 원을 지불하고 정식 계약을 체결했다. 그것도 겨우 마련한 것이었다.

그런데 나머지 잔금을 대체 어찌 준비할 것인가?

다시 생각해도 정말 정말 정말, 무모한 결정이었다.

그러나 나는 나름의 계획이 있었다. 그것은 인간의 능력이 아니고 하나님만이 하실 수 있는 계획이었다. 하나님의 영광을 위한 일이라면 아무리 인간적으로 꿈도 꿀 수 없는 일이라도, 그분께서 이루도록 도와주신다는 것을 나는 믿고 있었다. 나는 주위에 후원해 줄 만한 교회나 지인도 없었다. 무조건 하나님만을 붙들고 매달리는 것이었다.

그때까지 하나님이 아니면 누구도 도울 수 없는 놀라운 일을 수없이 경험했기에 이번에도 하나님을 믿고 시도해 보기로 했다. 당시 성도들은 다 나이가 어렸고 믿음도 아직 어려서 믿음 하나로 도전하는 나를 이해하기 어려워했다. 그래서 모든 것을 결정하는 데 내가 주도권을 가질 수밖에 없었다. 2억 7천만 원짜리 땅을 사겠다고 하니 리더들의 반대가 심했다. 이 안건으로 제직회를 하는데 한 집사는 큰 소리로 화를 내며 거칠게 자리를 박차고 나가버렸다. 그러나 나는 하나님의 일을 이루기 위해서 이 길이 아니고는 다른 선택이 없다고 나머지 집사들을 설득했고, 결국 땅을 매입하기로 했다. 땅을 사기 위한 계획은 단순명료했다.

첫째, 우리가 가지고 있는 건물을 팔아서 1억을 준비한다.
둘째, 1억을 헌금한다.
셋째, 나머지 금액은 은행 융자를 받는다.

그런데 말은 쉬웠다. 인간적으로 생각하면 첫 번째 계획부터가 불가능했다. 1986년은 부동산 매매가 올 스톱 되던 해였다. 강남 아파트도 전혀 팔리지 않았다. 하물며 우리가 가지고 있는 건물은 3층 상가였는데, 부실 건물이라 비가 오면 줄줄 샐 정도여서 당시로서 매매는 정말 불가능한 일이었다.

두 번째 계획은 더 첩첩산중이었다. 당시 교인이 학생들 30여 명, 장년이 30여 명 정도였고 장년이라 해 봐야 대학을 갓 졸업한 젊은이들로서 월급이 별로 많지 않았다. 60만 원 정도가 당시 평균치였을 것이다. 성도들의 한 달 월급 다 합해봐야 2천만 원 될까 말까 하는데 1억이라니, 가당치 않았다. 물론 우리 교회에 출석하지 않는 한양 회관 학사들의 지원이 있었다. 그런데도 이런 모험은 정말 무모한 일이었다. 어차피 믿음을 바탕으로 한 일이니 돈 계산은 무의미했다.

그러나 아무런 행동 없이 하늘만 쳐다볼 수는 없었다. 나부터 개인적으로 불가능한 일에 도전했다. 1억의 10분의 일인 1천만 원 헌금을 약정했다. 당시 내가 받은 한 달 월급이 60만 원이었다. 그리고 의사 학사 김광정을 찾아가서 당신도 내가 헌금한 만큼 1천만 원을 헌금해달라 권면하고, 판사를 하고 있던 백현기 학사에게도 500만 원 헌금하도록 권면했다. 그래서 헌금을 위하여 기도한 지 1주일 만에 2천 500만 원이 약정되었다. 이렇게 헌금을 권면했던 일은 내 평생 처음이었다.

이 소식을 들은 성도들에게는 용기가 샘솟았다. 반대했던 사람까지 희망을 품고 열심히 기도했다. 그러자 놀라운 일이 벌어졌다. 힘에 넘치도록 헌금을 약정하는 사람들이 나오기 시작한 것이다.

현재는 미국 보스턴에 있는 강재희 형제는 당시 학생 신분으로 수백만 원을 약정했다. 그는 부모님 없이 동생 둘을 거느리고 근근이 생활하는 고학생이었다. 나는 그런 그가 많은 헌금을 약정했다는 말을 듣고, 야단을 치면서 당장 취소하라고 했다. 하지만 그의 고집을 꺾을 수 없었다. 한번 불이 지펴진 건축을 위한 열망은 그만큼 강렬했다. 기어코 잔금 지급 일주일 전에 1억의 헌금이 다 들어왔다.

자, 그럼 가지고 있는 건물은 또 어떻게 팔 것인가?

간절히 기도했다. 그 끝에 하나님께서 성령의 충만으로 큰 지혜를 주셨다. 수십 군데 부동산을 찾아다니며 이 건물을 1억 1천만 원에 팔아주면 부동산 수수료를 500만 원 주겠다고 약속했다. 당시는 그 정도의 건물의 중개수수료로 100만 원도 받기 힘든 시대인데, 500만 원은 실로 엄청난 돈이었다.

그리고 우리는 간절히 기도했다. 하나님은 정말 희한한 방법으로 이 건물이 팔리게 도우셨다. 어느 젊은 미망인이 수입의 근원이 없어 세가 나올 건물을 찾고 있던 것이다. 우리는 그 건물을 여러 개의 사무실로 꾸며 각 사무실에서 나오는 월세가 꽤 되었다. 그 미망인은 꼭 이런 건물을 찾고 있었다. 그리고 그분의 요구에 맞춰 9천500만 원에 팔았다. 절대 팔릴 수 없을 것 같던 건물마저 잔금 1주일 전에 팔린 것이다.

이 소식을 들은 이대운 집사의 어머님은 너무나 놀라면서 "너희 목사님은 대단한 사업가"라고 했다고 한다. 그분은 부동산 전문가로, 부동산업으로 엄청난 돈을 버신 분인데 매매가 멈춰버린 시기에 자기도 집을 팔 수 없어 고민 중이었다고 한다. 그런데 내가 그 일을 했다는 것을 보고 매우 놀라워했다. 하지만 내가 한 일이 아니었다. 오직 우리 성도들의 기도를 하나님이 들어주신 것이다.

드디어 매입한 땅 위에 20여 평의 가건물을 지어서 학생회 모임과 교회 모임을 할 수 있었다. 가건물의 건축 허가를 받는 것도 많은 어려움이 있었다. 지금도 그렇겠지만, 당시에도 서울 시내에 가건물을 짓도록 허가받는 것은 불가능했다. 내가 알고 있는 인맥을 총동원하여 구청 허가를 받고자 백방으로 노력했으나 쉬이 되지 않았다. 한번도 만나본 일도 없는 먼 일가친척 중 한 분이 성동구청 고위직에 있다는 소문을 듣고, 여러 차례 그분을 방문하고 나서야 겨우 건축 허가를 받을 수 있었다.

그 많은 희생을 해서 땅을 매입했지만, 그 위에 건축한다는 것은 또 다른 산이 아닐 수 없었다. 어느덧 가건물에서 예배를 드리기 시작한 지 7년이 다 되어 갔다. 그 가운데서도 교회는 조금씩 자라났다. 하루는 신학교 교수 친구를 통해서 어느 건축가를 알게 됐다. 그는 벽돌집이 아닌 '드라이빗' 공법이라는 새로운 건축법이 있는데, 그 방식으로 건축하면 기간도 단축되고 비용도 적게 든다는 것이었다. 그는 특별히 실비로 건축을 해 주겠다고 제안했다.

땅을 사기 위해 빌린 은행 빚도 아직 갚지 못한 가운데 건물을 짓는다는 것은 불가능했다. 그러나 더 이상 가건물에서 예배를 드릴 수 없었다. 다시 건축을 위한 드라이브를 걸었다. 하지만 인간적으로 생각하면 대책 없는 무모한 짓이었다. 도움을 달라고 매달릴 분은 하나님밖에 없었다.

다시 생각해봐도 온마음교회 성도들은 참으로 천사들이다. 대책 없이 하나님만을 믿고 도전하는 목사를 묵묵히 따라 주는 성도들이 있었기에 모든 일이 가능했다. 나는 강남에 살고 있던 아파트를 팔아 거액의 헌금을 하고 왕십리의 전셋집으로 이사했다. 당시 누가 헌금을 얼마를 했는지 나는 전혀 모른다. 왜냐하면, 누가 헌금을 얼마나 했는지 알고자 하면 사람에게 의지하게 되는데, 우리는 하나님만을 바라봐야만 했기 때문이다. 하나님만 바라보고 전 교인이 오직 기도에만 온 심혈을 기울였다.

직장 생활로 바쁜 좌영신 집사가 예산을 절약하기 위하여 건축 감독 책임을 맡았다. 그는 출근 전, 출근 후 건축 현장에 매일 나와서 상황을 지휘했다. 건축하는 동안 예배는 한양대학교 학생 회관을 빌려서 드렸다.

고생 끝에 건축을 마쳤지만, 잔금을 지급할 방법이 없었다. 다시 내가 살고 있던 아파트 전세금을 빼서 교회 건물 5층으로 이사했다. ESF 본부도 이 건물의 전세로 들어왔다. 그래서 가까스로 건축이 완성되었다. 그 건물이 바로 우리가 현재 사용하고 있는 온마음교회 예루살렘홀이다. 기도하면 산을 물러가게 하겠다고 약속한 하나님의 말씀이 정말 이루어진 것이다. 이 말씀을 붙들고 몸부림치며 기도한 성도들에 대한 응답이었다.

당시에 우리가 처한 상황을 이해한다면 이것이 얼마나 중요한 사건인지 모른다. 이 일로 말미암아 우리가 꿈꾸는 4대 비전, '캠퍼스 복음화', '지역 복음화', '성서 한국', '세계 선교'의 실현이 가능하게 될 것이다. 이 일을 통해서 우리가 순수한 마음으로 하나님의 영광을 위해 일하고자 하면, 인간적으로 꿈도 꿀 수 없는 일도 현실이 된다는 확신을 두게 됐다.

♥ 나의 목회 비전

나는 기존 단체에서 개혁했고, 다른 선교 단체와 연합하고 교회 지도자들과 연대하는 가운데 인간은 본질적으로 서로 대립하고 갈등할 수밖에 없다는 것을 깊이 체험했다. 그러던 중 미국 유학 중 교회사를 공부하는 가운데 교회사에서도 가장 큰 비극은 분열이었다는 것을 알았다. 교회 지도자들끼리 서로 자기 명예를 지키기 위하여 싸우고 분열함으로 하나님의 역사를 망치는 일이 많이 있다는 것을 배우며 마음이 너무 아팠다.

대표적인 예가 루터와 츠빙글리가 다투고 헤어진 사건, 존 웨슬리와 조지 휫필드 사이의 갈등과 헤어짐 등은 정말 가슴 아픈 일이었다. 그들이 하나 되었더라면 개혁의 역사는 좀 더 순조로웠을 것이고, 특히 영국 개혁의 두 거두 존 웨슬리와 조지 휫필드가 서로 하나가 되었더라면 얼마나 놀라운 역사가 있었을 것인가를 연구해서 페이퍼를 쓴 기억이 난다. 그 자료를 찾을 수 없어 너무나 안타깝다.

내가 번역한 책 『구원 계시의 발전사』에서, 인간적으로는 도저히 하나 될 수 없는 사람들이 하나가 될 때 구속 역사에 큰 진전이 있었다는 내용을 읽고 크게 감동하였다.

성경을 읽어보면 아무리 믿음이 좋은 사람들도 이해 관계가 생기면 대부분 자기의 유익을 따른다. 우리 한국 교회에서 성공의 기준은 많은 성도를 모으고 큰 예배당을 짓는 것이 되었기 때문에 하나님의 영광을 크게 가리고 있다. 나의 목회 철학은 '도저히 하나 될 수 없는 인간들이 그리스도 안에서 어떻게 연합이 될 것인가'를 배우고 실행에 옮기는 것이다. 그래서 내가 앞으로 다루고자 하는 내용은 내가 얼마나 극심한 갈등의 한가운데서 많은 고생을 하면서 훈련받았는가에 대한 기록이다. 그러기 전에 나의 목회 비전을 ESF 출신 목사 모임에서 설교형식으로 발표했던 것을 소개하고자 한다.

이 설교문은 내 목회 생활을 담은 것이자, 한국 교회를 향한 전언이다. 나는 오늘도 이 비전을 이루기 위하여 말씀과 기도로 고군분투 노력하고 있다.

| 설교문 | **완전한 연합과 조화**(Perfect unity and harmony)

요한계시록 21:9-14

⁹ 일곱 대접을 가지고 마지막 일곱 재앙을 담은 일곱 천사 중 하나가 나아와서 내게 말하여 이르되, 이리오라 내가 신부 곧 어린 양의 아내를 네게 보이리라 하고

¹⁰ 성령으로 나를 데리고 크고 높은 산으로 올라가 하나님께로부터 하늘에서 내려
오는 거룩한 성 예루살렘을 보이니

¹¹ 하나님의 영광이 있어 그 성의 빛이 지극히 귀한 보석 같고 벽옥과 수정 같
이 맑더라

¹² 크고 높은 성곽이 있고 열두 문이 있는데 문에 열두 천사가 있고 그 문들 위에
이름을 썼으니 이스라엘 자손 열두 지파의 이름들이라

¹³ 동쪽에 세 문, 북쪽에 세 문, 남쪽에 세 문, 서쪽에 세 문이니

¹⁴ 그 성의 성곽에는 열두 기초석이 있고 그 위에는 어린 양의 열두 사도의 열두
이름이 있더라

오늘 본문은 하늘에서 하나님으로부터 내려오는 참 교회의 모습이다. 10절을 읽어보자. "성령으로 나를 데리고 크고 높은 산으로 올라가 하나님으로부터 하늘에서 내려오는 거룩한 성 예루살렘을 보이니" 사이먼 키스트 마커는 이 부분을 주석하면서 '완전한 일치와 조화'(Perfect unity and harmony)라는 표현을 썼다. 장차 이루어질 참 하나님의 교회 곧 하나님 나라의 이미지는 완전한 연합과 조화이다. 이것은 나의 목회의 비전이요, 우리가 모두 가져야 할 목회의 비전이라고 생각한다.

Perfect unity and harmony!

천사가 요한에게 보여준 하늘에서 내려온 참 교회의 모습은 열두 지파와 열두 제자의 공동체가 너무나 아름답고 깨어질 수 없는 견고하게 결합한 모습이다. 구약의 교회의 모습인 열두 지파와 신약의 교회의 모습인 열두 사도가 완전하게 연합되어 하나가 되어 있고, 이 두 교회의 총화인 24 장로로 상징된 하나로 연합된 교회의 모습이 요한계시록 4장

에 나타나 있다.

그런데 참 재미있는 것은 구약 교회의 모판인 열두 지파 역시 처음은 그렇게 화합된 모습이 아니었다. 또한, 신약 교회의 모판인 열두 사도 사이에도 많은 갈등이 있었던 모습을 볼 수 있다. 그러나 성경은 그들이 초자연적인 성령의 역사로 온전히 연합되고 조화를 이루어 가는 모습을 우리에게 보여주고 있다. 이 열두 지파와 열두 사도의 Perfect unity and harmony의 모습을 성경을 통해서 살펴보는 것은 매우 흥미로운 일이다.

첫 번째, 열두 지파의 연합에 대해서 살펴보겠다. 야곱의 열두 아들들은 이스라엘의 한 민족으로서 하나님의 백성들이었다.

그러나 그들은 얼마나 서로 싸우고 다투며 살았는가?

창세기에서 보면 배다른 열두 형제들이 서로 시기하고 특히 요셉을 팔아넘기고 나서 짐승에게 물려 죽었다고 아비를 속여 얼마나 가정에 큰 불행을 가져왔는가?

그러나 팔려 갔던 요셉은 그들을 용서하고 애굽에 데려와 굶어 죽지 않고 번영하도록 도와준다. 사사기의 역사를 보면 지파 간에 심한 갈등의 모습을 자주 볼 수 있다. 몇몇 사사가 나타나 민족을 구원하는 대단한 일을 해낸 사람들이 많았다.

그러나 그들은 지파의 이기심에 빠져서 항상 갈등과 대립 가운데 살았다. 한 가지 예를 들면, 베냐민 지파 기드온이 사사가 되어 300명의 용사로 13만 5천 명의 미디안 군대를 격파했지만, 에브라임 족속들이 자기 지파를 그 싸움에 참여시키지 않았다고 항의하는 장면이 나온다(삿 8:1). 사사기 저자는 사사기의 결론을 맺으면서 이렇게 말했다.

> 그때 이스라엘에 왕이 없으므로 사람이 각기 자기의 소견에 옳은 대로 행하였더라
> (삿 21:25).

밴게메렌(VanGemeren)은 그의 책 『구원 계시의 발전사』에서 그 시대를 구속 역사의 진전이 없었다고 기록하고 있다. 그러나 사무엘 사사 시대에 일시적으로 열두 지파의 연합이 이루어진다. 그래서 비로소 그 강한 블레셋을 굴복시킨다. 블레셋은 철 병거가 있었고 날카로운 철 무기가 있었다. 이스라엘은 철이 없어 불과 몇 개의 창이 있을 정도였다. 무기에 있어서 게임이 안 되었다. 그러나 사무엘의 영적인 리더십으로 온 백성이 하나가 되므로 능히 블레셋을 이길 수 있었다.

다윗의 시대에 열두 지파가 온전히 하나가 되므로 이스라엘의 최고의 황금기가 온다. 예수님을 아브람과 다윗의 자손이라고 말하는 성경적인 의미는 그 의미가 깊다. 다윗에게서 볼 수 있는 그리스도의 위대한 모습을 우리는 발견한다.

그것은 무엇인가?

다윗의 시대에 비로소 이스라엘의 온 지파가 온전히 하나가 되어 메시아 왕국을 보여준 놀라운 역사가 일어났기 때문이다.

Perfect unity and harmony!

다윗을 이스라엘 통일 왕국의 왕으로 삼은 기록이 사무엘하 5장 1-5절에 나온다. 다윗은 왕으로 기름 부음을 받았지만, 오랫동안 사울에게 쫓기며 죽음의 고비를 수없이 넘긴다. 그러나 사울이 죽자 그는 당장 왕으로서 그들의 대적들을 강제로 굴복시키고 왕국을 건설할 수도 있었다. 그러나 다윗은 겨우 한 지파, 유다 지파의 왕으로서 7년 반 동안이나 기다린다. 사울이 죽은 후에도 사울의 아들이 왕으로 나라를 이

끌어 가도록 인정해 준다. 인위적인 방법으로 사울을 추종하는 세력들을 강압적으로 지배하지 않았다. 그는 순리적으로 하나님의 인도하심에 따라 통일 왕국이 되기를 기다렸다.

이제 때가 되매 "이스라엘의 모든 지파가 그에게 나아와"라고 기록하고 있다. 다윗은 무엇보다도 이스라엘 모든 지파가 하나가 되어 하나님의 한 백성이 되도록 기다리고 있었을 뿐만 아니라 그 연합을 위하여 그는 모든 것을 위하여 최선을 다했다. 여기서 이스라엘은 이제 싸움 없이 자발적으로 다윗에게 나와 복종하게 되었다. 그들이 이렇게 자발적으로 나올 때까지 다윗은 하나님이 자기에게 주신 그 작은 영토에 만족하고 있는 것처럼 헤브론에 있었다. 이것이 바로 솔로몬이 말했던 것처럼 하나님이 인간의 마음을 자기의 손에 두시고(잠21:1) 자기가 기뻐하신 대로 이끄시는 방법이다.

이들이 와서 고백하는 말을 들어 보면 의미심장하다. 그들이 다윗에게 복종하게 되는 세 가지 이유가 있다.

첫째, 우리는 왕의 골육이라는 것이다(1절).
둘째, 전일 사울이 왕이 되었을 때도 이스라엘을 거느려 출입하게 하는 자는 왕이었다는 것이다(2절).
셋째, 하나님의 명령이 곧 다윗이 왕이 되리라 하는 것이었다(2절).

하나님께서는 다윗이 이스라엘을 통치하는 것을 원하셨기 때문에 이 일은 세상의 반대와 저항이 아무리 많다 할지라도 반드시 이루어지게 된 것이다.

그들은 전에도 하나님이 다윗을 세우신 것을 알았지만 다윗을 얼마나 미워했으며 반역자 취급을 했는가?

어떤 방법으로도 그들은 다윗이 왕이 되는 것을 막아보고자 갖은 수단을 다 썼던 사람들이다. 그런데 이제야 이런 고백을 한다니, 인간적으로 생각하면 얄밉기 짝이 없다. 그러나 여기서 우리는 인간이 한번 사악한 욕망에 사로잡히면 이성을 잃고 판단력이 흐려져서 엉터리 같은 짓을 하게 된다는 것을 알게 된다.

기득권에 빌붙어 자기의 욕심을 채우고자 하는 생각에 사로잡히면 양심에 반대되는 일을 서슴없이 하게 된다. 이것이 하나님의 거룩한 뜻에 반대되는 일인 줄 알면서도 양심을 마비시키며 그런 일을 두려움 없이 해 왔다는 것을 알게 된다.

그러나 하나님은 결국에는 당신의 뜻대로, 다윗이 왕이 되는 것을 그처럼 반대했던 세력들을 바꾸어 다윗이 왕이 되는 데 앞장서도록 하신 것이다. 하나님은 그들이 양심을 회복하게 하여 다윗이야말로 하나님이 세우신 왕이요 하나님의 명령이 곧 그를 이스라엘의 목자요 이스라엘의 주권자로 세우신 것을 알게 하신 것이다.

다윗이 한 일은 하나님의 뜻이 이루어지기까지 기다린 것이요, 자기를 거절한 백성들에 대한 분노보다는 오히려 그들을 더욱 사랑하는 모습을 본다. 그래서 다윗은 무엇보다도 개인의 명예보다도 이스라엘 백성의 연합과 통일을 생각한 것이다. 다윗이 이제 통일 왕국을 이루게 되자 다윗의 나라는 더욱 강성해지기 시작했다. 그래서 예루살렘 정복(삼하 5:6-16)을 이뤄냈다.

예루살렘은 난공불락의 성이었다. 다윗은 수구를 통해서 예루살렘을 점령했다. 블레셋과 싸워 이기게 된다(삼하 5:17-25).

블레셋은 이스라엘로서는 도저히 감당해 낼 수 없는 막강한 힘을 가지고 있었다. 당시의 군사력으로는 싸움이 되지 않는 싸움이었다. 그러나 하나님 안에서 하나가 되어 큰 힘을 발휘하여 그들과 싸워 이겼다(삼하 5:19,23,25). 다윗은 두 차례의 접전을 이김으로 이 두 번의 접전은 블레셋의 팔레스타인 지배를 종식했다.

사무엘하 8장 1-17절을 읽어보면 다윗이 어디를 가든지 이기게 하신 하나님의 역사가 자세히 기록되어 있다. 다윗은 그 많은 세월을 참고 기다림으로써 통일 왕국을 이루고 그 결과 엄청난 능력을 발휘하게 되었다.

열두 지파의 Perfect unity and harmony!

얼마나 놀라운 아름다운 역사인가?

두 번째, 신약 교회의 대표인 열두 사도가 어떻게 연합되는가를 볼 수 있다. 예수님은 내일이면 십자가에서 돌아가시는데 바로 전날까지 제자들은 길에서 서로 누가 크냐고 싸우고 있었다.

> 또 그들 사이에 그중 누가 크냐 하는 다툼이 난지라(눅 22:24).

이것은 누가복음에서만 나온 말씀이다. 이 상황은 예수님 공동체의 최대의 위기였다. 그래서 바로 다음 장면에서 예수님은 이렇게 기도하신다.

> 시몬아, 시몬아, 보라 사탄이 너희를 밀 까부르듯 하려고 요구하였으나 그러나 내가 너를 위하여 네 믿음이 떨어지지 않기를 기도하였노니 너는 돌이킨 후에 네 형제를 굳게 하라(눅 22:31-32).

사단이 시몬 한 사람을 밀 까부르듯 요구한 것이 아니고 너희, 곧 열두 제자들 전부를 넘어트리고자 한다는 것이다. 그래서 주님은 기도하신다.

사단이 제자들을 밀 까부르듯이 까부는 일이 무엇이겠는가?

그들이 서로 싸우고 헤어지도록 하는 것이다. 요한복음 17장 11-12절 말씀을 보면 그들이 하나 됨을 방해하는 요소가 사단임을 암시하고 있다.

> [11] 나는 세상에 더 있지 아니하오나 그들은 세상에 있사옵고 나는 아버지께로 가옵나니 거룩하신 아버지여 내게 주신 아버지의 이름으로 그들을 보전하사 우리와 같이 그들도 하나가 되게 하옵소서
> [12] 내가 그들과 함께 있을 때 내게 주신 아버지의 이름으로 그들을 보전하고 지키었나이다 그중의 하나도 멸망하지 않고 다만 멸망의 자식뿐이오니 이는 성경을 응하게 함이니이다.

분열과 갈등의 배경에는 언제나 사단이 역사하고 있다는 것을 우리는 알아야 한다. 마가복음에서도 보면 제자들이 서로 싸우는 모습이 나온다. 요한과 야고보가 자기 어머니를 이용하여 예수님께 자리를 청탁한 사실을 알고 제자들이 분히 여겼다고 하였다. 그에 대해서 예수님은 그들에게 이런 교훈을 주셨다.

> 너희 중에 크고자 하는 자는 섬기는 자가 되고 종이 되어야 한다(막 10:42-45).

그런데 요한복음에서는 다른 공관복음서에서 찾아볼 수 없는 놀라운 말씀을 13-16장까지 이 문제를 해결하시기 위하여 가르치시고 17장에서는 이 문제를 위하여 길게 기도하신 것이다. 예수님은 12 사도가 온전히 서로 사랑하고 하나가 되는 것이 참 제자의 모습이라는 것을 가르치기 위하여 친히 발을 씻어 주심으로 섬기는 모습을 보여주셨다. 그리고 아주 유명한 말씀을 하신다. 요한복음 13장 34절 말씀을 읽어보자.

> 새 계명을 너희에게 주노니 서로 사랑하라 내가 너희를 사랑한 것 같이 너희도 서로 사랑하라(요 13:34).

이 말씀의 의미를 잠시 묵상해 본다.
새 계명이란 무슨 뜻인가?
요한일서 2장 7-8절에서 새 계명에 대해서 이렇게 설명해 주고 있다.
요한은 다시 너희에게 새 계명을 주노라고 하였다. 이 새 계명은 "저에게와 너희에게도 참된 것이라" '저에게'라는 말은 예수님을 의미한다. 여기서 "참되다"라는 의미는 사도행전 2장 9절에서 사용된 단어와 같은 의미로 "실현되다", "이루어지다"라는 의미이다. 이 사랑의 계명은 그리스도 안에서 이루어진 것처럼 우리 안에도 실현되었다는 의미다. 신자란 그리스도 안에서 실현된 사랑의 계명이 그 안에서 실현된 것을 경험한 자다.

요한일서 3장 11절 이하에서 보면 세상의 특징은 미움이고 교회의 특징은 사랑이라고 하였다. 본문에서 서로 사랑하라는 계명은 성령으로 말미암아 우리 안에서 육신의 감정과 정욕을 이기고 사랑할 수 있는 능력을 주신 계명이다. 그래야 모든 사람이 너희가 내 제자인 줄 알리라는 것이다.

너희가 서로 사랑하면 이로써 모든 사람이 너희가 내 제자인 줄 알리라(요 13:35).

곧 내가 그들 안에 있고 아버지께서 내 안에 계시어 그들로 온전함을 이루어 하나가 되게 하려 함은 아버지께서 나를 보내신 것과 또 나를 사랑하심 같이 그들도 사랑하신 것을 세상으로 알게 하려 함이로소이다(요 17:23).

예수의 공동체가 세상에서 어떤 모습을 보여주어야 하는가를 분명히 말씀하신 것이다. 세상 속에서 그리스도인들이 사랑으로 하나가 되어 잘 어울릴 때 복음의 역사는 세상에 파고들 수 있는 것이다. 세상에 보여준 그리스도인들의 모습이야말로 그 공동체가 세상에 큰 충격을 줄 수 있는 것이다. 세상에서는 도저히 상상할 수 없는 일들이 교회 안에서 일어나고 있을 때 세상은 교회를 존경하고 예수를 믿을 동기를 갖게 되는 것이다.

예수님은 너희가 순수한 진리를 위해 목숨을 걸 때 세상이 너희가 내 제자가 되리라고 말씀하시지 않았다. 너희가 사회사업을 많이 하고 사회에서 봉사 활동을 많이 할 때 모든 사람이 너희가 내 제자인 줄 알리라 하지 않으셨다. 너희가 큰 교회를 이루고 예배당을 크게 지을 때 모든 사람이 너희가 내 제자인줄 알리라고 말하시지 않았다. 너희가 예수 믿고 큰 성공을 하고 큰 부자가 되고 엄청난 사업을 이룰 때 모든 사람이 너희가 내 제자인줄 알리라 하지 않았다. 너희가 지성인 사역을 잘하여 유능하고 똑똑한 사람들을 사회에 많이 배출할 때 모든 사람이 너희가 내 제자인 줄 알리라고 하지 않았다. "너희가 서로 사랑하면 모든 사람이 너희가 내 제자인 줄 알리라"고 하셨다.

우리는 예수님의 놀라운 비전과 믿음을 배울 수 있다. 앞에서 언급한 대로 지금 예수님은 내일이면 십자가에 돌아가실 것이고 제자들의 지금 한심한 모습을 볼 때 모든 것이 다 끝났다고 생각하고 자포자기하기 쉬웠을 것이다. 그러나 예수님은 그들의 육신적인 성향만을 보신 것이 아니다. 예수님은 그들 가운데 그동안 심어놓으셨던 말씀을 보신 것이다. 예수님은 이것을 감정적으로 해결하시고자 하신 것이 아니다. 그래서 만찬석에서 길고 깊은 성경 강해를 하신다.

예수님은 계속 14장, 15장, 16장에서 제자들이 서로 사랑하기 위해서는 예수님을 바로 알고 말씀과 성령의 역사가 필요함을 강조하신다. 그들의 가르침의 핵심은 그가 가르치셨던 말씀을 생각나도록 하신 가르침이요, 그 말씀을 깨닫도록 하시기 위하여 성령을 주시겠다고 말씀하셨다 (요 14:26; 16:13 참조).

말씀과 성령을 주심으로 그들의 실패를 극복할 수 있다는 확신을 가진 것이다. 그래서 바울은 여기에서 예수님께 배워 에베소를 떠나면서 말씀과 성령에 그들을 부탁하고 떠났다. 어떤 도덕적인 교훈을 가르치신 것이 아니고 감정과 육신에 지배당한 그들이 말씀과 성령의 새롭게 될 무한한 가능성을 주신 것이다. 그 결과 우리가 사도행전을 보면 그렇게 경쟁심이 강하여 서로 대립적이었던 베드로와 요한이 하나가 되어 열심히 복음 사역을 감당했다. 그리고 베드로가 설교하면 11 제자가 그 뒤에 서서 설교를 응원했다.

> 베드로가 열한 사도와 함께 서서 소리를 높여 이르되 유대인들과 예루살렘에 사는 모든 사람아 이 일을 너희로 알게 할 것이니 내 말에 귀를 기울이라 (행 2:14).

그러자 3천 명, 5천 명이 주께로 돌아오는 역사가 일어났다. 예루살렘과 온 유대와 사마리아와 땅끝까지 힘차게 복음이 뻗어나가는 것을 볼 수 있다. 그리스도인의 공동체가 세상 속에서 하나가 되어 어울릴 때 세상에 충격적인 역사를 이루게 된다.

그러나 성도가 하나 되지 못할 때 복음의 역사는 현저하게 위축되고 만다. 기독교 역사를 통해서 가장 비극적인 사실들은 그리스도인들이 서로 사랑하지 못하고 서로 갈등과 경쟁적으로 헤어질 때다. 성경에서 바울과 바나바의 다툼은 초기 선교의 역사에 큰 손해를 끼쳤음이 틀림없다. 왜냐하면, 그 후 바나바의 행적이 전혀 나오지 않은 것을 보면 알 수 있다. 기독교 역사에서 루터와 츠빙글리의 다툼은 개혁 역사를 후퇴시키는 큰 장애 요소가 되었다. 존 웨슬리와 조지 휫필드의 다툼은 영국 교회 성장에 많은 지장을 가져왔다. 이와 같은 일은 결코 복음을 전파하는 데 큰 장애를 가져올 수밖에 없다.

1907년 한국의 오순절(Korean Pentecostal)운동이야말로 세계를 놀라게 하는 전국적인 부흥운동이었다. 이 경우도 지도자들의 연합으로 이루어진 운동이다. 블레어 박사(Dr. Blair)는 *Korean Pentecostal*이라는 책에서 이 사건을 이렇게 설명하고 있다.

"당시 블레어 박사는 북평양교회에서 시무하고 있었습니다. 또한, 평안도 남선교회에서도 회장을 맡고 있었습니다. 그런데 그 교회의 강 장로와 남선교회의 김 장로와의 사이가 아주 나빴습니다. 이 틈바구니에서 김 장로와 블레어 박사와도 사이가 나쁘게 되었습니다.

그런데 어느 화요 기도 모임이었습니다. 각자 개인 기도회를 하고 있었던 것 같습니다. 한창 기도회가 무르익고 있는데 김 장로가 강대상을 붙들고 간절히 기도하고 있었습니다. 그는 회개기도를 했습니다. 주님제가 방 목사를 미워했습니다. 제가 강 장로를 미워했습니다. 그 옆에서 방 목사는 그 기도 소리를 듣고 있었습니다.

얼마 지난 후 김 장로가 방 목사를 찾아와서 울먹이면서 "나를 용서할 수 있습니까?

나를 위해서 기도해 주시겠습니까?"

그리고는 "아버지! 아버지!"하고 외치고는 더 이상 기도를 잇지를 못했습니다.

서로가 가슴이 녹아나 눈물바다가 되었습니다. 방 목사는 그때까지 그렇게 간절히 기도해 본 일이 없었다고 말했습니다. 그는 말하기를 지붕이 완전히 벗겨지고 하늘로부터 폭우같이 쏟아지는 듯한 강한 능력이 임한 모습을 보았다고 했습니다. 그러자 온 회중들이 마룻바닥에 뒹굴며 회개하기 시작했습니다. 수백 명이 두 손을 들고 하늘을 향해 기도했습니다. 모두가 각자 자기 자신을 잊고 하나님의 얼굴을 직면하게 되었습니다. 그 후 감리교 선교사, 장로교 선교사들이 모두 함께 굳게 뭉쳐 선교의 일을 시작했습니다."

이것이 1907년 부흥운동의 발화점이 된 것이다. 하늘에서 내려온 이상적인 교회상은 12 지파의 견고한 연합, 12 사도의 견고한 연합 곧 신약의 성도와 구약의 성도의 연합의 상징인 24 장로의 연합의 공동체다. 교회가 서로 연합되고 하나가 되는 것은 모든 목회자의 비전이 되어야 한다. 늦더라도 하나가 되어 갈 때 교회는 구속 역사의 진전이 있는 것이다.

Perfect unity and harmony!

♥ 온마음교회와 한양 회관의 갈등

나의 비전은 장차 이루어질 '완전한 일치와 조화'(Perfect unity and harmony)가 이 땅에서도 이루어져야 한다는 것이다. 그래서 ESF로의 개혁 후 다른 학생선교단체협의회와, 교회와 선교 단체의 연합인 학원복음화협의회 창립에 동참했다.

성경과 기독교 역사에서 지도자들과 기독교 단체 간의 분열이 가져오는 비극이 얼마나 큰가?

보수와 전통을 자랑하는 한국장로교의 분열 역사는 부끄럽기 짝이 없다.

OMF 선교사 피터 패티슨(Peter Pattison, 배도선)은 자신의 저서 『알려지지 않는 위기』(Crisis Unawares)라는 책에서 유교주의 사상에 뿌리박은 문화에서는 기독교가 왜 분열할 수밖에 없는가 말한 적이 있다. 그가 지적했듯이 우리 한국 교회가 수만 명의 교인을 가졌다고 자랑하는 그 이면에는, 하나님의 왕국보다 자기의 왕국을 이루고자 하는 소영웅주의가 자리 잡고 있다.

나도 이런 문화 속에서 자랐기 때문에 이들과 다를 바 없는 사람이라고 생각한다. 그러므로 나는 이 문제를 해결하기 위하여 내 온 생애를 투자해 왔고 지금도 몸부림치고 있다.

그런데 나는 아이러니하게도 한 뿌리인 ESF 한양 회관과 온마음교회 사이에서 도저히 견딜 수 없는 심한 갈등을 겪게 됐다. 지금 돌이켜 보면 하나님은 내가 이 갈등을 몸소 경험하게 함으로써 이런 갈등의 문제는 인간 사회에서는 예외가 없는 일이고, 이를 해결하기 위해서는 복음밖에 없다는 사실을 직접 가르치시고자 한 것이 아닌가 생각한다.

지금부터는 그리스도인으로서 삶에서 가장 고통스러웠던 사건을 쓰고자 한다.

이 사건을 통해서 하나님이 나를 얼마나 훈련하셨는가?

그 목적이 무엇인가를 나는 항상 묵상하며 기도하고 있다.

어쩔 수 없이 우리는 다시 온마음교회와 ESF 한양 회관과 함께 같은 건물을 쓰게 됐다. ESF 단독으로는 회관으로 사용할 수 있는 장소를 얻을 수 없고, 그렇다고 해서 단독으로 건물을 살수도 지을 수도 없었기 때문이다. 어쩔 수 없이 뿌리가 하나이니 함께 땅을 사고, 건물을 지어 같은 장소를 사용하게 됐다. 가능한 갈등을 줄이기 위하여 나는 온마음교회를, 채미자 간사는 ESF를 나눠 맡았다.

그런 노력에도 불구하고 함께 건물을 쓰고 있으니 서로 부딪치는 일이 많았다. 학생들이 예배당에 있으면서도 수요 예배나 금요기도회 참석을 하지 않으니까 교인들이 이해하지 못 했다. 반대로 학생들은 내가 교회만을 맡으니까 자기들과는 대립한 존재로 생각했다. 문제는 사소한 것에서도 불거졌다. 번갈아 같은 장소를 이용하다 보니 먼저 쓴 사람들이 뒷정리를 잘 해 주지 않아서 서로 불평들을 했다. 교인 중에도 ESF 출신들은 ESF 편을 들고, ESF 출신이 아닌 교인들은 불편함을 노골적으로 드러내며 갈등이 증폭됐다.

그래서 제직회를 하면 항상 교회냐, ESF냐 하는 문제로 의견이 나뉘었다. ESF 출신이 아닌 교인들은 내가 교회 담임목사이면서 교회를 생각하지 않고 ESF 편만 든다고 불평이 많고, ESF 형제들은 내가 교회의 유익만을 생각하고 ESF를 외면한다고 노골적으로 반발했다.

나는 속된 말로 금자를 따르자니 스승이 울고 스승을 따르자니 금자가 운다는 심정이었다. 심지어 나는 무디고 직선적인 사람이라, 사람들의 마음을 세심하게 어르고 달래는 게 너무 어려웠다.

그래서 갈등의 한가운데서 심한 고통을 겪다가 어느날 밤 ESF 출신인 장로님을 찾아가 의논했다. 그러나 그가 말하기를, 이것은 고등 수학으로도 풀 수 없는 문제라고 했다. 그런 갈등으로 교회는 도저히 성장할 수 없었다. 특히, 교회에 새로 들어온 성도들마저 그들이 전에 다녔던 교회와는 분위기며 문화가 너무 다르다는 것이다. 새 성도들은 조금 나오다가 대부분이 떠난다.

ESF 정체성이 강한 형제들 역시 교회에 불만을 품고 떠난 사람이 많았다. ESF 대학생들은 온마음교회 대학부처럼 활동했고, 그 책임자도 ESF 간사였다. 그런데 그가 우리 대학생들을 다 데리고 이웃 교회로 가버렸다. 결국 온마음교회는 대학부가 통째로 없어진 것이다. 이 사건에 대해서는 다음 장에서 다루고자 한다.

온마음교회는 ESF를 위하여 많은 짐을 지고 있었는데, ESF에서는 감사보다는 대립적인 관계로 여기니 그 억울함을 풀 길이 없었다. 나는 이 갈등을 온몸에 간직한 채 눈물로 세월을 보냈다. 사람 마음이 다 나와 같을 수 없다는 것을 머리로는 이해하면서도, 막상 서로 반목하는 모습을 보면 양쪽이 모두 원망스러워지기도 했다. 마치 성향과 정체성이 다른 두 자식이 매일 같이 으르렁거리는 모습을 보는 부모 마음이었다. 이 글을 쓰고 있는 순간에도 그때를 생각하면 가슴이 미어지는 것 같다. 그러나 나는 앞에서 발표한 나의 목회 비전 때문에 참고 또 참았다.

그러던 중 한양대 앞에 새로운 건물이 들어선 것을 보았다. 궁여지책으로 그 건물 한 층을 세내어 ESF가 교회를 떠나 그 건물을 사용하도록 도왔다. 교회는 이미 많은 빚을 지고 땅을 사 건물을 지었기 때문에 돈이 없었지만, 어떻게든 빚을 내서 전세금을 주어 보냈다. 어쩔 수 없는 선택이었지만 그나마 조금은 한숨 돌리고 교회 일에 전념할 수 있었다. 그런데 몇 년 안 되어 그 건물 주인이 ESF더러 건물을 비워달라고 한 것이다. 그래서 그들은 또다시 갈 길이 막연해졌다. 이번에도 새로운 건물을 사지 않으면 선택의 길이 없었다.

온마음교회는 ESF와 합하여 건물을 지었기 때문에 ESF가 건물을 더 이상 쓰지 않으면 교회가 마땅히 ESF에 일정 비용을 반환해야 했다. 그러나 문제는 교회가 그 비용을 내 줄 형편이 못 되었다는 것이다. 우리가 무리해서 땅을 샀고 거기다 건물까지 지어 많은 빚을 지고 있는 상황에서 그들에게 돈을 내 주기 어려웠다.

해결 방법은 그들이 다시 온마음교회 건물로 들어오는 것밖에 없는데, 또다시 예전으로 돌아가 많은 갈등이 생길 것이 불 보듯 뻔했다. 고심 끝에 우리는 ESF가 현재 쓰고 있는 건물을 살 수 있도록 돈을 마련해서 줄 수밖에 없었다. 그때 감당했던 고통은 지금 생각해도 가슴이 먹먹해진다.

그래서 온마음교회와 ESF는 한 뿌리면서도 관계가 소원하게 됐다. 교회 내에서는 가능한 ESF라는 단어를 쓰지 않도록 했으며, 학사라는 용어 역시 쓰지 않기로 했다. 어쩔 수 없이 성도들을 돌보기 위하여 이런 정책을 쓰지 않을 수 없었다.

그리고 지역 교회에 적합한 문화로 바꾸기 위하여 교회를 잘 아는 부목사님을 모셔 와서 제대로 된 지역 교회로 발전을 추진했다. 그동안 쓸데없는 갈등 때문에 성도들도 많은 고통을 겪었다. 그 가운데 책임을 지고 있던 나는 나의 부족함 때문에 이 문제가 야기된 것 같아 괴로운 날들이었다.

♥ 불굴의 개척 정신

나의 평생 비전은 완전한 연합과 젊은이들의 사역이다.

ESF 간사가 대학생들을 다 데리고 이웃 교회로 옮긴 후, 대학생들이 교회에 한 사람도 남지 않으니 나의 절망이 얼마나 컸겠는가?

양 떼를 잃는다는 경험은 엄청나게 쓰라린 고통이었다. 그러면서도 현실을 받아들일 수밖에 없었다. 예전 단체의 강압이 싫어서 개혁했는데, 누군가의 자유의지를 막아설 수는 없었다.

나는 청년 사역과 유·초등부, 중·고등부를 제대로 만들기 위해 많은 재정 지출을 각오하고 각각 담당 교역자를 세웠다. 그리고 다시 새로운 마음으로 온마음교회 대학부를 시작하고자 마음먹었다.

그해 대학교에 갓 입학한 안진이라는 학생을 데리고 청년회 모임을 시작했다. 그의 언니와 오빠는 ESF에서 충성했지만, 그만은 교회에 남게 했다. 당시 ESF 출신이요 온마음교회 개척 멤버인 한경헌, 김수옥 부부가 영주에서 올라와 신학교를 다니면서 온마음교회에서 일하게 됐다. 안진 자매는 김수옥 사모에게 일대일 성경 공부를 배우면서 온마음교회 청년회의 싹을 틔웠다. 대학부의 아지트이자 거점은 온마음교회 5층이었다.

여기서 안진 자매는 청년회가 자리 잡도록 큰 역할을 했다. 마침 내가 한양대학교에서 강의하게 되어 내 강의를 듣던 한양대 학생들이 온마음교회에 출석하게 되자, 안진 자매가 그들이 교회에 적응할 수 있도록 잘 이끌었다.

당시 교회에 새로운 대학생들이 오면 적응하기가 어려웠다. 그도 당연할 것이 또래 학생들이 없기 때문이었다. 또한, 기존 성도들은 90년대 대학생들의 문화를 이해하지 못했다. 그들 나름대로 관심 어린 충고라고 한 말들이 대학생들에게는 상처가 되어 다시는 교회에 오고 싶지 않게 한 것이다.

예를 들면, 짧은 치마를 입고 온 여학생에게 교회는 그런 옷을 입고 오면 안 된다고 충고하고, 머리에 노란 물을 들인 남학생에게는 그 머리 모양이 무엇이냐고 핀잔을 주는 것이었다. 이런 말을 들은 대학생들은 교회에 정을 뗐다. 이런 분위기에서 대학부가 자리 잡는다는 것은 정말 어려웠다.

그때 대학에 갓 들어간 앳되고 인상 좋은 자매가 새로 들어온 대학생들에게 무조건 언니, 오빠하면서 친절하게 대하니 점차 그들을 중심으로 영적인 모임이 이루어졌다. ESF에서 오래 훈련받은 한경헌, 김수옥 부부의 깊이 있는 성경 공부를 통해 학생들은 신앙심을 배워갔다. 또한, 이들이 영주에서 도왔던 청년들이 대거 몰려와 청년부의 기초를 이루었다.

그리고 안진 자매는 대학원 공부를 일 년 반 만에 마치고 미국 유학하러 가기 전 6개월 동안 한양대학교에서 내 강의 조교를 맡으면서 많은 학생을 전도했고, 그들이 온마음교회 청년회에 속하게 했다. 전공이 같은 박선희 자매와 든든한 동역자가 되어 청년회 분위기를 바꿔 놓았다. 그녀는 지금 미국에서 교회 장로인 남편과 한인교회를 열심히 섬기고 있는데, 온마음교회 때 섬겼던 그 은혜를 잊을 수 없다고 말한다. 그가 온마음교회 청년회를 회고하며 쓴 글을 여기에 싣고자 한다.

나의 5층 생활

안 진

온마음교회가 지금의 예루살렘 성전을 지은 것은 내가 고등학교 3학년 때 일이다. 그전까지는 판자 교회, 즉 판자로 교회 건물을 임시로 만들어서 사용했다. 드디어 교회가 건물을 지어서 5층을 목사관으로 삼아 우리 가족이 들어가서 살게 됐다(교회에서 산다는 것이 부담스럽고 싫었지만, 아빠는 교회에 우리의 전세금을 보태는 것이 교회를 돕는 일이라며 우리를 설득하셨다).

건축이 조금 덜 된 상태에서 이사 갔기에 한동안 공사하는 드릴 소리를 들으며 공부했었다. 아직도 기억나는 것은 동네 사람들의 무서운 공격이었다. 공사장을 지나가며 손가락질하고 비난하던 사람들, 하루는 참다못해 목사님께서 직접 대응하자 단체로 사람들이 덤벼들던 기억이 난다.

나는 수험생이기에 공부에 집중해야 했지만, 창문으로 그 광경을 보면서 벌벌 떨었다. 그리고 기도했다.

"하나님, 우리 교회가 결국은 저들을 모두 품게 해 주세요."

그로부터 5년간 나는 5층 생활을 했다. 5층 생활은 그리 쉽지만은 않았다. 대학생이 되어 멋이라도 내고 나서는 날에는 눈치가 보였고, 행여나 남자 선배가 집에 데려다준다고 하면 누가 볼세라 멀리서 내려달라고 했다. 우리 언니는 한양 ESF를 했는데 그때는 한양 ESF가 그 건물 3층에 있어서 아무리 가기 싫은 날도 빠질 수가 없었다. 그런데도 우리 삼 남매는 누구도 불평하지 않고, 아니 오히려 너무나 즐겁게 5층 생활을 했다.

그러다가 내가 대학 4학년이 되었을 때 비로소 5층은 신앙과 문화의 꽃을 피우기 시작했다. 그동안 장년부 안에 속해있던 청년부가 독립해서 모임을 시작한 것이다. 몇 명 안 되는 청년으로 청년부를 이루는 방법은 "모이자"와 "먹자"는 것이었고, 5층의 조건은 완벽했다. 주일날 청년부 모임은 거실에서 하고 분반 공부는 각 방에서 했다. 청년부 성가대를 만들어 내 방 피아노로 함께 연습하고, 간식이 부족하면 언제든지 우리 집 냉장고를 뒤져서 때우면 됐다. 국밥이 싫다고 하면 대충 밑반찬을 주섬주섬 찾아주기도 했다.

우리 가족은 5층을 워낙 열어 놓고 다녔고, 엄마는 밥을 늘 넉넉히 하셨다. 집이 먼 학생들은 특별 새벽기도 기간에는 1주일 정도 우리 집에서 같이 자고 같이 먹으면서 함께 지냈다. 사실 목사님 가족이라면 이 정도는 감당할 수 있어야 할 텐데, 나에게는 놀라운 경험이었다. 음악을 한답시고 지극히 개인주의적으로 살아온 나에게 하나님은 이때를 통해 많은 것을 가르쳐주셨다.

당시 나는 다이어트를 한답시고 밥도 잘 안 먹고 살았다. 교회에서 밥 먹자고 일 벌이는 걸 제일 싫어하는 사람이었다. 그러나 함께 밥을 먹은 청년들이 찬양하고, 기도하고, 변화되는 모습 속에서 나는 진정한 나눔을 배웠다. 말로만 표현하는 나눔과는 비교할 수 없는 열매였다.

그 후 청년부가 공간이 필요해서 오히려 우리 가족이 이사를 하였고 그 뒤에 5층은 청년부의 교육관이 되었다. 함께 모여서 공부하고 밥을 해 먹고 기도회를 하고… 5층은 많은 청년에게 힘이 되어주었다.

5층은 지극히 온마음적인 공간이었다. 온마음의 공동체 정신 - 혼자 놔둬야 세련되고 멋있는 것인데 온마음에서는 "같이 먹자"고, "같이 가자"고, "같이 하자"고 한다. 그런 극성을 떠는 모습 때문에 처음 교회가 왔다고 할 때부터 동네 사람들이 싫어했는지도 모른다. 그러나 지금 발전된 동네의 모습, 그리고 많은 이웃이 교회의 주축이 되어 예배드리는 모습을 보면 얼마나 감사한지 모른다.

미국에 와서 살면서, 외로운 유학 생활을 경험하면서 나는 늘 5층 생활이 그리웠다. 당시에는 마치 내가 희생하는 줄 알았다. 그러나 그것은 온마음교회가 내게 준 최고의 선물이었다.

온마음교회 예배당은 젊은이들이 사용하기에는 적당했으나, 나이 든 어른들이 모여 예배드리기에는 너무 불편했다. 예배당이 지하인데다가 부엌이 바로 입구에 있었기 때문에 점심을 준비하면 예배 중인 성도들은 온갖 음식 냄새를 맡게 된다.

거룩한 예배 시간에 솔솔 피어나는 된장국 냄새라니!

새로 교회에 나온 성도들은 고개를 절레절레 흔들며 두 번 다시 오지 않았다.

온마음교회 건너편에 6천 200세대의 아파트가 들어와 열심히 전도해서 새로운 신자가 한번에 40명 정도나 왔다. 그러나 그들은 그 지하 예배당에 적응하지 못하고 한 사람도 남지 않고 다 떠나갔다. 많은 빚을 내서 땅을 사고 건물을 지었는데 정작 건물을 완성하고 나니 교회로 사용하는 데 너무 불편했다. 그동안 온 힘을 들여 헌금했던 성도들의 불평이 많았고, 실망해서 떠난 성도도 많았다.

이와 같은 상황을 잘 알고 있는 이 지역의 한 장로님이 여러모로 나를 도와주고자 애를 많이 썼다. 그분은 특별집회 때 우리 교회에 참석했는데, 내가 학생선교에 헌신하며 백방으로 노력하는 것을 보고 크게 감동하였다고 한다. 가끔 지역에서 산책하다 만나면 그렇게 반가워하며 어깨를 다

독이고 용기를 줬다.

한번은 그가 아주 좋은 정보를 줬다. 3천 세대의 아파트 내에 유치원 건물을 지었는데, 그 회사가 부도나서 아주 싼값에 거길 분양한다는 것이다. 370평의 대지 위에 600평 되는 3층 건물인데, 당시에는 유치원 건물은 교회로 사용하는 것을 허락한 때였다. 건물 매입 금액은 11억. 정말 공짜나 다름없었다. 과거 같았으면 나 혼자 결정해서 우선 도장부터 찍고 봤을 것이다. 그러나 이제 교회는 당회가 구성되어 있고, 또 나 스스로 결정했을 때 그 부담이 적지 않았다.

밤늦게 장로들과 중직들을 찾아다니면서 속히 결정하기 위해 백방으로 노력했다. 그러나 그때나 지금이나 의견의 일치를 보기는 여간 어려운 일이 아니다. 열심히 설득하는 중에 그 건물은 다른 사람이 금세 차지하고 말았다. 그 장로님은 극비리에 나에게 귀한 정보를 주었는데, 시간을 지체하는 사이 정보가 새 나가 유치원을 하는 어떤 사람이 보자마자 그 자리에서 건물을 매입했다고 했다.

그 소식을 듣고 나는 너무 속이 상해 아이처럼 엉엉 울었다. 만약에 그 건물을 사서 우리가 쓰기에 불편하다면, 도로 팔아 다른 곳에 거처를 마련할 수 있는 자금이 넘치고도 남을 건물이었다.

그러나 어떻게든지 지하 예배당에서 벗어날 대책을 강구해야했다. 일차적으로 예배당 입구에 있는 부엌 문제를 해결하는 것이 시급했다. 그래서 교회가 짐을 너무 많이 져서 더이상 헌금한다는 것은 어려운 일이었다. 어쩔 수 없이 나는 개인적으로 헌금해서 예배당 근처의 허름한 한옥을 사서 부엌으로 사용했다. 나중에 우리가 안디옥 홀로 옮길 때에는 그 집을 팔아 유용하게 썼다.

한편 다른 장소를 물색하다가 온마음교회 바로 옆에 있는 아파트 내 '한신상가' 건물 4층을 매입할 기회가 생겼다. 이 상가는 아파트가 재개발되기 전부터 그곳에 있었던 교회에 배당된 상가였다. 그런데 그 교회 목사님이 사고를 당해 복잡한 문제가 얽혀 있었다. 돌아가신 분의 사모님, 그 교회를 자기 소유로 하고자 하는 제3의 목사님, 재개발 회사의 다른 입장 등 얽히고설킨 문제가 있는 상가에 이제 나까지 등장했다.

하지만 나는 하나님의 지혜로 문제를 실타래 풀어가듯 풀어서 결국 분양받게 되었다. 이 문제를 해결하는 데 나의 인맥을 총동원했다. 총회 유명 목사님, 또 친구를 통해서 그의 대학 동창인 성동구청장, 재개발 조합 총무 등 다양한 사람들을 차례로 만났다. 우리 교회에서는 좌영신 장로님이 많이 도와줬다. 그러나 막상 분양받고 보니 엘리베이터도 없는 4층이라 우리의 예배처로 사용하기에는 부적합했다. 엘리베이터를 설치하는 방법을 여러모로 검토했으나 그마저도 불가능했다. 그래서 예배처로 다른 곳을 다시 찾아야 했다.

♥ 예루살렘에서 안디옥으로

역사는 늘 뜻밖의 곳에서 일어나고는 한다. 합당한 예배처를 찾고 찾던 중, 우리 교회 바로 옆에 화려한 7층 건물이 들어서고 있었다. 이름마저 상큼한 '레몬플라자'. 그 건물 한 층을 매입한다면 예배당으로 쓰기에 딱 좋을 것 같았다. 그러나 그동안 예배당 건축, 한신상가 매입, 한양회관 매입 등을 위하여 헌신할 수밖에 없었던 성도들을 생각한다면 또 다른 부담을 준다는 것은 상상도 할 수 없는 일이었다. 그러나 우리가 여태껏 찾아 헤맨 최고의 건물이 눈앞에 환히 보이는데, 손 놓고 앉아만 있을 수 없었다.

인간적으로는 전혀 가능성이 없는 것을 알면서도, 혹시나 하는 마음으로 나는 또 두드렸다. 레몬플라자 사장의 여동생이었던 김 전무와 자주 만나며 우리의 형편을 알리고, 그 건물 일부라도 사용할 수 있는 길은 없는지 가능성을 타진했다. 여러 차례 의논한 가운데 놀라운 제안을 받았다. 그 빌딩 7층의 한 개 층 전체(약 700평)와 당시 우리가 교회로 사용하던 예루살렘홀을 맞바꾸자는 제안이었다.

무슨 이런 일이 있나 싶을 정도로 기뻤다. 그만큼 우리에게는 말로 다 할 수 없는 좋은 소식이었다. 그 건물에 들어갈 수만 있다면 주차장도 충분하고, 옥상을 정원으로 쓰고, 7층을 다 쓸 시에는 훨씬 쾌적한 환경에서 예배를 드릴 수 있었기 때문이다. 성도들 역시 쌍수로 환영했다. 오랜만의 만장일치로 일사천리 계약을 맺었다.

그러나 기쁨도 잠깐. 모든 어려움이 일시에 해결되었다고 다들 환호를 부르고 있는데 청천벽력 같은 소식이 들렸다. 레몬플라자 사장이 여동생의 결정을 뒤늦게 알고 위약금 1억을 돌려주면서 계약 파기를 통보해 온 것이다. 억장이 무너지는 것 같았다.

이제는 또 대체 어떻게 해야 한단 말인가?

낙심하며 수 날을 보내다 정신 차려 기도하기 시작했다. 동시에 김 전무와 다시 만나 또 다른 가능성을 모색했다. 그는 그 건물 3층 일부를 분양받으라고 제안했다. 오히려 3층을 분양받으면 교회로 쓰기에 훨씬 좋다는 것이다. 그 건물은 1~3층까지는 층고가 높아서 예배당으로 꾸미기에 좋았기 때문이다. 하지만 당시 우리 형편에 생돈을 마련하여 그 건물을 분양받는다는 것은 불가능했다.

그러나 나에겐, 우리 온마음교회엔 불굴의 개척 정신이 있지 않은가!

인간적으로는 안 되는 일을 하나님의 가능성으로 바라보며 믿고 기도하면 늘 응답을 주셨다. 하나님은 이번에도 나에게 놀랍도록 충만한 성령을 부어주셨다.

마침 그때 한 성도가 나에게 자동차를 선물했는데, 그것을 팔아 3천만 원을 만들고, 거기에 2천만 원을 보태 시드머니를 마련했다. 또한, 그동안 부엌으로 쓰고 있던 한옥을 팔아 필요한 자금을 마련할 수 있었다. 나는 이것을 기도의 응답이라 생각했다. 하지만 중직들은 난감해했다. 더러 반대 의견이 있었지만, 다수가 의견 일치를 이뤄 다시 도전하기로 했다. 하나님의 놀라운 은혜였다.

그 후로 은행 융자를 받는 일, 헌금하는 일은 온전히 하나님의 특별한 주권이 역사했다. 드디어 그 건물 3층 일부를 분양받았다. 때마침 내가 새로 알게 된 성전 건축 전문가를 통해서 깨끗하고 쾌적한 최고의 예배당, '안디옥'을 꾸몄다.

한 가지 더 선물 같았던 것은 그 건물 옥상에 종탑을 세울 수 있었던 일이다. 7층 높이에 웅장한 종탑을 세워 놓으니, 마치 이 건물이 온마음교회의 것처럼 보였다. 그 지역 모든 곳에서 이 종탑을 볼 수 있어 사람들이 찾아왔다. 우리는 종탑이 전도한다고 감동 섞인 농담을 하기도 했다.

지하와 가건물을 전전하던 광야 생활이 끝났다. 비로소 교회다운 모습을 갖춰 온마음교회는 성장하기 시작했다. 개척기부터 지금까지 숱한 시련을 함께한 성도들, 좌충우돌하며 허물 많은 나를 믿어주고 끝까지 함께해 준 동역자들을 생각하면 눈물겹도록 감사하다.

나는 거대 단체를 개혁하려다 쫓겨났다. 당시 나는 신학교도 나오지 않았고 기독교적인 지식도 한없이 부족했다. 오직 하나님 한 분만을 믿고 보통 사람으로서는 이해할 수 없는 일을 결정했다. 또 그것을 이루기 위하여 기도하는 가운데 하나님의 인도하심을 받고 그 결정대로 실행에 옮겼다. '캠퍼스 복음화', '지역 복음화', '성서 한국', '세계 선교'라는 하나님의 지상명령의 말씀에 순종해야 한다는 것 이외는 아무것도 생각하지 않았다.

일반 상식이나 보통의 방법으로는 살아남을 수 없는 극한 상황에서 역사를 감당하려니, 남들은 이해할 수 없는 일을 많이 했다. 이와 같은 나의 도전정신은 상황을 모르는 사람들이 보면 무모하고 무책임해 보일 수도 있었다. 예를 들면, 돈 한 푼 없이 땅을 산다는 것 등이다. 그래서 내 결정에 방해를 하는 사람이 많았다. 그러면 나는 그들을 설득하고 달래기 위해 최선을 다했다. 대다수의 성도는 이해하고 비전을 공유했다. 그런데도 받아들여 주지 못하는 사람들과는 때로 갈등이 깊었다. 그래서 상처를 주고받기도 했다.

그 당시 나는 한경직 목사님의 이야기를 많이 들었다. 한경직 목사님은 무슨 일을 결정하고자 할 때 장로들 가운데 한 사람이라도 거부하면 모든 결정을 보류한다고 한다. 그분은 목회자로서 마땅히 한국 교회의 모범이었다. 그러나 내가 그런 분을 본받기에는 상황이 너무 달랐다. 나는 개척자로서 보통 사람이 가지 않는 길을 갈 수밖에 없었다. 독일은 2차 세계대전의 패배로 나라가 위기에 처했을 때, 당시 유행했던 자유무역주의를 택하지 않고 보호무역주의 경제 정책으로 나라를 살려냈다.

개척자로서의 내가 모든 것이 갖추어진 일반 교회의 모델을 따를 수는 없는 것이었다. 내가 모험하지 않으면 다시는 일어설 수 없는 패배자로 전락할 수밖에 없는 절체절명의 순간에 나는 도전을 한다. 그렇다고 나는 하나님의 영광을 가리고 양들에게 피해를 주는 어떤 모험도 하지 않는다.

그와 같은 모험이 나 개인에게는 어떤 희생이 따를지라도 하나님의 영광과 양들에게 유익이 된다는 확신이 있을 때 물불을 가리지 않는 도전을 하는 것이다.

전에 내가 속해있었던 철옹성과 같은 단체의 개혁을 추진했던 것도 만약의 실패에 따른 결과는 결코 하나님의 영광을 가리는 것이 아니요 다른 사람에게 피해를 주는 것이 아니라는 확신이 있었다. 그 실패에 대한 피해는 오로지 나 개인에게만 미친다는 확신이 있었기에 도전했다.

예루살렘에서 안디옥으로 옮기는 것도 오직 하나님의 영광과 성도들의 유익이라는 확신 때문에 불가능에 도전했다. 만약에 그때 안디옥 홀로 온마음교회가 옮기지 안았으면 어떻게 되었을까 생각해 본다. 물론 하나님의 또 다른 계획이 있었겠지만 그처럼 흥왕했던 온마음교회의 부흥은 없었을 것이다. 하나님 편에서 볼 때 당시 온마음교회의 부흥은 하나님 나라의 역사에 여러모로 크게 이바지했다고 생각한다.

이것은 나만의 생각일까?

제6장

온고지신과 자리매김

교회 전체가 헌신하는 패러다임을 만들어,
모든 성도가 자신의 은사로 교회 세우는 일에
동참하게 하는 일. 바로 그것이다.

The Burning Heart, The Greatest Grace

♥ 교회 성장의 어려움

　나는 이성과 합리를 우선하던 청년의 때에 하나님의 부르심을 받았다. 복음은 어느 시대를 막론하고 똑같은 가치를 지니지만 복음을 전하는 자는 저마다의 특징과 한계가 드러나기 마련이다. 내가 제도 교회 목회자로서 가장 아쉬운 부분은 일반 교회 목사님들처럼 모태 신앙으로 시작해 교회학교에 다녀 본 경험이 전혀 없었다는 것이다.
　유·초등부, 중·고등부를 거친 경험이 없는 데다가 교육부서 사역에 대한 경험조차 없었기 때문에 종합적인 감각이 너무나 부족했다. 지역 교회로서 사역하면 할수록 목회자로서의 태생적 한계를 뼛속 깊이 절감하지 않을 수 없었다.
　내가 경험한 대학교 선교 단체는 사관학교 혹은 군대 같았다. 비슷한 나이대에 비슷한 지성과 체력을 가진 사람들을 제대로 훈련하고 양육하면 일사불란하고 강력한 단체가 된다. 그러나 일반적인 교회 공동체는 가족적인 성격이 강하다. 남녀노소 그리고 가축까지 섞여 있는 야곱의 가족과도 같다. 가족은 군대 같을 수 없다. 개인의 특징을 잘 파악해야 하며, 몰아붙이고 강행군만 하면 사람도 가축들도 크게 손상된다.

나는 선교 단체와 제도 교회의 특징을 파악하고 완급을 조절하는 데 너무나 부족했다. 제도 교회 목회자를 꿈꾸면서도 마인드는 여전히 선교 단체의 그것에서 벗어나지 못했고, 특히 믿음이 심약한 성도나 도전정신이 없는 성도들에게는 차갑게 느껴졌을 것이다. 지성과 체력이 받쳐주기에 속도를 낼 수 있는 대학생들을 오랫동안 상대하다 보니 본의 아니게 사람을 학벌로 차별한다는 오해를 받기까지 했다.

결국 나는 누구보다 온마음교회가 제도권으로 들어오기를 소원했지만, 실상 나의 마인드는 선교 단체 시절에 머물렀다. ESF 구성원들에게는 내가 선교 단체의 특징을 망각하고 제도 교회 쪽으로만 치우친 목회자로 보였고, 일반 성도들에게는 여전히 선교 단체의 마인드에서 벗어나지 못하는 이상한 목회자로 비쳤다. 그 양극단 가운데 나 역시 혼란스러웠고 말 못 할 스트레스를 받았다.

♥ 목회 동역자들의 도움

안디옥으로 예배당을 옮기고 나서야 나는 비로소 교회 사역에 전념했다. 우선 유능한 부교역자를 초빙했다. 내가 부족한 것을 도울 수 있는 부교육자를 세워 그들의 도움을 많이 받았다. 노우숙, 백승제, 김현모 목사는 나에게 큰 힘이 되었다. 노우숙 목사는 신학교 때 내 제자였다. 영국에서 공부까지 마치고 온 유능한 목사로서 규모가 큰 교회로 갈 수도 있었을 텐데, 어떻게 해서 온마음교회에 오기로 했는지 잘 이해가 안 간다. 어떻게든 그는 온마음교회에서 나와 동역하면서 많은 도움을 주었다.

특히, 그는 설교를 아주 잘했다. 그의 설교는 나의 설교와 결이 같았다. 그와 내 설교의 중요한 특징은 진술, 명제(statement, proposition)가 분명했고 반드시 진술 다음에는 성경 말씀으로 그 진술을 뒷받침해 준다는 것이다. 말씀 중심의 설교라는 점에서 너무나 좋았다. 설교를 잘하는 부목사의 역할은 매우 중요하다. 담임목사 한 사람의 설교만으로는 양들에게 충분한 양식을 먹일 수 없기 때문이다.

그가 함께 일하기 시작할 때 마침 교회 바로 옆에 4천 세대 아파트가 입주를 시작해 전도가 시급했다. 그는 성도들을 데리고 새로 입주한 사람들에게 열심히 전도했다. 그리고 독서 스쿨, 영어 캠프 등의 아주 중요한 사역을 할 때 그의 조직력과 헌신은 온마음교회 성장에 큰 원동력이 됐다. 그래서 주일학교 학생 수가 150명으로 급격히 불어났다. 주일학교 학생들이 먼저 온마음교회를 좋아하게 되어 학부형들이 잇달아 온마음교회에 정착하게 되는 교회 부흥이 일어났다.

노우숙 목사는 사역하는 데도 많은 도움을 주었지만, 결정적으로 그의 친구 백승제 목사를 초빙하는 데 큰 역할을 했다. 노우숙 목사는 당시 분당에서 급성장하고 있는 한 교회에서 신학교 동기가 아주 유능한 기획 목사로 사역하고 있는데, 그를 초청하여 전도 특강을 들어 보면 어떻겠냐고 제의했다. 그 역시 나의 신학교 제자였기에 즉각 그를 초청하여 아파트 전도에 대한 특강을 들었다.

백승제 목사는 이른바 별들의 전쟁이라 일컬어지던 분당 대형교회들의 각축장에서 한 교회의 기획 목사로 사역하고 있었다. 나는 그와 이야기 나누며 마음이 뜨거워졌다. 그리고 어떻게 하든지 그를 온마음교회로 데려와야겠다고 결심했다. 그는 우리 교회의 상황에서 너무나 절실히 필요한 존재였다.

"백 목사, 전도에 대한 진심이 참 감동적입니다.

오늘 말한 그 비전을 차라리 우리 교회에 와서 펼쳐보는 것은 어때요?

온마음교회는 아직 규모는 작지만, 누구보다 진실된 성도들이 있고 밑바닥부터 성장해 온 저력 있는 교회입니다. 백 목사가 와준다면 큰 힘이 될 것 같아요."

우리의 성장기를 익히 알고 있던 그는 나의 제의를 흔쾌히 받아들여 온마음교회를 택했다. 거기에는 너무나 절묘한 타이밍이 있었다. 그는 당시 대형교회들의 전도 전쟁터가 된 분당에서, 내로라하는 대형교회들의 기획 목사 사역을 5년 동안 하면서 그야말로 기진맥진한 상태였다. 그리고 그 피 말리는 긴장의 공간에서 그가 결국 깨달은 것은, 기획 목회 시스템과 이벤트 중심 교회가 교세 확장에는 큰 영향력을 미칠 수 있지만, 그것이 교회의 주목표가 되면 위험하다는 회의감이었다.

무엇보다 신도시의 특성상 불신자 전도보다는 다른 교회의 교인을 우리 교회로 옮기는 수평 이동에 집중할 수밖에 없는 현실도 그를 지치고 힘들게 했다. 대규모 전도 현장은 복음 전도와 개인 회심보다 어느 교회가 더 잘났느냐 하는 교회 홍보의 장이 되고 말았다. 자기 자신이 그 흐름에서 선봉장이 될 수밖에 없는 현실은 더욱 그를 힘 빠지게 했다. 그는 이벤트를 기획하면서도 이벤트가 사람을 변하게 할 수 없다는 한계를 누구보다 절감하던 목사였다. 그러니 몸집이 크지 않아도 내실 있고, 허상보다는 복음에 집중하는 온마음교회에 마음이 움직인 것이다. 백 목사는 나중에 이런 이야기를 했다.

"온마음교회에서의 특강은 성도들보다 오히려 내 마음에 큰 위로가 됐습니다. 온마음교회가 우리 교회가 되었으면 좋겠다는 생각이 들었어요. 내가 이 교회에 온다면 해야 할 일이 많을 거로 생각했고, 안병호 목사님을 돕고 싶은 마음이 들었습니다."

♥ 패러다임의 대전환

'오고 싶은 교회'가 되기 위해서는 가장 먼저 시스템 구축이 필요했다. 그런 면에서 기획 목회 시스템은 지역 교회로 자리 잡기 위한 간절한 염원이기도 했다. 가장 최우선의 과제는 창립 멤버인 ESF 출신들과 일반 성도들 간의 하나 됨을 끌어내는 일이었다. 두 그룹의 장점들을 살려낸다면 '이상적인 교회'가 될 수 있을지도 모른다는 희망을 품었다.

화합을 위한 백 목사의 아이디어는 기발했다. 그는 그 역할을 감당하기 위한 전위부대로 제일 먼저 멀티미디어팀을 만들었다. 대형교회의 끝도 없는 무한경쟁의 프로그램 목회에 신물이 나서 작은 온마음교회를 찾아왔지만, 사실 온마음교회야말로 프로그램 목회가 절실히 필요하다고 직시한 것이다. 그는 대형교회에 비해 턱없이 인적, 물적 자원도 부족했지만, 열정만 있다면 얼마든지 기대해 볼 수 있다는 확신이 있었다.

드디어 멀티미디어팀 창설을 통해 온마음교회는 새로운 국면에 접어들었다. 그가 제일 먼저 시도한 것은 교회 홈페이지 제작이었다. 그는 밤을 새워 불과 보름 만에 어엿한 교회 홈페이지를 직접 만들어 냈다. 그는 교회 홈페이지를 교회의 역량을 하나로 모으고 교회의 정체성을 세우는 베이스캠프로 삼았다. 그는 온라인의 파워가 오프라인 못지않다는 비밀을 누구보다 잘 알고 있는 사람이었다.

그는 온마음교회가 어떤 곳인지, 또 어떤 목표를 지향하고 무슨 일을 하고 있으며 향후 어떤 일을 해야 하는지 교회의 방향성의 큰 그림을 보여주는 도구로 홈페이지를 활용했다.

교회 앞마당만 밟고 가는 오프라인 중심의 교회에서 온라인으로 연결된 교회를 통해 한 주 내내 성도의 관심과 교류를 끌어낼 수 있었다. 이런 패러다임 전환을 통해 문화 불모지인 행당동에서, 미디어가 교회에 미치는 저력을 실제로 보여주었다.

멀티미디어팀의 등장은 그 당시 우리 정도 규모의 교회로서는 획기적이었다. 지금은 미디어가 모든 영향력을 발휘하고 심지어 대통령의 당락까지 결정할 정도지만, 당시의 교회 문화에서 미디어의 개념은 희박했다.

물론 앞서가는 대형교회들은 이미 성장의 동력으로 다양한 매체를 가동하고 있었지만, 중소형교회가 그것을 운용하기에는 역부족이었다. 그러나 백 목사는 대형교회에서의 경험을 녹여 규모가 작은 온마음교회에 최적화된 매뉴얼을 만들었고, 멀티미디어팀을 통해 기획 목회 사역에 들어갔다.

멀티미디어팀이 제대로 된 역량을 발휘하기 위해서 가장 먼저 필요한 것은 인재들을 발굴해 각자의 은사를 따라 그들을 적재적소에 배치하는 일이었다. 환경을 갖추었다고 하더라도 그것을 운용하고 활용할 사람이 없다면 아무런 의미가 없기 때문이다. 그러나 작은 교회의 한정된 구성원 안에서, 또 이토록 정적인 공동체 안에서 헌신할 사람들을 찾아내는 일은 절대 만만치 않았다.

작은 교회의 인재 발굴은 대형교회와 달라야 했다. 인적 자원이 많은 대형교회는 오디션을 통해서 인재를 발굴하지만, 중소형교회인 온마음교회로서는 이것저것 가릴 상황이 아니었다. 그래서 어떤 일을 정해놓고 사람을 배치하는 방법이 아니라 사람에 맞게 적당한 일거리를 만드는 방향으로 인재를 발굴했다. 가급적 많은 사람이 흥미와 의욕을 가지고 그 일을 끝까지 해낼 수 있도록 배려하기 위함이었다.

그들은 은사를 따라 자기에게 꼭 맞는 곳에 배치됐다. 멀티미디어팀은 먼저 영상과 미디어를 활용해 성도들에게 소속감을 심어주는 것을 목표로 했다. 또한, 입체적인 예배환경을 구축하고 목회자와 성도, 성도와 성도, 교회와 부서 간 소통을 원활하게 하는 커뮤니케이션 작업에도 역량을 쏟았다.

재미있는 것은 대다수가 일반 성도들이었던 멀티미디어팀은 그동안 성경 공부 중심의 선교 단체에 기가 눌려 지내다가, 비로소 자기 역량을 발휘할 기회를 얻자 생기를 찾았다는 것이다. 그들 역시 교회의 창립 멤버인 ESF 출신 못지않게 누구보다 온마음교회를 사랑했지만, 지금껏 그것을 드러낼 기회가 없었다. 그들은 이전의 온마음교회에서는 생각할 수도 없는 헌신을 보여주었다.

특히, 권호경, 강래원, 김석철, 김필성 집사 등 4명의 멀티미디어팀 기둥들은 퇴근 후 거의 매일 멀티미디어 실을 찾아와 작업하며 헌신의 기쁨들을 알아갔다. 그들이 모이면 늦게까지 교회의 불이 꺼지지 않았다. "주어진 일을 한다"는 것보다 "교회를 위해 무언가를 해낸다"는 기쁨이 컸다.

권호경 집사는 영상 제작과 편집을 맡았고, 강래원 집사는 방송과 음향, 김석철 집사는 PC 운용과 편집을 맡았다. 김필성 집사는 PC 학원을 운영하던 가장 전문성 있는 집사로, 주로 하드웨어 구축과 기술지원을 맡았다.

그들은 매우 성실했고, 맡겨진 일을 끝까지 해냈다. 물론 회사에서도 성실함을 인정받은 사람들이었다. 사실 이들이 이렇게 헌신하기까지는 아내들의 지원이 컸다. 여집사들은 남편의 이런 열정을 격려하며 시지해 줬다. 교회 사랑에 대한 목마름은 일부 교인들만의 것이 아니라, 구성원 모두의 염원이었기 때문이다. 멀티미디어팀원들로부터 시작한 교회 사랑의 물결은 온마음교회의 흐름을 바꾸며 전 성도들의 호응과 관심을 끌어냈다.

이들 외에 멀티미디어팀에는 6~7명의 비상근 스태프가 있었는데 이들의 헌신도 대단했다. 백 목사는 심지어 아무 기술도 없는 청년 자매들에게 설교 테이프에 스티커를 붙이고 판매하는 일들을 맡겨, 그들이 교회 사랑의 자긍심을 가질 수 있도록 만들었다. 또한, 글쓰기 실력이 있는 강미경 집사를 눈여겨보고 방송 원고를 쓰게 했다. 이때의 경험이 자산이 되어 결국 강미경 집사는 책 두 권의 저자가 됐다.

또한, 방송하고 싶어 하는 백승연 자매에게는 인터넷 음악방송을 할 수 있도록 지원해 줬다. 그 당시 음악을 선곡하고 DJ 형식으로 하루에 1시간 방송하는 프로그램이었는데, 안타깝게도 시청자들을 확보하는 데는 실패했지만, 사역의 다양성과 가능성을 심어주는 중요하고도 실험적인 사역이었다. 이 모든 것이 무엇보다 당사자들이 너무나 즐겁게 그 일을 감당했기에 가능한 일이었다.

그들은 교회 규모에 비해 매우 알찬 인적 자원이었다. 뛰어난 능력과 그보다 더 큰 헌신으로 영상을 제작해 예배를 새롭게 하고, 설교 콘텐츠와 이벤트 홍보 영상도 만들어 말씀 위주의 교회 정체성을 세우는 데 대단한 기여를 했다. 또 교회학교 영상을 제작해, 전 성도들이 교회학교에 관심을 가지도록 돕는 사역도 감당했다. 그들은 교회의 프로그램을 업그레이드하고자 했지만, 자신들도 모르는 새 교회 자체를 업그레이드시키는 결과를 가져왔다.

사실 이것은 궁극적으로 백 목사의 큰 그림이었다. 멀티미디어팀을 통해 교회 전체가 헌신하는 패러다임을 만들어, 모든 성도가 자신의 은사로 교회 세우는 일에 동참하게 하는 일. 바로 그것이다.

♥ 온 마음을 다하는 문화

온마음교회는 지역 교회로서의 경쟁력을 갖추기 위한 강력한 신앙적 소속감을 위해서는 집체적인 경험이 중요하다고 생각했다. 그래서 용기를 가지고 시도한 첫 이벤트가 100여 일 동안 두 번으로 나누어 실시한 '전 교인 신구약 통독 특별 새벽기도회'였다. 이 이름은 단어부터 심상치 않은 어려움이 느껴진다. '전 교인', '통독', '새벽'이라는 단어는 하나씩 놓고 봐도 만만치 않다.

그런데 합쳐놓고 보면 산 넘어 산이다.

교회의 모든 성도가 무려 새벽에, 신구약을 통독하는 행사라니!

가능할 리가 만무했다. 백 목사가 이 기획안을 가져왔을 때 나는 누구보다 온마음교회 정서를 잘 알고, 또 그 안에서 고생한 적도 있기에 심히 걱정됐다. 그런데 백 목사의 말 한마디에 나는 용기가 샘솟았다.

"목사님, 저도 온마음교회 분위기에 익숙해지면 이런 시도는 못 합니다. 아직 그걸 모르기에 용감하게 시도할 수 있습니다. 불가능해 보이던 것을 우리가 한마음으로 해내는 모습을 상상해보세요. 그럼 엄청난 가능성을 기대할 수 있습니다. 무엇보다 이 특새는 영적인 프로그램을 넘어 교회 체질 개선을 위해서도 너무나 중요합니다."

신구약 통독 특별 새벽기도회는 봄과 가을로 나누어 통합 100여 일간의 대장정으로 진행됐다. 성경 전체를 공부하면서 말씀을 통한 영적 부흥이 주목적이었지만, 부수적으로는 지역 교회로서의 도약과 온 교회의 일치, 하나 됨에 대한 큰 기대를 가지고 시작한 실험적 무대이기도 했다. 이것은 단순한 특새가 아니라 온전히 지역 교회로서 위상을 세울 수 있는 집체적인 모델이었다.

특새의 형식은 전 성도들이 준비한 각 장을 순서대로 낭독하는 참여형 모델로서 내가 그날 읽은 성경의 핵심을 짚어 신구약 성경을 조명하는 '성경 파노라마' 형식이었다. 그런데 이런 장기 특새는 훈련이 잘된 제도권 교회로서도 쉽지 않은 집회다. 더군다나 온마음교회로서는 전례가 전혀 없었기에 정말 기적이 함께하지 않으면 완주하기 어려운 이벤트였다.

선교 단체 출신들은 대부분 원거리에서 교회를 다니고 있었고, 동네 주민인 일반 성도들조차 새벽기도회에 익숙한 사람들이 아니었다. 일단 그들에겐 길고 긴 기간 자체가 큰 부담이었다.

우리는 성공적인 특새를 위해 철저하게 사전 준비를 했다. 결과는 항상 준비한 만큼 나오기 마련이다. 우선 특새 한 달 전부터 예배 때마다 영상으로 대대적인 홍보를 했다. 신구약 통독 특새의 중요성을 강조하며 함께 통성으로 기도했고, 각 셀과 남녀전도회를 통해 참여 분위기를 돋웠다.

교재도 직접 제작하고 청년 이상의 모든 교인에게 각자 읽어야 할 부분을 미리 나누어 할당해 주었다. 또한, 이 일이 악한 영으로부터 방해받지 않도록 매일 한 사람이 한 시간씩 연결하는 릴레이 기도로 중보하도록 철저하게 조직했다. 전 교회적인 관심이 집중되지 않으면 도저히 불가능한 이벤트였기에 무엇보다 온전히 하나님의 도우심을 구했다.

드디어 그토록 기다리고 바라던 특새 첫날, 거의 모든 성도가 참여한 가운데 내가 마태복음 1장을 읽음으로써 위대한 장정이 시작됐다. 한 명 한 명 순서를 맡은 성도들이 떨리는 목소리로 성경을 낭독할 때마다 당사자뿐만 아니라 다른 이들 모두 거룩한 긴장감으로 하나가 됐다. 그야말로 놀라운 일이었다.

100일이 다가오고 있었다. 의구심으로 시작했던 우리의 마음은 갈수록 환희로 가득 찼다. 완주 끝날까지 어떤 사람도 결석하는 일이 없었다. 만

일을 위해 항상 대타 낭독자가 준비하고 있었는데, 그는 특새가 종료될 때까지 등장할 일이 없었다. 마지막 새벽이 밝았다. 전 교인은 두방망이질 치는 마음으로 마지막 날까지 모두 참여했다.

　마지막 낭독이 끝나자 눈물을 훔치는 성도들도 있었다. 나 역시 모두의 얼굴을 바라보며, 전에 없던 기쁨과 행복으로 가슴이 가득 차는 것을 느꼈다. 매일 어스름을 깨우던 발걸음과 우렁찬 기도가 행당동의 새벽을 뒤흔들어 버린 것이다.

　나는 신구약 통독 특새를 치르면서 이루 말할 수 없는 큰 용기를 얻었다. 그리고 온마음교회가 얼마나 저력 있는 교회인지 다시 한번 절감했다. 전 교인이 한마음 한뜻을 가진다면 더 이상 두려운 것이 없었고, 특새로 그를 증명했다. 100일간의 대장정을 완주한 성도 중에서도 내게 가장 큰 감동을 준 사람은 김옥선 집사다.

　김옥선 집사는 과거 앓았던 뇌종양의 후유증으로 시력을 거의 잃은 사람이었다. 그러나 그녀는 뜨거운 분위기로 진행되는 특새에 자신이 빠질 수 없다고 생각했다. 이것은 그녀로서는 엄청난 결심이었다. 낮에도 앞을 잘 볼 수 없는데, 캄캄한 새벽은 말할 것도 없었다. 우리에게는 꾸준함만이 요구되는 일이었지만, 그녀는 위험까지 감수해야 하는 상황이었다.

　그러나 김옥선 집사는 그 어느 사람의 도움도 받지 않고 캄캄한 새벽 거리를 동네 담벼락을 더듬고 찾아와 특새를 완주해냈다. 그 누구의 것보다 값지고 감격스러운 완주였다. 이처럼 우리의 위대한 도전은 성도 한 사람 한 사람마다 큰 신앙적 도전정신을 불러일으키며 온마음교회의 위대한 가능성을 열었다.

　그 후 나는 40일 특별 새벽기도회를 기획했다. 새벽기도회는 주로 토요일, 주일은 쉬었는데 이때만은 예외로 40일 연속 특새를 기획했다.

나는 모든 성도가 하나님의 영광을 위하여 살기로 결심하는 기회를 얻도록, 작심하고 이 프로그램을 시작했다. 한 주간 새벽기도에서 다룰 주제를 주일 예배에서 설교하고 그 설교를 깊이 이해하도록 매일 내가 책임을 맡아 새벽 설교를 했다. 완주한 자들에게는 특별상을 약속하고 전 성도가 참석하도록 대대적으로 홍보했다.

매일 자녀들과 함께 온 가족이 새벽마다 교회에 나오는 일은 전 교회를 흥분의 도가니 속으로 몰아넣었다. 매일 300명이 참석했고 완주한 성도가 100명 정도나 되었다. 교회에서 멀리 떨어져 살던 분들까지 택시를 타고 매일 참석하는 일은 상상할 수 없는 일이었다. 완주를 기념하는 상장을 받은 성도들은 그것을 매우 자랑스러워했고, 성취감과 은혜로 얼굴이 반짝반짝 빛났다. 아직도 그때의 성령충만함을 잊을 수 없다.

♥ 여름의 축제, 겨울의 축복

선교 단체의 정서가 지역 교회와 융합될 때 반드시 부정적인 요소만 드러나는 것은 아니다. 선교 단체의 어떤 부분은 잘 수용하여 받아들이면 교회를 세워가는 데 큰 장점이 될 수도 있다. 나는 그 대표적인 예가 매년 여름마다 진행되는 '전 교인 여름 수양회'라고 확신했다. 나는 선교 단체를 섬기면서 여름 수양회를 통해 큰 은혜를 받았고, 수양회를 통해 많은 학생에게 영향력을 미쳐왔다.

여름 수양회는 얼마나 많은 청년이 회심하고 신앙이 급성장하는 기회가 되었던가!

나는 그런 부흥이 우리 온마음교회에도 일어날 것을 기대하며 특별히 여름 수양회 때에는 생명을 걸고 말씀을 전해왔다.

우리는 여름 수양회를 더 강력한 온마음교회의 경쟁력으로 생각하고 새로운 포맷으로 수정, 보완해 나갔다. 더 많은 성도의 참여와 호응을 얻기 위해 좀 더 업그레이드한 부분도 있었다. 오로지 말씀만을 중심으로 하는 기존 선교 단체의 스타일과는 달리, 성도의 교제와 자기 계발 측면을 추가했다. 말씀과 더불어 모두가 온 가족이 되어 즐겁게 보내는 여름 축제가 되도록 준비했다.

단지 연례행사였던 여름 수양회를 그야말로 축제 집회 모델로 바꾼 것이다. 멀티미디어팀에서는 리포트 형식으로 영상을 준비하는 등 다양한 포맷으로 전 교인 여름 수양회를 공격적으로 홍보했다.

이렇게 성도들이 큰 기대를 하게 한 전 교인 여름 수양회는 남녀노소 모든 성도의 참여율을 급격히 높였다. 특히, 멀티미디어팀에서 기둥 역할을 했던 권호경, 강래원 집사는 그 열정을 고스란히 여름 수양회에 쏟아 부어 총무 역할을 훌륭하게 해냈다.

이처럼 기획 목회의 진정한 열매는 단지 행사를 성공적으로 치러내는 것만 아니라, 그 과정에서 인재를 발굴해 내는 일에 있다. 모든 행사 때마다 한 사람을 세우고 키워내는 일에 집중하면 그 경험과 인적 자원이 바로 그 교회의 경쟁력이 되는 것이다. 사람을 세우는 기획이야말로 진정한 기획 목회의 저력임을 나는 다시 절감했다.

매년 전 교인 여름 수양회는 이 원칙 속에 지속해서 업그레이드되어 갔다. 내성적인 김필성 집사가 갑자기 선택형 강좌에서 PC 명강사로 뜨기도 했고, 숫기 하나 없던 그 김진영 집사가 여름 수양회 총무로 우뚝 선 일들은 사람을 새롭게 세운 열매 중의 하나다. 전 교인 여름 수양회는 그야말로 말씀의 충만함과 함께 일꾼이 세워지는 성령의 뜨거운 역사로 충만했다.

한 해를 보내고 또 한 해를 시작하는 12월 31일의 송구영신 예배는 개인적으로나 교회적으로도 매우 유의미한 시간이다. 온마음교회는 이 시간을 아주 즐겁고도 감격스러운 이벤트로 바꿨다. 그것은 송구영신의 시간을 영적이면서도 집에서 TV 보는 시간보다 더 즐겁게 만들어, 성도들이 새로운 경험을 하도록 하는 것이다.

무엇이든 준비한 만큼 결과물이 나오는 법이다. 이를 위해서 멀티미디어팀부터 남녀전도회 모두가 힘을 모아 철저히 준비했다. 성도들에게 우리가 한 해 동안 얼마나 행복한 공동체를 이루어왔는지, 하나님께서 우리에게 얼마나 큰 사랑을 베풀어주셨는지를 빠짐없이 보여주고 확인하는 시간으로 만들었다.

송구영신 예배의 1부는 사진 슬라이드 쇼가 영상에 펼쳐지면서 시작된다. 성도들은 자기 사진, 자기 셀, 자기 전도회가 나올 때마다 기뻐하며 모두들 신이 났다. 이때의 원칙은 어느 한 성도도 빼놓지 않고 사진에 넣는 것이기에 교적부를 점검하면서까지 철저하게 편집했다. 그 다음에는 성도들의 사전 리서치를 통해 순위를 정한 '온마음 10대 뉴스' 시간. 이때 송구영신 예배는 절정에 이른다. 멀티미디어팀의 객원 아나운서 청년의 코믹하고도 능숙한 진행 속에 연말 시상식 방송을 보는 것만큼 감동 어린 탄성과 즐거운 환호성이 쏟아진다. 그 모든 것이 나와 내 곁에 있는 형제자매, 우리 모두의 이야기이며 관심사였기 때문이다. 목회전략상 대부분 1위 뉴스는 온마음교회 미래와 관련된 희망의 청사진을 제시하며 성도들에게 각인시켰다.

새해 카운트다운을 30분 앞두고는 모든 성도가 여전도회가 정성껏 준비한 단팥죽을 함께 먹으며 교제를 나누었다. 나는 아직도 그 단팥죽이 그립다. 그때 그 맛은 세상 그 어느 단팥죽과 비교할 수 없는 달콤하고 은혜로운 별미였다. 단팥죽을 먹으며 서로 정답게 이야기 나누던 시간도 참 따뜻했다.

이제 성도들은 준비된 촛불을 하나씩 들고, 깊은 고요 속에서 기도하며 새해를 기다린다. 그 짧지만 깊고 오묘한 시간이 지나면 드디어 멀티 팀에서 준비한 카운트다운이 시작된다.

"5…4…3…2…1!"

드디어 새해 0시 0분. 온 성도들은 함께 일어나 손뼉 치며 환호했다. 그리고 서로 악수하거나 포옹하며 새해의 큰 소망과 감사를 나누는 것이다. 바로 이어 성가대의 웅장한 영광찬송으로 예배가 시작되고 나는 간절한 마음으로 새날 새 말씀을 선포했다.

♥ 세례자 소감 발표의 아름다운 전통

온마음교회는 세례자들에게 6주간의 철저한 교리 교육을 수료하게 하고 학습 세례식을 베푼 주일 저녁 예배는 소감 발표회로 은혜를 나누는 전통이 있다. 담당 교역자는 이 과정의 중요성을 확신하고, 피교육자들이 이를 충실히 따르도록 양육했다. 소정의 과정을 이수하면 자필로 소감문을 작성하여, 교회 앞에 당당히 신앙고백을 할 수 있게 훈련한 것이다.

이것은 쓰고 발표하는 문화에 익숙하지 않은 성도들에게는 곤혹스러운 일이었다. 특히, 쑥스러움이 많고 남 앞에 나서기를 싫어하는 중고등학생들이 소감을 발표하는 것을 더 어색해했다. 그러나 그들은 담당 목사님께 훈련받으며 마음이 서서히 열리기 시작했다. 입이 댓 발 나와 뚱한 표정으로 앉아있던 10대 아이들은 어느덧 진솔하고도 떨리는 목소리로 자신들의 소감을 발표해 나갔다. 이런 감동적인 모습은 부모들과 성도들에게 큰 기쁨을 주었다. 누구도 예외 없이 온마음교회의 아름다운 전통을 이어 나간 것이다.

매년 부활절과 추수감사절에 진행되는 학습 세례 소감문 발표회는 2000년도 초반 당시에는 유아세례부터 장년부 세례에 이르기까지, 기수당 30여 명씩 한 해 60여 명이 넘는 많은 수료자를 배출했다. 지금도 돌이켜보면 한 해 중 가장 뿌듯하고 감격이 넘치는 때였다. 감동적인 소감 발표회가 끝나면 가족들과 셀 원들은 꽃다발을 전해 주고 안아주며 새 성도들의 거룩한 시작을 응원하고 축하했다.

소감 발표회는 기성교회에서는 보기 드문 까다로운 과정이긴 하지만, 나는 그것이 선교 단체가 온마음교회에 준 소중한 선물이라고 생각한다.

♥ 온마음교회 4대 비전과 제자 훈련

온마음교회에는 독특한 문화 외에도 강력하고 가슴 뛰는 비전이 있다. "땅끝까지 이르러 나의 증인이 되라"(행 1:8)는 주님의 명령을 받들어 지역 교회로서 왕십리 전역을 그리스도의 복음으로 변화시키고, 미래를 책임질 젊은이들을 전도하여 그리스도의 증인으로 이 사회에 파송하며, 우리 민족을 하나님의 거룩한 말씀으로 세우고, 온 세계를 품고 선교하여 열방이 하나님을 경배하게 한다는 내용을 담은 4대 비전이다.

또한, 목자와 양들의 관계를 친밀하게 하고, 복음의 의미를 더 영적으로 가르치기 위한 제자 훈련 역시 빼놓을 수 없다. 4대 비전과 제자 훈련은 나의 목회 인생과 온마음교회의 역사를 꿰뚫는 핵심이자 벅찬 포부다.

♡ 지역 복음화

나는 지역 복음화를 위하여 한양대학교 앞에 온마음교회를 세웠다. 이 교회를 세우는 데 큰 고민이 하나 있었다. 한양대에서 시작한 학생 사역이 세종대, 건국대, 서울교대, 중앙대, 서울대 등으로 확장되어 가는데 계속 간사 훈련과 재정적인 지원이 필요하기에 엄청난 중압감이 있었다. 그렇다고 지역 교회를 세우는 일도 소홀히 할 수는 없었다.

그러던 중 총신대를 다닐 때 김육진 목사를 만나게 되었다. 그는 성균관대 출신으로 내가 속했었던 단체의 명륜 회관 소속이었다. 그러나 개혁으로 그 단체에서 나와서 나보다 먼저 신학교를 다니고 있었는데, 총신대에서 다시 우연히 만났다. 나는 그의 인품과 자질을 잘 알기에 "우리 모임은 교리가 너무 부족하니 와서 기독교 기초강의를 해 달라"고 초빙했다. 그는 철학과 출신으로, 내 예상보다 기독교 교리를 훨씬 더 차분하게 잘 가르쳤다.

이를 계기로 우리는 함께 일하게 됐다. 개척자인 내가 문제를 만드는 사람이라면, 그는 차분히 뒷수습을 잘 해 주는 아주 자상한 사람이었다. 그리고 재정적인 살림도 참 잘했다. 그뿐만 아니라 설교해도 말씀을 아주 깊이 파헤쳐 가르치는 영감이 풍성했다. 그와 함께한 일은 교회를 섬기는 데 큰 힘이 되었다.

그리고 김육진 목사는 내가 유학하는 3년 반 동안 교회를 안전하게 잘 이끌었고 유학비도 차질 없이 감당해 주었다. 나에게는 참으로 고마운 분이다. 그때부터 지금까지 이분에게 많은 빚을 졌다.

당시 온마음교회가 자리 잡고 있던 왕십리 지역은 생활환경이 아주 열악했다. 교육 수준도 미흡하여 대학입시 자들을 중심으로 하는 교육 평가에서 서울의 꼴찌인 곳이 바로 이 지역이었다. 그래서 많은 학부형은 자녀들의 교육을 위하여 이곳을 떠나고자 했다. 그것이 안타까웠던 나는 왕십리가 세계에서 가장 살기 좋은 지역이 되게 해달라고 기도했다.

이런 노력 끝에 온마음교회는 아주 조그마한 개척교회임에도 불구하고 우리 교회에 출석하는 학생 중에 서울대, 고려대, 연세대 합격자들과 사시 합격자들까지 나오게 된 것이다. 그리스도인은 세상 사람들이 볼 때 예수님을 믿고 살면서 삶으로 보여주는 열매가 있어야 한다. 온마음교회는 개척교회로서 밑바닥에서 시작했으나 유·초등부가 150명이 모이고 중·고등부는 80여 명, 청년회가 총 200여 명이나 모일 정도로 큰 열매를 맺었다.

그리고 현재 왕십리는 살기 좋은 동네로 놀랍게 탈바꿈되었다. 초창기 왕십리 지하 셋방에 살며 우리 교회에 출석했던 가난한 성도가, 이제는 20억이 넘는 아주 크고 화려한 새 아파트의 주인이 되었다. 많은 사람은 이것을 '우연'이라 말한다. 하지만 나와 우리 성도들은 이런 변화를 '기도의 응답'이라 부른다.

♡ 학원 복음화

한양대학교에서 처음 복음 전도를 시작했을 때, 나는 학생들에게 이런 말을 하고는 했다.

"한양대학이 영국의 케임브리지와 옥스퍼드보다 더 좋은 대학이 되고, 미국의 하버드나 예일보다 더 좋은 대학이 되게 해달라고 기도합시다."

나는 그때나 지금이나 항상 젊은이들의 야망을 북돋워 줄 때 마음이 뜨거워진다. 나의 비전을 들은 많은 한양대 학생들이 열정으로 기도하고, 또 다른 학우에게 전도했다. 그런 흐름 속에 캠퍼스 내에서 많은 성경 공부 그룹이 생겨났고, 매년 가을 학기에는 캠퍼스에서 창세기, 복음서, 로마서 등을 공부하는 성경 강좌를 열었다.

1979년 가을 한양대학교 중강당에서 창세기를 강의했다. 성경 강해 마지막 날. 불의한 세력은 순식간에 종말을 맞을 수 있다고 외쳤는데, 놀랍게도 그다음 날 18년 동안의 독재 정권이 종말을 고하게 된 일도 있었다.

숫자만으로는 몇 명 안 되었지만, 어찌나 학생들이 전도 활동을 열심히 했는지 학교 당국까지 우리 모임의 존재를 알게 되었다. 더군다나 앞에서 언급한 고시반 퇴반 사건 덕에 한양대학 전체에 우리의 존재가 떠들썩하게 알려졌다. 또한, 우리 성경 공부 모임에서 한양대학교 최초의 사시 합격자와 행시 합격자가 나온 것도 한몫했다. 그것이 계기가 되어 한양대학교 학생 중에 고시 합격자가 서울대 다음인 두 번째로 많이 나온 적도 있었다. 정말 놀라운 사실이다. 한양대학은 과거 대학 순위에서는 한참 밑돌았으나 지금은 일류대학으로 크게 발돋움하게 된 것이다.

이 사실을 알게 된 한양대학교 기독교수회에서 나를 초빙하여, 겸임 교수로서 매 학기 두 과목을 가르칠 기회를 주었다. 그래서 나는 13년 반 동안 한양대학교에서 강의했다. 처음 한두 해는 기독교 관련 과목들을 가르쳤으나, 2년 후에는 아예 성경을 강의했다. 한 과목은 창세기를 중심으로 기독교 세계관을 가르쳤고, 다른 과목은 사복음서를 중심으로 예수님의 생애와 십자가 부활을 강의했다.

처음 강의를 시작했을 때는 학생들의 반발이 아주 심했다. 이런 내용은 대학에서 가르칠 과목이 아니니 교회에 가서 가르치라고 노골적으로 항의했다. 그러나 하나님의 놀라운 은혜로 강의는 점차 자리를 잡아, 200명 정원인 수강 인원이 항상 수강 신청 당일에 마감되었다. 그래서 매 학기 400명, 일 년에 800명이 내 강의를 통해서 성경을 공부했고 그중에서 예수님을 믿게 된 사람들도 많았다.

그리고 얼마 후에는 간호학과 야간부에서도 초청받아 똑같은 강의를 하게 되었다. 처음 한양대에서 전도를 시작할 때는 여러 가지로 학교 당국으로부터 어려움을 당했으나, 결국에는 우리 모임과 복음을 통해 한양대학교에 큰 유익을 주게 된 것이다. 기독교 역사적인 관점에서 보면 한양대학교가 지금처럼 크게 발전하게 된 데는 우리 모임의 역할이 컸다.

♡ 성서 한국

우리는 참 작은 모임이었지만, 성서 한국의 역사에도 놀라운 영향을 주었다. 우리 교회의 한 장로는 변호사로서 한국에서 몇 번째 안 되는 감리교 교단의 총감독으로 2년을 섬기기도 했다. 많은 학사가 교수, 고급 공무원 등 사회 구석구석에서 기독교인으로서 선한 영향력을 미치고 있다. 우리 단체를 통해서 목회자들도 많이 배출되어 큰 지역 교회를 세우고 성서 한국에 이바지하고 있다.

나 역시 신학교에서 10여 년간 말씀 중심의 설교학을 가르치며 목사들을 훈련했다. 훈련 받은 목사들 역시 말씀과 강해 중심의 교회를 이루고 있다. 코로나로 많은 교회가 어려웠던 시기에도 이 목사들은 말씀으로 성도를 세워 놓았기 때문에 무너지지 않고 든든히 자리를 지켰다.

어떤 목사는 새벽기도에서도 말씀 강해를 한 시간씩 한다고 했다. 그 교회는 코로나로 인하여 모이는 수가 제한되자, 전 교인을 작게 나눠 매 주일마다 예배를 12번이나 드렸다고 한다. 성서 한국을 위한 그런 눈물겨운 노력 덕에 그 교회는 코로나에도 흔들리지 않고 여전히 굳게 뿌리내리고 있다.

♡ 세계 선교

우리 모임 출신들이 세계 각지로 흩어져서 그곳에서 교회를 세우고 평신도로서 봉사하는 역사가 많아졌다. 이들은 전임 사역자로서 중국과 유럽, 미국 등에서 활발하게 선교 활동하고 있다. 왕건국 선교사는 20년 동안 C 국에 8개의 교회를 개척하여 현지인들에게 리더십을 맡기고 자신은 터키에서 무슬림 선교를 준비하고 있었다. 바로 그때 C 국의 선교사 추방 정책이 내려져 자연스럽게 그 나라를 떠나게 되었다. 이처럼 미리 준비한 덕에 C 국 선교의 역사는 지금도 여전히 활발하게 이루어지고 있다.

C 국에서 맺은 선교의 열매는 무슬림 국가인 터키로 확장되어 터키 선교의 기초가 다져지고 있다. C 국의 동역자들은 터키 선교의 물질 지원뿐만 아니라 직접 터키를 방문하여 한 선교사(왕건국)를 돕기도 한다. 대학 캠퍼스 가까운 교통의 요지에 선교 센터를 C 국과 한국의 후원자들의 지원으로 구입했다. 사도행전에서 예루살렘 교회 핍박이 일어나자 유대와 사마리아로 급속히 교회가 확장되듯이, C 국에서 선교사 추방정책은 터키를 중심으로 하는 무슬림권 선교의 불을 댕기리라 믿는다. C 국에서 주영 선교사는 밤새도록 일대일로 성경을 가르쳐서 박순천 한의사를 일본 선교사로 파송했다.

또 김성훈 선교사는 성경 번역 선교사로서 아제르바이잔어 성경 번역을 했고, 지금은 디아스포라 선교 책임자로서 열심히 사역하고 있다. 하재건 선교사는 남아프리카에서 학교를 세워 가르치면서 대학생 선교에 힘쓰고 있다. 박정식 이윤경 선교사는 파푸아뉴기니아에서 생명의 위험을 당하면서 선교하고 있다. 이들의 아들 디모데는 파푸아뉴기니에 병원을 세우기 위하여 현재 미국에서 의대를 다니고 있다. 김요한 선교사는 케냐에서, 유안드레 선교사는 미국 인디안들에게, 박순천 선교사는 일본에서 선교사로 헌신하고 있다.

가장 대표적인 세계 선교의 열매는 시카고에 있는 홍귀표 선교사다. 그는 시카고에 다민족 교회를 세워 세계 각 곳에 모여든 민족들을 훈련하고, 이들이 본국에 돌아가서 교회를 세우도록 하고 있다. 그래서 남미에 있는 여러 개의 교회와 더불어 아프리카, 인도, 필리핀 등의 여러 나라에 세운 교회가 8개 이상 되는 것으로 알고 있다. 최근에는 공산국가인 쿠바 선교도 시작되었다.

현재 미국의 한인교회들은 이민 2, 3세가 한국말을 잘 몰라 존폐 위기에 처했다. 그런 가운데 다민족 교회를 세움으로써 교회가 계속 성장하는 홍귀표 선교사의 사례를 배우고 있다고 한다. 복음의 세계화는 예수님이 제시하는 모델로서 우리가 항상 마음에 두고 힘써야 한다. 또한, 홍귀표 목사의 시카고 다민족 교회 사례는 지금 한국에 몰려오는 민족들이 많아짐에 따라 한국 교회가 배워야 할 모델이기도 하다. 나는 은퇴 몇 년 후부터 세계 선교의 희망을 품고 이 사역을 열심히 준비하고 있다. 머지않아 캠퍼스에 들어가서 이 사역을 시작할 것이다.

♥ 제자 훈련

이제 장소가 안정되고 교회로서의 모습도 갖추어지자 가장 시급한 것이 믿음 안에서 성도들을 굳게 세우는 일이었다. 이 일을 위하여 제자 양육 프로그램을 시작했다. 나는 제자 훈련을 시작할 때 분명한 철학이 있었다. 무엇보다도 말씀을 철저히 공부하되 반드시 신학적인 배경이 있어야 한다는 것이다.

과거 선교 단체에서도 성경을 주로 공부했으나, 신학이 없었기 때문에 성경을 잘못 배우고 잘못 가르치는 경우가 많았다. 그래서 그동안 한국에서 신학을 새로 공부하고, 더 나아가 미국에서 정통 신학을 배워 확고하게 신학을 바탕으로 한 제자 훈련하게 된 것이다.

또한, 복음에 대한 깊은 지식을 갖게 하는 것도 제자 훈련에서 빼놓을 수 없다. 복음은 교리이다. 존 파이퍼는 교리에 대하여 이렇게 말했다.

> 복음의 교리는 중요하다. 왜냐하면, 여기에는 풍성하고 놀라운 소식이 가득 담겨 있으며 따라서 세상이 이것을 누릴 수 있도록 보물상자처럼 개봉하고 그 속에 보화를 꺼내야 하기 때문이다. 교리는 이 보화에 대한 묘사다.
> 교리는 이러한 보화의 진정한 가치를 기술하며, 이러한 보화가 왜 진정한 가치가 있는지를 설명해 준다. 교리는 복음이라는 다이아몬드가 단순한 크리스털로 버려지지 않도록 지켜준다. 교리는 복음이라는 보화를 약탈자들, 즉 다이아몬드를 좋아하지 않지만, 이것을 다른 돌과 바꾸는 것을 생업으로 삼는 약탈자들로부터 지켜준다.
> 교리는 상자 밑바닥에 묻혀 있는 오래된 보석을 닦는다. 교리는 복음의 보석 하나가 가장 아름다운 자리에서 보이도록 주홍빛 융단 위에 가지런히 간직한다(『하나님이 복음이다』, p.25).

나는 처음 신앙생활을 할 때, 복음에 대한 교리적인 이해가 없어서 설교에서 신학적인 뼈대가 부족했다. 그래서 제자 훈련을 통해서 성도들이 성경 신학적인 바탕을 갖추도록 애를 썼다. 제자 훈련은 인격적인 관계를 깊이 갖는 데 아주 중요하다. 그러나 잘못하다가는 제자 훈련을 통해서 그를 '하나님의 제자'가 아닌 '내 제자'로 만들 위험이 있다.

그러므로 결국 제자 훈련에서 가장 중요한 것은 나를 통해 성도들이 하나님과 깊은 관계를 맺을 수 있도록 돕는 것이다. 제자 훈련의 방점은 '나'와 '제자'에 있는 것이 아니라, '제자'와 '하나님'에게 찍혀야 한다.

교회는 특별한 사람을 중심으로 파벌이 있어서는 안 된다. 만약에 교회에 목사 편이 있고 장로 편이 있다면 그런 교회는 급속히 성령의 역사가 사라지고 세속화되고 말 것이다.

대다수 목사는 성도들과의 관계를 맺지 않기 위하여 개인적인 접촉을 피한다. 그 이유는 성도들과 너무 개인적으로 가까워지다 보면 목사의 인간적인 허물이 드러나서 실망을 안기기 때문이다. 그리고 더 큰 이유는 한두 사람의 성도와 목사의 관계가 깊어지면 다른 성도들이 시기하는 경우가 종종 있어서다.

내가 잘 알고 있는, 큰 교회를 섬기고 있는 목사는 절대로 성도들이 자기 집에 오는 것을 허락하지 않는다고 한다. 장로나 권사, 혹은 다른 성도들이 집에 올 일이 있으면 미리 상황을 알아서 목사님이 집에 없을 때 방문한다고 한다.

그러나 제자 훈련은 예수님을 사이에 둔 관계이기 때문에 목사가 아무리 성도들과의 관계가 밀접해도 전혀 문제 될 것이 없다. 오히려 성도와 목사, 성도와 성도의 관계가 깊으면 깊을수록 좋은 것이다. 다만 예수님을 사이에 두지 않고 인간적으로 마음에 맞는 사람들끼리 너무 가까운 것은 교회에서는 피해야 한다.

  나는 부교역자와의 관계도 인간적인 상하 계급으로 생각하지 않고 철저하게 예수님을 사이에 둔 동료 관계라고 생각했다. 한때 7명의 교역자와 함께 일할 때도 있었지만 수석 부목사 제도를 두지 않았다. 그리고 부교역자에게 자기가 돌보는 성도들과 철저하게 목자와 양으로서 깊게 관계 맺도록 권면했다. 나는 부목사들도 담임목사처럼 목회하도록 도와주었다. 부목사와 성도와의 관계가 담임목사인 나와의 관계보다 더 가까운 사람이 많았다. 성도들이 부목사를 부를 때나 담임목사인 나를 부를 때나 칭호가 같았던 것도 그 이유다.

  그러다 보니 한번은 겸연쩍은 에피소드도 생겼다.

  교회 홈페이지에 '목사님이 좋아하는 음식이 무엇이냐?'

  이 질문이 올라왔는데, 나를 두고 한 말인가 해서 내가 좋아하는 음식을 댓글로 단 적이 있다. 그런데 사실 그 질문은 나에게 한 것이 아니고 어떤 부목사를 지칭한 질문이었다. 내가 눈치도 없이 답글을 달았다. 속사정을 알고 나서 매우 민망했지만, 부목사와 성도 간의 친근한 관계를 알게 되어 뿌듯했던 기억도 있다.

  그렇다고 해서 성도들이 부목사와의 깊은 관계 때문에 나를 배타적으로 생각했던 것은 아니다. 대부분 부목사가 성도와 개인적으로 밀접한 관계를 갖되, 담임목사의 권위를 깊이 인정해 주고 담임목사의 목회 철학을 확실히 공유했다.

  그러나 간혹 어떤 부목사는 자기 나름대로의 목회 철학을 바탕으로 자기도 모르는 새 성도들과 담임목사와의 관계를 어렵게 만들어 놓은 사람들도 있었다. 그런 사람은 아무리 능력이 많고 인기를 많이 누린다고 해도 결국 목회가 성공하지 못했다. 오직 예수님 안에서 성도와 깊은 관계를 맺는 사람들은 모든 성도가 담임목사와도 좋은 관계를 갖게 돕는다. 그런 부교역자들은 사역에서도 크게 성공한다.

교회 봉사나 헌금도 목사 눈치를 보고 할 것이 아니라 하나님만을 바라보고 해야 한다. 그래서 나는 예배당 건축 등으로 교회에 아무리 큰 헌금이 필요해도, 개인적으로 헌금을 권면한 일이 없다. 빈손으로 예배당 땅을 매입할 때 친구 의사와 판사 학사에게 나도 거액의 헌금을 할 테니 당신들도 거액을 헌금해 달라고 권면한 것이 처음이자 마지막이었다.

누가 얼마나 헌금했는지도 전혀 알려고 하지 않았다. 십일조도 강조하지 않았을 뿐 아니라 누가 십일조를 얼마 했는지 전혀 몰랐다. 일부러 알고자 하지 않았다. 그리고 봉사도 할 수 있으면 자발적으로 하도록 했지, 목사인 내가 지명해서 하지 않았다. 사도행전에 나온 '아나니아와 삽비라 사건'에 대한 말씀은 교회 내에서 사람의 인정받기 위하여 헌금하는 것은 오히려 성령의 역사를 크게 방해한다고 가르치고 있다. 사람을 기쁘게 하려고 헌금하고 봉사하는 문화가 생기기 시작하면, 성령의 역사가 급격히 쇠퇴하고 교회는 금방 세속화되고 만다.

따라서 제자 훈련을 통해서 철저히 성령에 순종하도록 도와야 한다. 특히, 제자 훈련을 시작할 때 어떤 지식적인 것을 가르치는 데만 역점을 두면 안 된다. 나도 물론 교리상으로 중요한 지식을 가르쳤다. 다만 그것을 암송해서 머릿속에만 남게 한 것이 아니라, 배운바 복음의 지식이 그의 삶에 구체적으로 작용하도록 가르치는 데 역점을 뒀다.

나는 교리를 내 개인적인 삶의 예를 통해서 설명할 때가 많았다. 나는 설교에서도 말씀을 깊이 연구하고 가르치되, 먼저 내가 그 말씀대로 살지 않으면서 이론만 가르치지 않았다. 한번은 어떤 제자가 교회를 설립할 때 설교해달라는 부탁을 받아 갔는데, 그는 성도들 앞에 나를 이렇게 소개했다.

"안 목사님은 제 스승이자 설교대로 사는 목사님입니다."

비록 내가 그렇게 살려고 애를 쓰기는 했지만, 남들에게도 그런 사람으로 알려졌다는 사실에 매우 놀랐고 송구한 마음이었다. 그 후에는 더욱더 설교할 때 성도들에게만 말씀대로 살라고 가르치지 않고, 반드시 나 자신이 먼저 설교한 말씀대로 살기 위하여 애를 썼다.

신앙생활을 잘하는 사람이란 '상투적인 신앙 언어(영어로는 Jargon이라 한다)'를 많이 사용하는 사람이 아니다. 그보다는 예수님과 얼마나 깊은 교제를 맺는가, 복음의 능력으로 삶에서 얼마나 열매 맺는가가 아주 중요하다. 진정한 신앙생활은, 억지로 율법을 지키는 삶이 아니라 하나님의 은혜와 복음의 능력을 덧입고 세상 사람들이 꿈도 꿀 수 없는 일을 하는 것이다.

나는 제자 훈련을 통해서 성도들이 복음의 능력을 덧입고 모든 삶의 영역에서 승리하도록 가르쳤다. 또한, 그를 통해 하나님의 영광을 위하여 살고 이웃을 사랑하는 것이 구원받은 그리스도인의 삶의 원리라는 것을 가르쳤다. 마지막으로 우리가 하나님의 영광을 위해서라면 어떤 희생을 해도 그것은 가치가 있고 우리를 복되게 한다는 것을 가르쳤다.

성도들은 제자 훈련을 통해서 왜 내가 그토록 하나님의 영광을 위하여 목숨을 거는지 이해하기 시작했다. 내가 교회를 위해서 지나칠 정도로 열심인 것을 오해하는 사람들도 더러 있었다. 교회를 내 개인의 사업으로 생각해서 개인적인 꿈을 이루려 한다고 여긴 것이다. 사람 마음이 내 마음 같지 않다고 이해하면서도 참으로 가슴이 아팠다. 그러나 대다수 사람은 제자 훈련을 통해 우리가 하나님의 영광을 위해서 얼마나 헌신해야 하는지를 배우고 이해하게 되었다.

또한, 내가 은퇴할 때 기본적인 생활비 외에 한 푼도 빚지 않고 교회를 떠난 것을 보고, 안 목사가 그렇게 교회를 위하여 헌신했던 것은 자신을 위한 것이 전혀 아니라 순수하게 하나님의 영광만을 위한 것이었다고 믿는 사람이 많다는 이야기도 들었다. 우리가 하나님만을 열심히 섬기면 하나님은 우리가 섬기는 것 이상으로 삯이 아니라 은혜로 주신다.

또한, 성도들은 내가 설교할 때 좀 어려운 주제를 설명하기 위해서 그렇게 애쓸 때는 이해하지 못했는데, 제자 훈련받은 후에는 설교를 깊이 이해하고 설교 듣기를 즐거워했다. 복음을 배우면서 성도들의 눈이 밝아지고 얼굴에는 생기가 돌기 시작했다.

나는 사실 꽤 오랫동안 교회의 하드웨어를 마련하느라, 또 그 과정에서 갈등을 겪느라 아무 일도 할 수 없었다. 하지만 제자 훈련을 시작하니까 진짜 나의 은사가 빛나기 시작한 것 같았다. 그제야 성도들과 성령의 강력한 교감이 있었다. 말씀을 공부한 사람들은 모두가 감동 그 자체였다.

온마음교회의 여러 가지 분위기가 마음에 안 들어 떠나려 했던 사람들이 제자 훈련을 통해서 남게 되는 경우도 많았다. 어떤 자매는 자기 일생 가장 행복했던 순간이 제자 훈련받았을 때라고 했다. 그때는 용서 못 할 사람이 없었고 모든 일에 의욕이 넘치고 기쁨이 항상 충만했다고 한다. 교회는 주일에 단 몇 분 들려주는 설교만으로 성도들의 신앙이 자라게 할 수 없다. 제자 훈련을 통해서 성도들을 바로 세워가야 한다.

제자 훈련이란 단순히 성경만을 가르치는 것이 아니다. 해산의 수고를 통해서 한 영혼에 예수님의 형상을 새겨 주는 일이다(갈 4:19). 바울은 이 일에 힘을 다하여 수고한다고 말했다(골 1:29).

♥ 교육의 터전, 온마음교회

교육은 복음 역사에 아주 중요하다. 예수님의 세 가지 사역(전도, 치유, 교육) 중의 하나가 교육이다. 선교사들이 처음 선교할 때 학교를 세우고, 병원을 세운 것도 매우 중요했다. 예수님이 복음을 전하실 때, 보이지 아니한 하나님을 보이게 하신 사건으로 치유와 교육을 들 수 있다. 사도행전의 강력한 역사에서도 보이지 아니한 하나님을, 치유 사역을 통해서 보여주셨다.

2003년 기아 대책에서 아프가니스탄에 초등학교 건물을 세웠을 때 나는 기아 대책 관계자들과 함께 기공식에 참석한 적이 있다. 나는 그 기공식에서 무슬림 국가 백성들에게 복음을 전할 기회를 얻었다. 이것이 교육을 통한 효과적인 복음 전도의 방법의 하나라고 생각한다.

그리스도인 가정에서도 자녀 교육은 매우 중요하다. 나는 가끔 특별 새벽기도에 성도들이 자녀들과 함께 참석하게 했다. 온 가족이 새벽기도에 나와 말씀과 기도에 함께 참여하도록 하는 훈련은 교육적인 의미에서 매우 중요하다.

이동하, 심요나 집사님 자녀들이 거여동에서 행당동까지 그것도 특별 새벽기도도 아닌 평상시 새벽기도에 열심히 참석했던 것은 참 보기 좋았다. 나는 주일 저녁 예배를 오후 예배에서 저녁 7시로 바꿔 온 가족이 함께 참석하도록 하고 자녀들을 위한 특별 기도를 해줬다. 이때 주일 저녁 예배가 주일 낮 예배 수준으로 참석률이 높았다.

송구영신 예배도 온 가족이 함께 참석했다. 그렇게 해서 자란 그 당시 주일학교 어린이들이 지금은 온마음교회 청년회를 이루고 있다. 주일학교 중고등부에 비해 청년회에 비교적 많은 수가 모이는 것은 그 당시 훈련받았던 아이들 덕분이라고 생각한다. 내가 온마음교회 청소년들의 교육을 위해 특별히 힘쓴 부분은 다음과 같다.

♡ 청년들을 위한 교육 공간 마련

나는 예배당을 짓는 데 헌금도 많이 드렸지만 내 전세금까지 빼서 건축헌금에 보태고 돈이 없어 교회 5층을 사택으로 사용했다. 그러나 말이 사택이지 24시간 문을 열어 놓고 있으므로 아무나, 아무 때나 들어와서 먹고 자곤 했다.

한번은 이런 일도 있었다. 어느 날 새벽 2시경 화장실에 가려고 일어나 거실로 나왔다. 부엌에 불이 켜져 있었다. 들여다보니 웬 세 명의 자매가 밥을 먹고 있었다. 얼굴도 잘 모르는 자매들이었지만 워낙 흔한 광경이라 놀라지도 않았다. 새로 교회에 나오게 된 청년들인가 보다 했다.

"너희들, 이 밤중에 무슨 밥을 먹고 있니?"

"배가 고파서요."

"그래, 천천히 많이 먹어라."

이렇게 말하고 방으로 들어가 잠을 잤다. 그날 이후 나는 까마득하게 잊고 있었다. 두 달쯤 지난 어느 날, 처음 보는 여집사님이 찾아왔다.

"목사님, 감사합니다. 우리 딸들을 잘 돌봐주셔서."

무슨 소리인지 영문도 모를 말이었다. 사실을 알고 보니 자기 딸들이 두 달 전에 가출했는데 우리 집에 와서 밥을 훔쳐 먹고, 돈과 금목걸이까지 훔쳐 갔다는 것이었다. 그는 나에게 훔쳐 간 것들을 되돌려 주었다. 나는 그제야 퍼뜩 그 세 명의 얼굴이 떠올랐다. 그들은 우리 교회 청년들이 아니라 문이 열린 집에 몰래 들어온 가출 청소년들이었다. 나는 나도 모르게 장발장을 용서한 미리엘 신부가 되어 있었다.

이처럼 나의 사택은 청년들을 위한 공간으로 종종 사용됐다. 그러나 청년들이 불어나자 그들만을 위한 교육 공간으로 제공하기 위하여 나는 기꺼이 근처 아파트로 이사했다. 청소년 교육을 위한 나의 열정은 식을 수가 없었다.

♡ 원어민 영어 캠프

원어민 영어 캠프는 주일학교 부흥을 넘어 교회 부흥까지 일으킨 놀라운 프로그램이다. 이것은 당시 해외 연수나 고액 영어 학원이 아니면 체험해볼 수 없는 전문 영어 습득 체험 프로그램으로서 교사도 전원 원어민으로 구성하여 왕십리 초등학생들의 복음화에 기여하고자 기획했다. 현직 초등학교 교사, 영재 교육 전문가, 캠프 진행 전문 원어민 18명이 미국에서 자비로 와서 이 주일 정도 한국에 머물면서 영어 캠프를 준비했고, 수양관을 빌려 4박 5일간 캠프를 했다. 매해 참여 어린이가 150명 이상이나 되었다.

이 같은 규모와 품질의 영어 캠프를 준비한다는 것은 엄청난 비용과 인력이 필요하다. 그런데, 온마음교회 정도의 크기의 교회에서 감당했다는 것은 매우 놀라운 일이었다. 전 교인이 참여하여 원어민들이 한국에 머무는 동안 홈스테이를 제공하고 수양회를 준비할 수 있게 배려했다. 원어민 교사마다 한국인 교사가 짝을 이뤄서 수준별 영어 수업과 체험 활동을 진행해야 했기 때문에 50명 이상의 청년과 장년들이 4박 5일간 휴가를 내어 캠프에 헌신했다.

특히, 안이숙 선생의 헌신과 수고는 말로 다 할 수 없었다. 어릴적 미국에서 습득한 영어 실력과 한번 마음먹으면 물불을 가리지 않고 해내고야

마는 복음 정신이 아니고는 불가능한 일이었다.

  이 영어 캠프를 시작하게 된 동기도 의미 있다. 안이숙의 남편 이경진 집사가 미국 하버드대학교(Havard Univercity) 케네디스쿨에서 유학할 때 안이숙 선생은 학생 부인들과 가깝게 지냈다. 그중에 리더쉽이 아주 뛰어난 조디(Jodi) 선생과 관계가 아주 특별했었고, 안이숙 선생이 이 영어 캠프 프로젝트를 제안했을 때 조디(Jodi) 선생은 적극적인 지원을 약속했다. 그리고 조디(Jodi)는 미국 교회 청년들과 교육 전문가들을 대거 데려왔다.

  안이숙 선생은 보스턴대학교(Boston University) 영어 교육 석사학위를 보유한 전문가로 오레건(Orgeon)에서 수십 년간 영어 교사였던 조디(Jodi)와 함께 사고력 기반의 영어 습득 방법을 체험 활동과 성경 텍스트에 적용하고자 직접 영어교재를 수준별로 제작했으며, 풍부하고 깊이 있는 언어학습을 목표로 캠프 프로그램을 디자인하였다. 소소하게 시작해 보고자 했던 영어 캠프가 당시 어느 강남 어학원에서나 진행할 만한 수준 높은 프로그램이 된 것이다.

  미국 조디(Jodi)의 교회에서 선교비를 모금해서 비행기표를 직접 준비했기 때문에 우리 교회에서는 그들이 한국에 있는 동안 체류비만 부담하면 되었다. 숙소와 식사는 홈스테이로 해결했다. 교인들도 생전 처음 외국인을 집에 재우고 먹인다고 흥분하여 안방을 내주고 온갖 정성을 다했다. 아침부터 불고기를 내놓기도 했다.

  물론 보이지 않는 가운데 헌신한 사람이 많았다. 그중 안신호 장로의 헌신은 정말 감동적이었다. 그는 무더운 더위에 밤새워 플래카드를 만들고 활동과 수업에 필요한 다양한 준비물 제작하는 일에 온 심혈을 기울였다. 이와 같은 프로그램이 입소문 나자 전국에서 많은 학생이 지원하여 오고자 해도 인원 제한 때문에 받을 수가 없었다.

아이들은 원어민과 대화하는 기회만으로도 아주 신기해하고 기뻐했다. 특히, 학교나 학원에서 잠깐 경험한 교사들과 달리 예수님의 마음으로 영어 수업을 하고 따뜻하게 대해 주는 원어민 교사들의 진심이 아이들에게 그대로 전달 되었다. 20명 가까운 원어민들과 한국인 보조교사가 한 팀이 되어 언어적 요소뿐 아니라 문화도 함께 익히도록, 과학실험, 요리, 야외 활동, 댄스, 연극 등 폭넓은 프로그램을 진행했다.

캠프 마지막 날에는 학부모들을 초청하여 아이들이 그동안 배운 영어로 작은 발표회를 했는데, 재미와 감동으로 익힌 영어 실력을 뽐내 모두를 놀라게 했다. 아이들은 물론 부모들의 기쁨은 말로다 할 수 없었다.

지금이야 영어유치원이니, 원어민 선생님이니 하는 것들이 흔하지만 2000년대 초반의 한국은 기계적이고 지루한 영어 수업만 있었지, 체험학습이 거의 없었다. 특히나 교육 불모지나 다름없던 왕십리에서는 이런 프로그램이 혁신적이었다. 우리 교회에 출석하지도 않은 어떤 학부모는 당시로는 거금인 600만 원을 헌금해 주었다. 그 뒤로 3년 동안 이 영어 캠프를 할 수 있었던 것은 지금 생각해도 성도들의 불타는 복음의 열정이 아니었다면 상상도 할 수 없다.

하지만 행사가 계속될수록 너무나 많은 에너지가 소모되었기 때문에 더는 계속하기가 어려웠다. 주역인 안이숙 선생 역시 회사 업무로 진행이 힘들었고, 그의 뛰어난 기획력과 헌신을 대신할 책임자도 마땅히 없었다. 그러나 그 정도만으로도 주일학교 활성화는 충분했다. 40~50명 모이던 주일학교 학생 수가 150명까지 늘어났다.

자녀들이 온마음교회를 좋아하니 부모들도 자연히 교회에 참여하게 되었다. 어떤 아이는 수원에서 살고 있었는데, 부모를 설득하여 교회 옆으로 이사 와서 지금까지도 온마음교회의 중직을 맡고 있다. 작은 아이디어 하나가 교회 전체의 부흥을 일으킨 것이다.

이처럼 영어 캠프는 온마음교회가 지역 교회로서 자리매김하는 데 큰 힘이 되었다. 또한, 교회가 지역 사회를 위해서 어떤 것들을 할 수 있는지 보여준 좋은 사례가 되었다. 많은 성도의 적극적인 참여와 헌신에 다시 한번 감사한다.

♡ 아가피아 독서 스쿨

아주 의미 깊은 교육 사역은 아가피아 독서 스쿨이다. 초등학생들이 책을 읽게 해야 한다는 운동이 아가피아 독서 스쿨을 통해서 한국 교회에 큰 영향을 미치고 있을 때였다. 독서 스쿨 시스템을 도입하기 위하여 나는 안신호 장로와 함께 광주에 가서 2박 3일 동안 교육받았다.

이때 알게 된 전문 강사들을 온마음교회에 초빙하여 세미나를 열고, 학부모들의 적극적인 호응을 얻어 독서 스쿨을 시작했다. 안신호 장로는 동시에 열정을 가지고 주일학교 교사들을 설득하여 아가피아 본부에 가서 교사 훈련을 받고 자격증을 받아 오도록 했다.

이렇게 헌신적인 교사들이 세워져서 이 사역이 시작될 수 있었다. 이때 참여한 학생들은 50명 정도였던 것으로 기억한다. 우리는 학생들이 매일 책 한 권을 읽도록 권면했지만, 그렇게까지는 못해도 적어도 모든 학생이 일주일에 3권 이상을 읽었다.

독서 후에는 반드시 독후감을 쓰게 했다. 책들은 대부분 두꺼웠고, 어떤 것은 베개보다 더 두꺼운 책도 있었다. 하지만 아이들은 그 책들을 다 독파했다. 매일 이른 새벽, 교사들은 아이들에게 일대일로 연락해서 QT를 하게 하고, 주말에 모일 때는 자기 생각을 발표하게 했다.

한번은 10년 후의 자화상을 그려보게 하고 미래의 자신을 생각하며 자서전을 쓰도록 했다. 미래를 떠올리며 빛나던 아이들의 까만 눈이 생각난다. 아이들은 큰 꿈을 꾸었고, 그 꿈을 이루기 위하여 열심히 공부했다. 서로 경쟁하면서도 동시에 이 일을 열심히 하였다.

때로는 양화진 외국인 선교사 묘원 같은 역사적으로 중요한 장소로 현장 학습을 가서 역사와 신앙 교육을 했다. 창의성과 상상력을 길러 준 독서 학교에 참여했던 많은 학생이 그 후 자기 주도적인 인생을 만들어갔다. 이들이 지금 온마음교회 청년들의 주축을 이루고 있다.

♡ 엘림학원

나는 어떻게 하면 이 지역 아동들에게 좋은 교육을 할 수 있을까 하는 생각에 항상 몰두했다. 당시만 해도 이 교회가 위치한 지역은 가난해서 학원을 다니지 못하는 학생이 많았다.

수학 교육에 은사가 있던 안 다니엘 선생이 대학생일 때, 몇몇 교회 학생에게 수학을 무료로 가르쳐 준 일이 있다. 그는 고등학교 1학년 때 한국수학올림피아드에서 동메달을 땄다.

수학올림피아드 메달리스트들은 서울대 교수들이 가르치는 특별 캠프에 참여했기에, 그는 이미 고등학교 때 대학교 수학 전공자의 실력이었다. 과외를 한다면 돈을 많이 벌 수도 있었을 텐데, 그는 교회 학생들에게 수학을 무료로 가르쳐 준 것이다.

그러나 그가 유학 가고 없으니 마땅한 선생도 더 이상 없었다. 그때 마침 동대문 어느 교회에서 지역 아동들을 교회에서 데려다가 가르친 것이 발전하여 학원을 세웠고, 사역도 성공적으로 이뤘다는 이야기를 들었다.

나는 그 사람들을 데려다가 세미나를 열었다. 그리고 그 교회에서 성공적으로 학원을 이룬 분이 하나의 분원을 세운다고 하면서 원장으로 학원을 세우는 데 도와주겠다고 했다. 그는 그런 종류의 학원을 많이 세워, 가난한 학생들에게 지역 전도와 교육의 기회를 풍부하게 제공하는 것이 꿈이라고 했다. 더불어 그는 고려대 수학과 출신이라고 자기를 소개했다. 천군만마를 얻은 기분이었다.

헌신 된 학부모들로 이사회를 조직하여 '엘림학원'을 세우기로 했다. 각 이사는 1천만 원씩 자본금을 출자했다. 나도 5천만 원을 헌금했다. 107평의 한신상가 4층을 학원으로 꾸몄다. 학원 시설은 최종균 집사가 거의 실비로 준비해 주었다.

학원이 완성되기 전에 학생들을 모집했는데, 모집하자마자 100여 명의 학생이 신청했다. 열띤 성원에 예루살렘홀에서 학원을 미리 시작했다. 지역 청소년 교육의 또 다른 길을 본 것만 같아 심장이 두근대고 흥분되었다. 엘림학원이야 말로 이 지역에 정말로 필요한 사업이라는 확신이 생겼다.

동시에 나는 학원에 다니는 중·고등부 학생들에게 성경을 가르칠 수 있는 절호의 기회라고 생각하고 제일 먼저 성경 교재를 만들었다. 교역자들은 각반에 들어가서 성경을 가르쳤다. 학원 교육과 성경 교육의 만남. 지역 전도의 최상의 방법이라고 생각했다.

학원을 꾸미고 제대로 된 시설에서 가르치기 시작하자 계속 학생들이 몰려들었다. 생활이 어려운 사람, 교역자 자녀들은 학원비를 무료로 혹은 저렴하게 받았다. 비전과 현실성이 동시에 있는, 이 지역에 너무나 이상적인 교육 사업이었다. 영어 선생, 수학 선생, 국어 선생을 우수한 사람들로만 초빙하여 열심히 가르쳤다. 교육 열망에 목말라 있던 학부모들은 아주 환영했고 학생들도 기뻐했다. 지역 전도의 측면에서도 큰 희망이 부풀었다.

그러나 일 년 정도 시간이 지나자 큰 문제가 발생했다. 원장의 수학 실력에 의문이 제기된 것이다. 수학 문제에 관한 질문에 그가 답을 잘 못한다는 학생들의 이야기였다. 그뿐만 아니라 게으르고 불성실하다는 불평이 나왔다.

사정을 조사해 보니 황당하게도 원장이 학력을 위조한 것이 드러났다. 고려대를 졸업한 것은 맞았지만 말한 것과는 달리 서울 캠퍼스 출신이 아니었고, 전공도 수학이 아닌 다른 과목이었다. 중학생들을 가르쳤을 때는 별문제가 없었는데 실력 있는 강사들이 와서 가르치게 되니 비교가 되어 신분이 드러난 것이다. 일말의 의심도 없이 그를 굳게 신임하던 나는 너무 당황스러워 머리가 띵했다.

아무리 좋은 목적을 가지고 헌신적으로 봉사한다고 해도 그리스도인들은 두 가지를 지켜야 한다.

첫째, 정직해야 하고
둘째, 실력이 있어야 하고 성실해야 한다.

그분의 원래 의도는 좋은 것이었다고 믿고 싶다. 그가 희생적으로 이 일에 나서고자 하지 않았다면 시작 자체를 할 수가 없었다.

그는 교회에서 직접 수학 교육을 한 경험이 있었고, 또 실제적인 성과도 있었다. 무엇보다 지역 청소년들을 교육하겠다는 나의 간절한 열정에 깊게 공감했다. 그러나 그의 실제 행동은 말과 달랐다. 그리스도인이라는 이름을 가진 자들이 정직하지 못하고 실력이 없다는 것이 하나님의 영광을 얼마나 가리는 일인지 모른다.

일반 교인으로서는 그가 아무리 거짓되고 허물이 클지라도 우리는 끝까지 책임지고 도와야 한다. 교회는 어떤 종류의 사람도 다 받아야 하기 때문이다. 그런 사람들마저 복음으로 변화시키는 것이 교회의 책무다. 그러나 공적인 책임을 맡은 자가 거짓되고, 게으르고, 실력이 없다면 도저히 용서할 수 없는 것이다. 나는 가차 없이 그를 해임했다.

그 사이 학원을 성공적으로 이루었다는 성실한 부부 교사를 초빙하여 원장으로 다시 세웠다. 하지만 애석하게도 이들 역시 말과 행동이 달랐다. 나는 깊이 낙심했고, 어쩔 수 없이 학원을 접을 수밖에 없었다. 내가 곧 은퇴를 앞두고 있었기 때문에 이 일에 더 이상 힘쓰지 못하고 문을 닫게 된 것이 너무나 아쉬웠다.

이사들에게 정말 미안했다. 짧은 시간이지만 이 학원을 통해서 지역 청소년들에게 잠시나마 도움을 주었다는 것으로 만족해야 했다. 그때 미처 고마움을 표하지 못한 이사들의 열정과 헌신에 다시 한번 깊게 감사드린다.

제7장

다시, 더 크게, 더 뜨겁게

한국 교회 전체, 하나님 나라 전체를 위한 일.
은퇴는 퇴장이 아니라, 소속과 이해 관계를 떠나
하나님에게만 집중할 새로운 기회라고 생각했다.

The Burning Heart, The Greatest Grace

♥ 은퇴 이후, 빗나간 나의 꿈

나는 40년 넘게 목회 사역을 하는 동안 안식년을 가져본 일이 없었다. 이 이야기를 들으면 많은 사람이 놀라곤 한다. 어떻게 그럴 수가 있냐고, 힘들지 않았냐고 묻지만 "힘들 새가 없었다"는 것이 내 대답이다. 끊임없는 사건의 연속, 그마저도 숨을 멈추게 할 정도로 어려운 일들이 계속 벌어지는 가운데 나는 쉴 수가 없었다. 좋은 사역을 위해서는 반드시 쉼이 필요하다고 한다.

쉼 없이 일하면 번 아웃이 되어 오히려 능률이 안 오르고 실패할 확률이 높다고 한다. 맞는 말이다. 그러나 항상 내 눈앞에 새로운 개척의 길이 펼쳐지기에 쉰다는 것은 생각할 수 없었다.

특히, 은퇴를 앞둔 몇 년은 정말로 힘든 시간이었다. 경제적으로 무거운 짐을 지고 안디옥 예배실을 마련한다는 것에 그야말로 밤잠을 잘 수 없는 날들이 계속되었다. 온갖 몸부림 끝에 안디옥 예배당을 마련한 후 교회는 크게 성장했다. 다른 때와 다르게 무언가 '마무리되었다'라는 생각이 들었다. 이제 개척자로서의 사역은 거의 끝났다고 생각했다. 처음으로 은퇴에 관한 생각이 들었다.

나는 은퇴 후 다른 사역을 하고 싶었다. 한 지역 교회와 한 기독교 단체에 국한되거나 소속되지 않고, 교회가 하나 되는 사역을 하고 싶었다. 한국 교회 전체, 하나님 나라 전체를 위한 일. 은퇴는 퇴장이 아니라, 소속과 이해 관계 등 모든 걸 떠나 하나님에게만 집중할 새로운 기회라고 생각했다.

그래서 정년 일 년을 남겨 놓고 은퇴했다. 나의 새로운 거점은 당진이었다. 마침 최윤선 장로가 거금을 들여서 당진 청금리에 땅을 사고, 최종균 집사가 기존에 있던 판잣집을 적은 비용으로 개축하여 훈련원으로 사용하게 도와주었다. 나는 그 장소를 많은 대학생과 한국 교회 지도자들을 훈련하는 장소로 사용하고 싶었다. 은퇴 예배를 드린 다음 날 나는 바로 당진으로 이사를 했다.

이곳을 나의 은퇴 후 사역지로 정하게 된 이유가 있었다. 마을과 조금 떨어져 있는 한적한 농장이었기에 고즈넉한 수양관으로 사용할 수 있었고, 숙식하며 말씀으로 훈련하기에도 아주 적당한 장소였기 때문이다. 이곳의 소유주인 장로는 우리에게 땅을 팔면서 이렇게 말했다.

"저는 어린이 교육을 위해 '청아대'라는 엄청난 건물을 짓고 있는데, 건물이 완성되면 어린이 대안학교를 세울 예정입니다.

그때 목사님이 저와 함께 일하시면 어떨까요?"

청와대가 아닌 청아대. 어린이를 위한 집이라는 의미로, 청아대의 '아'는 아이라는 뜻이라고 했다. 그곳엔 이미 청와대의 기와와 똑같이 멋지게 지어져 있었다. 어린이는 정말이지 존중받아야 하고, 그들이 존중받고 자랐을 때 장차 훌륭한 일꾼이 될 수 있다는 것이다. 깊게 감명한 나는 거액의 헌금을 했다.

그러나 막상 내려가서 알고 보니 그분은 꿈만 컸지, 알맹이가 없는 사람이었다. 그의 꿈은 현실적이지 않았다. 빚이 엄청나게 많아 도무지 그 건물을 완성할 능력이 없었다. 빚을 갚기 위해 그가 소유한 땅을 파는데, 돈만 받고 정작 땅의 소유권을 넘겨주지 않는 것이다. 그러나 많은 사람이 그의 그럴듯한 비전을 믿고 소유권을 나중에 넘겨준다는 조건으로 땅을 사게 되었다.

결국 그가 경매로 짓던 건물, 토지들이 다 넘어가게 되어 많은 사람이 크게 피해를 입었다. 허상만 있던 그는 사기꾼으로 감옥에 갇히게 되었다. 나는 내 헌금이 그의 수단으로 전락했다는 사실보다, 그가 말한 아름다운 사역을 함께하고자 했던 꿈이 물거품처럼 사라졌다는 것이 더 가슴 아팠다.

또한, 좋은 환경에 시설을 만들어 놓으면 많은 사람이 와서 나에게 성경을 배워갈 줄 알았는데 이것도 완전히 빗나갔다. 찾아오는 사람이 없으니 사람을 찾아가야만 했다. 주민센터에서 가난한 청소년들을 소개받아 무료 영어 수업을 진행했다. 자녀가 여덟이나 되는데 너무 가난하여 부모가 일 나가면 방치되어 있던 아이들을 데려다가 장학금도 주며 공부를 가르쳤다. 그리고 그의 친구들도 데려다가 공부를 가르쳤다.

하지만 아이가 적은 시골이라 무료 수업을 한다고 해도 배울 사람이 없었다. 교육생을 모으기 위하여 여러 가지 방법을 모색했다. 한번은 중학교 여자아이들을 모으기 위해 겨울철에 그 농장에 있는 눈썰매장에 비용을 대서 참석하도록 도와주었다. 아침 일찍 김밥을 싸서 먹이고 눈썰매장에 보냈는데, 그 이른 아침에 모든 아이가 화장을 짙게 하고 있었다. 결국 무료 공부방도 얼마 안 가서 문을 닫게 되었다.

♥ 원어민 영어 공부반의 시작

내가 잘할 수 있는 일은 성경 가르치는 일인데 그 능력을 사용할 수 없으니 얼마나 답답한 일인지 몰랐다. 기도하는 중에 영어 성경 공부 그룹을 만들면 사람들이 올 것 같다는 생각이 들었다. 무조건 영어로 성경을 가르쳐 준다고 해서 사람이 모일 것 같지는 않았다.

이런 생각으로 기도하다가, 놀라운 비전이 생겼다. 내가 목회하는 동안, 특히 은퇴 후 몇 년 사이에 한국의 위상이 놀랍도록 달라졌다. 이제 한국 학생들만 유학을 하는 것이 아니고, 세계 각지에서 수많은 외국인 학생들이 한국으로 몰려오고 있는데 이들에게 전도해야겠다는 비전이었다. 목표가 생기니 다시 힘이 솟았다. 이 비전을 실행하기 위하여 두 가지 준비가 필요했다.

첫째, 내가 영어로 성경을 가르칠 수 있는 능력을 갖추는 것이다. 비록 미국에서 약 4년을 공부했지만, 영어로 성경을 가르칠 정도의 실력이 되지 않았다. 그래서 요한복음 NIV 번역본을 통째로 외우기 시작했다. 그러나 눈으로 잠깐 훑기만 해도 암기가 되던 예전과는 달리 머릿속에 지우개가 있는 것 같았다. 외우고 나면 죄다 잊어버리는 것이 문제였다. 그래서 6번이나 다시 반복해서 외웠다.

둘째, 문제는 원어민을 초빙하여 영어 성경 공부를 시작하는 것이었다. 원어민과 함께 영어 성경 공부를 한다는 것 자체가 특색 있으니 우선 사람들이 올 것 같았다. 그러나 당진 같은 시골에서 원어민을 초빙하는 일이 녹록지 않았다.

그때 마침 남아프리카에서 당진에 있는 초등학교 원어민 영어 선생으로 온 로빈(Robin)과 헤더(Heather) 부부를 알게 되었다. 그 부부와 우리 부부는 자주 만나 교제하고 식사도 같이했다. 그들이 삼겹살을 너무 좋아해서 나도 덩달아 삼겹살을 엄청 많이 먹었다. 그 부부와 같이 여행 다니면서 에어비앤비(Airbnb, Air Bed and Breakfast)에서 함께 묵고 서울 명소도 구경시켜 주었다. 무료한 시골 생활에 젖어 있던 나도 젊은 부부와 함께하니 다시 활기가 생겼다.

이렇게 가까이하다 보니 자연스럽게 나의 비전을 나누게 되었다. 이 비전을 실현하기 위하여 일차적으로 함께 영어 성경을 공부했다. 당시 안식년으로 서울에 있던 한경헌 선교사 부부가 일주일에 한 번씩 당진에 내려와 영어 성경 공부 모임의 개척 멤버가 되어주었다.

여러 사람의 도움으로 희망이 생긴 나는 당진 지역 신문에 원어민 영어 성경 공부 모임을 위한 광고를 냈다. 10명 이상의 사람이 모였다. 해외에서 몰려든 대학생들에게 복음을 전해야겠다는 비전이 천천히 준비되고 있었다. 은퇴 후 나의 사역은 이처럼 꿈틀거리기 시작했다.

♥ 서울로 회기, 마곡 시대를 열다

그러나 영어 성경을 가르치기에 당진이라는 지역은 한계가 있었다. 마침 용인에 있는 소명중고등학교 신병준 교장 선생님이 그 학교에서 영어 성경을 공부하도록 장소를 빌려주었고, 15명의 인원으로 주말 영어 성경 공부반이 시작되었다.

그러나 주말마다 용인까지 올라다니면서 영어 성경 공부를 한다는 것은 여간 힘든 일이 아니었다. 용인의 모임 장소도 외진 곳이어서 모임이 발전하는 데 한계를 느꼈다. 다시 서울로 복귀해야 하는 이유가 생겼다.

서울에서 사역을 시작하기 위하여 매주 목요일 당진에서 서울로 올라와 기도회를 시작했다. 백승제 목사, 안신호 장로, 장성식 집사가 동참했다. 몇 개월 기도하는 가운데 신당동에 아주 값싼 사무실을 빌려 서울로 오게 되었다. 처음 몇 달은 당진에서 서울까지 다니다가 그 후 아예 이사했다. 5년간의 당진 생활은 그렇게 끝났다. 삶에 익숙한 서울을 떠나 찾아간 당진은 낯설고 어려웠다. 하지만 나를 도와준 사람들이 있어 당진 생활을 잘 마무리할 수 있었다.

특히, 우리가 서울로 올라온 후 로빈과 헤더 부부는 전철을 타고 매 주일 왕복 6시간을 들여 나를 도왔다. 참으로 고마운 분들이다. 비록 그들은 다시 본국으로 돌아갔지만, 원어민 성경 공부의 틀을 만들어 주고 떠났다. 아주 신실한 그리스도인들이며, 나에게는 너무나 소중한 친구들이다.

새로 자리 잡은 신당동 사무실은 엘리베이터가 없는 4층이고 경사가 급했다. 하필 무릎을 다쳐서 올라다니기 아주 불편했다. 다시 싸고 시설 좋은 사무실을 다시 찾던 중, 기독교 신문에서 한 줄짜리 광고를 우연히 보게 되었다. 광고에 나온 번호로 전화를 해 보니 어느 목사님이 커피숍을 운영하면서 주일이나 모임이 필요할 때는 그곳에서 예배를 드린다고 했다.

그러나 목사님이 건강이 좋지 않아 접게 되어 후임자를 찾는다는 것이다. 7층 건물 꼭대기에 있는 "하늘 담은 카페". 그 이름이 마음에 들었다.

카페를 운영할 사람만 있으면 내가 사역할 수 있는 좋은 장소라고 생각했다. 하지만 그럴 사람이 없어 포기했다. 카페를 포기하고 나니, 그제야 그 지역이 눈에 들어왔다. 등잔 밑이 어둡다니 그 말이 딱 맞았다. 그곳에는 엄청나게 큰 마곡이라는 신도시가 펼쳐지고 있었다. 사무실 값이 비교적 싸고 앞으로 발전 가능성이 커서 마곡으로 이사를 결정했다. 사무실은 마음에 들었으나 정작 전셋집을 구할 수 없어 월세로 이사를 와야 했다.

이곳에서 나는 영어 성경과 영어 회화를 가르치고 내 아내는 수채화를 가르쳤다. 그러던 중 독서실 가맹점 회사를 운영하는 옛 제자가 토요일과 주일은 그 회사가 쉬니까 회의실을 사용하여 성경 공부를 하도록 도와주었다. 그 회사에는 우리가 사용할 수 있는 방이 많아 성경 공부와 수채화 교실을 동시에 운영했다.

그 후에는 영어 회화 공부도 했다. 캠퍼스에서 외국인 대학생 전도를 위한 첫 단계로, 장학금을 주고 한국 대학생 12명을 데려다가 교육했다. 기존 영어 성경 모임에 대학생들이 참석하니 모임이 매우 활기찼다. 매주 20명 이상의 사람들이 함께 영어 성경과 영어 회화를 공부했다.

그러나 안타깝게도 우리가 모임 장소로 사용한 그 회사가 어려워 문을 닫게 되었다. 한순간에 장소가 사라졌다. 더구나 나는 내 제자인 사장을 믿고 그 회사에 투자까지 한 상태였다. 사업이 잘되면 많은 학생에게 장학금을 주기로 약속했기 때문이었다. 제자는 다른 사람에게 사업을 인계하고 그 회사에서 손을 뗐다.

어떻게든지 회사를 살리기 위하여 새로운 사장과 매주 목요일 아침 7시에 모여 뜨겁게 기도했다. 결국 우리는 회사도 잃고 돈도 잃었지만, 그와 나의 관계는 아주 돈독해졌다. 나는 돈보다 사람을 얻은 것으로 만족한다. 후에 그가 창업 관련 학교를 열어서 많은 젊은이가 스타트업하도록 도와주는 일을 했다. 그런데 그중의 한 형제가 거의 실비로 내가 유튜브 방송을 하는 데 큰 도움을 주고 있다. 이처럼 하나님은 돈을 잃게 돼도 늘 새로운 방법으로 갚아 주시고 축복하신다.

♥ 복음 사역에서 장소의 중요성

내 목회의 공적인 사역은 1969년에 시작해서 2011년까지 약 43년, 은퇴 후 개인적인 사역은 13년, 총 56년간 계속되고 있다. 사역의 첫 시작부터 심지어 은퇴 후 마곡에서까지, 내 목회 인생을 한 줄로 요약하자면 그야말로 '장소 찾아 삼만리'다. 이 기간에 사역지도, 개인 집도 셀 수 없이 많이 옮겨 다녔다.

오죽했으면 강남 16평 아파트에서 25평 아파트로 옮겨 가장 오래, 약 6년간 자녀들이 안정적으로 중고등부 시기를 보냈던 때가 가장 행복했던 시절일까?

그 외에는 1, 2년도 채우지 못하고 거처를 옮겨 다녀야 했다.

사역지도 셀 수 없이 많이 옮겨 다녔다. 그렇게 옮겨 다니다가 가장 큰 번영을 이뤘을 때는 늘 가장 좋은 장소를 얻게 되었을 때였다. 좋은 장소라고 해봐야 화려한 건물이 아니고 성도들이 모일 수 있는 최소한의 공간과, 예배드리는 데 심한 불편이 없는 소박한 공간이었다.

가장 기억에 남을 만한 놀랍고 감동적인 번영의 장소는, 개척 1년 후 매입한 '말구유 회관', 선교 단체 개혁 후 위기에 처했을 때 놀라운 역사가 일어났던 '동궁 다방 2층', 그리고 '예루살렘'에서 '안디옥'으로 옮겨 영광스러운 부흥이 일어났던 시대인 것 같다.

더불어 은퇴 후 자리 잡게 된 현재의 마곡 시대까지, 이런 장소를 마련하기는 결코 쉬운 일이 아니었다. 그런데 이와 같은 장소 문제를 해결하지 못했더라면 나의 복음 사역은 절대 성공하지 못했을 것이다.

특히, 온마음교회가 안디옥 홀에 입주하기까지 ESF와의 갈등을 겪으면서 장소 문제로 15년간 겪었던 그 고통은 상상키 어려운 아픔이었다. 그러나 끝내 안디옥 홀로 다시 장소를 옮김으로써 폭발적인 부흥을 일으켰고, 나는 사역을 성공적으로 마치고 은퇴할 수 있었다.

이런 경험을 통해서 은퇴 후에도 사역 인생 2막의 장소를 마련하기 위하여 10년 동안 8번을 옮겨 다니면서 헤맸다. 그 끝에 드디어 2년째 안정된 사역을 하고 있고, 덕분에 내 목회 인생을 회고하는 이 책도 집필 중이다.

은퇴 후 마곡의 시대. 여기까지 많은 위기가 있었지만, 나는 새로운 거점에서 해외 대학생들을 전도하여 그들이 본국에 돌아가 교회를 개척하도록 돕는 새로운 세계 선교의 꿈을 가지고 힘차게 발걸음을 내딛고 있다. 이것은 이미 홍귀표 선교사가 미국 시카고에서 성공한 세계 선교의 모델이다. 물론 그는 젊은 시절에 시작했고 미국이라는 환경은 한국과 너무나 다르지만 나 역시 성공하리라는 믿음을 가지고 도전하고 있다.

마곡에 힘겹게 얻게 된 내 아파트. 주변을 산책하노라면 놀이터에 꼬마들의 웃음소리가 가득하고, 푸릇한 나무들이 싱그럽다. 우리 노부부가 말년을 보내기에도, 내가 사역하기에도, 위치나 환경 면으로 최상의 조건이다.

이곳 마곡으로 오기 전까지는 안정된 장소가 없어서 책방으로, 도서관으로, 커피숍으로 옮겨 다니며 일하다 보니 시간과 에너지를 낭비하여 일을 제대로 할 수 없었다. 그러나 지금 모든 시설을 갖춘 내 서재는 유튜브 방송도 제작하고 줌(Zoom)을 사용한 성경 공부나 기도회, 예배 등을 감당하기에 아주 아늑하다.

또한, 해외에 있는 가족들이 자주 방문하여 나의 사역을 돕기에 편리하도록 공항 옆에 집이 있다는 것도 큰 장점이다. 서재의 창문을 열어 햇살과 바람을 맞이하며 온종일 기도와 말씀 연구, 각종 사역을 하며 지내는 시간이 너무나 행복하다.

♥ 코로나가 가져온 비전

　마곡에서 사역이 자리 잡아 갈 무렵인 2019년, 예상치 못한 세계적인 코로나 팬데믹이 일어났다. 공식적인 집회가 금지되었다. 우리는 더 이상 모일 수가 없으니 어렵게 이루어 놓은 사역을 계속할 수 없게 되었다. 낙심한 가운데 기도했다. 하나님은 이번에도 놀라운 생각을 주셨다. 항상 장소를 옮겨 문제를 해결했던 것처럼, 이번에는 장소를 온라인으로 옮기면 해결될 일이었다.

　그동안은 원어민 선생을 구하지 못해서 내가 영어로 성경을 가르쳤다. 하지만 줌(Zoom)을 사용하게 되자 신세계가 열렸다. 미국 유학 때부터 친하게 지낸 미국인 친구 데이비드(David), 미시시피 잭슨에서 신학교 다닐 때 사귀게 된 교수 출신 마르타(Martha), 캐나다인으로 천안 나사렛대학교에서 가르친 폴(Dr. Paul) 등 원어민이 함께하는 영어 성경 공부로 확장되었다.

　나는 여전히 일주일에 3일 아침 친구 데이비드, 마르타와 개인적으로 대화하며 영어 말하기 연습을 하고 있다. 코로나가 길어지자 한국말 성경 공부반도 줌(Zoom)으로 하게 되었다. 내 아내는 주부들을 중심으로 한 성경 공부반, 나는 미국에 있는 손자들과 시골에 계신 형님 등과 줌(Zoom)을 통해 성경 공부를 하기도 했다.

　또한, 유튜브 방송 역시 코로나가 가져온 새로운 비전이다. 어떠한 제약도 없이 유튜브를 통해 복음을 전하는 일을 2년 이상 하고 있다. 이처럼 코로나 복병은 나의 사역을 제한하지 않고 오히려 확장했다. 이것은 내가 전혀 기대하지 않았던 하나님의 특별한 계획이었다. 이 글을 쓰기 위하여 잠시 많은 활동을 줄이고 있으나, 코로나를 겪으며 더 단단해진 외국인 대학생 선교의 비전은 조금씩 구체화하여 가고 있다.

♥ 복음으로 하나 된 가족

나는 아버지를 일찍 여의고 홀어머니 밑에서 다른 다섯 형제와 함께 자랐다. 아버지의 빈자리는 컸지만, 다행히 자식들은 잘 자라 주었다. 큰형은 머리가 좋고 요령이 많아 친구들의 도움으로 농사도 지혜롭게 했다. 이장을 하면서 농사일 이외의 방법으로 가정 경제를 유지했다.

둘째 형은 아주 투사형이다. 그는 초등학교를 중퇴했으나, 주경야독으로 스스로 책을 읽고 글 쓰는 것을 배웠다. 자기 주장을 글로 표현하는 능력이 탁월해 늘 글로써 문제를 해결하고는 했다. 그는 자서전을 써서 모든 가족이 읽고 크게 감동한 적도 있다. 서예도 탁월해 서예학원 원장도 하고 서울 예술의전당에서 전시도 했다.

이렇듯 다들 머리는 우수했으나, 집안이 어려워 교육을 충분히 받지 못했다. 나도 중학교만 졸업하고 고등학교 진학 대신 농사일을 했다. 둘째 형은 그런 나를 가슴 아파했다.

"너는 공부하는 머리가 있고 또 우리 형제들이 전부 농사꾼이 된다면 집안에 희망이 없으니 공부해야 한다."

기회를 얻은 나는 김치에 된장국만 먹으며 하루에 12시간 이상 보통고시를 준비했다. 어떤 때는 16시간을 공부한 적도 있었다. 심한 공부로 신경쇠약까지 걸려 고생하던 중 외삼촌의 소개로 광주에서 낮에는 일하고 밤에는 고등학교에 다닐 수 있는 아르바이트 자리를 얻게 되었다. 중학교 졸업 후 4년이 지났을 때였다.

나는 또 대학을 다니면서 동생들을 도시로 데려와 공부시켰다. 그래서 그들은 시골을 벗어나 사회적으로 비교적 성공한 인생을 살고 있다. 이런 변화를 보고 동네 이웃들은 "병호가 그 가정의 잠근 문을 열었다"고 들얘기한다.

그런 사정이 있기에, 내가 예수를 믿고 간사가 되고자 했을 때 온 가족이 그렇게 반대한 것도 이유가 있었다. 그 후에도 내가 목회자인 것과는 별개로, 시골의 유교 문화가 깊이 뿌리내려 있던 우리 가족에게는 기독교나 복음이 딴 세상 이야기였다. 나는 목사가 된 후 가족 전도를 위하여 매년 가족 수양회를 했다. 그 첫 열매로 시골에 사시는 누님이 예수를 믿게 되었다.

누님은 기독교에 반대가 심한 남편 몰래 하루도 빠지지 않고 새벽기도를 다녔다. 오래 사셨어야 했는데 안타깝게도 폐암으로 10년 전쯤 세상을 떠나셨다. 이제는 누님의 여섯 아들 중 하나가 내가 섬겼던 교회에 열심히 참석하며 나의 은퇴 사역을 돕고 있다. 큰형님 역시 가족 전도를 통해서 예수를 믿고 천국에 가셨다.

가족 중에서 마음이 가장 닫혀 있던 사람은 나의 어머니다. 남편 없이 여린 여인의 몸으로 억세게 살아온 어머니는, 칠 남매를 건사하면서 살아온 삶이 병이 되어 항상 두려움과 불안에 떠는 공황 장애를 겪고 계셨다.

좁은 16평 아파트에 나와 아내, 세 아이가 복작복작 살고 있을 때였다. 공황 장애로 힘들어하는 모친을 살피고, 또 전도하기 위하여 좁은 집에 모시게 되었다. 그때는 마침 아내가 미국에서 배워온 피아노 교수법으로 잠시 많은 돈을 벌던 시기였다. 아내에게 자녀를 맡긴 부잣집 마님들은 명절이면 평소 우리가 먹어 보지 못한 값비싼 과일이며 갈비 선물을 보내 주고는 했다.

이 일로 예수를 믿으면 나약한 것이며, 가난에서 벗어나지 못한다는 모친의 선입견이 깨지게 됐다. 또 어머니의 마음이 움직인 데는 내 아내가 모친을 지극정성으로 섬긴 것도 큰 역할을 했다.

막냇동생은 기독교에 대해서 매우 부정적이었다. 그래서 어머니 장례식, 형님 장례식을 기독교식으로 한다고 불평이 많았다. 그러나 아버지의 기억도 없던 그가 대학교수가 된 것은 하나님의 큰 은혜였다. 그 하나님의 은혜를 모르고 술을 즐기며 인생을 살다가 그것이 화근이 되어 가정에 큰 위기를 맞이했다. 술만 먹으면 술버릇이 나쁜 남편을 감당할 아내는 없을 것이다. 그래서 부부간의 갈등이 심해진 것이다.

큰 위기를 깨달은 그는 극적으로 주님을 만나 바울과 같은 뜨거운 회심을 하게 되었다. 그 후 대학에서 ESF 지도교수로 헌신했고, 가족 전도를 위한 가족 수양회의 주역이 되었다. 줌(Zoom) 영어 성경 공부에 참석하며 성경 제자로 성장하고 있다.

셋집을 얻어 온마음교회로 목회할 때, 사촌 동생 한 명이 교회에 출석하기 시작했다. 그는 일본에 몇 년 동안 근무했을 때를 제외하고는 빠짐없이 교회에 출석하고 있다. 일본에서 돌아온 후에는 교회 옆으로 집을 옮겨 새벽기도에 빠지지 않고 나오고 있다. 그 부부는 장로 권사로 열심히 교회를 봉사하고 있다.

그리고 나의 넷째 동생의 신앙도 퍽 감동적이다. 그는 서울로 이사 온 후 온마음교회에 출석하기 시작했다. 말이 서울이지, 집은 잠실이고 직장은 인천이며 부업으로 문방구를 경영하면서도 왕십리에 있는 온마음교회까지 새벽기도를 단 한번도 빠진 적이 없다. 그는 이 생활 탓에 4시간 이상 잠을 자본 일이 없다고 한다. 동생 부부는 장로 권사가 되고 자녀들도 교회에 열심히 출석한다.

유교 사상에 깊이 빠진 사촌 형님 한 분이 계셨다. 그는 기독교에 아주 배타적이었다. 그런데 집안 행사 때문에 삼촌과 사촌들이 시골에서 대거 서울로 올라왔을 때, 내 아내가 부엌도 없는 단칸방에서 아브람처럼 지극정성으로 그들을 대접하는 모습을 보고 크게 감동하였다. 이날을 계기로 그는 기독교에 대한 반감을 버리고 아주 우호적으로 됐고, 결국 예수님을 믿게 되었다. 긴 시간이 흘러 임종 전날 밤, 내가 심방했을 때 형님은 유언처럼 자기의 신앙을 간증하면서 내 아내에 대한 고마움을 반복해서 이야기했다.

드디어 줌(Zoom) 가족 교회가 시작되었다. 지방에 있는 형제들, 조카들, 장로가 된 사촌 동생까지 이어져 매주 10명이 넘는 가족 교회를 이루게 된 것이다. 86세인 나의 형님은 매일 두 시간 이상씩 성경을 열심히 읽고 줌(Zoom) 교회 때마다 풍성한 성경 지식을 자랑하는 기쁨으로 참석하고 있다. 이 교회가 가족을 뛰어넘은 교회로 계속 확장되기를 기도한다.

♥ 내 평생의 동역자, 아내

우리 한국 사람은 누구나 다 2년마다 건강 검진을 받는다. 하지만 내가 병에 걸렸으리라 예상하며 검진을 받는 사람은 없을 것이다. 우리 부부도 그랬다. 한번은 내 아내가 건강 검진받은 병원에서 연락이 왔다. 폐에 무슨 종양 같은 것이 보인다고 했다. 병원에 가서 다시 사진을 찍어보니 큰 병원에 가서 재검진을 받으라는 것이다. 나는 이때부터 크게 불안해졌다. 검진에 검진이 이어졌다. 다양한 사진을 찍은 결과 폐암일 가능성이 크다고 했다. 세브란스병원에서도, 서울대병원에서도 비슷한 소견이었다. 문제는 조직 검사로도 정확한 암 진단을 할 수 없다는 것이었다. 조직 검사상 암세포가 발견되지 않는다고 해서 암이 아니라고 할 수 없는 상황이라고 했다.

하루는 서울대병원에서 의사로부터 심란한 말을 듣고 집에 돌아오는데 차가 얼마나 막히는지 금방 밤이 되었다. 나는 밤 운전이 너무 서툴다. 3시간 이상 도로에서 시달리다가 밤 운전까지 해야 하니 진땀이 났다. 설상가상으로 길까지 잘못 들었다. 그러자 내 아내는 평소답지 않게 나에게 심하게 화를 냈다. 50년 결혼생활에 아내가 그토록 화를 내는 것은 처음이었다.

하지만 나는 알 수 있었다. 아내는 나에게 화를 낸 것이 아니라, 울고 싶었다. 그 정도로 화가 날 만큼 얼마나 힘들었을까 생각하니 가슴이 찢어지듯이 아팠다. 눈물이 뺨으로 흘러내렸다. 밤이라 보이지 않는 것이 다행이라고 생각했다.

그 후로 우리 가족은 조직 검사를 하지 않고 곧바로 수술해야 할 것인가, 말 것인가 의견이 분분했다. 나이가 많은 사람의 수술은 더 위험하다는 간호사의 말을 들은 나는 머뭇거렸다. 그러나 자녀들은 당장 수술해야 한다고 성화를 냈다. 그 문제로 서로 다툼이 일어났다가 또 서로 잘못했다고도 하면서 전화통을 붙들고 많이도 울었다. 그 당시에는 전화벨만 울려도 심장이 내려앉았다. 나는 내 아내가 폐암이라는 것을 받아들일 수가 없었다.

그러나 우리는 수술을 결정했다. 조직 검사도 수술만큼 어려운 것이고 또 검사 결과 암세포가 안 보인다고 해서 위험하지 않다고 확신할 수도 없기 때문이었다. 수술 후 4시간 동안은 잠을 자서는 안 된다고 하는데, 심신이 지쳐 자꾸 잠들어버리는 아내를 깨우느라 사투를 벌였다. 나는 더 곁에 있고 싶었으나 코로나로 병원에 오래 있을 수 없어서 결국 쫓겨서 나왔다.

수술 결과 폐의 종양은 암으로 판정되었다. 감사하게도 아주 초기라 항암 주사도, 방사선 치료도 필요 없다고 했다. 아내의 폐암 수술 소식이 전해지자 많은 사람에게서 위로 전화가 왔다. 가까이 지내는 한 목사 부인은 내 아내에게 전화하자마자 울면서 말했다.

"안 목사님 불쌍해서 어떻게 해요!"

그 사모님은 항상 남편 목사님이 건강이 약해서, 절대로 자기가 먼저 죽으면 안 된다고 생각하는 분이다. 그 말을 듣고 생각해 보니 정말 맞는 말이었다. 나는 내 인생을 통틀어서, 아내 없이는 살 수 없는 사람이었다.

내 아내는 3대째 내려온 신앙 가정에서 자랐다. 기독교적인 배경이 전혀 없는 가정에서 자란 내가 목회를 하는 데 그녀는 없어서는 안 될 사람이었다. 아내는 부족함 없이 자랐기 때문에 자존감이 강했다. 그녀에 비해 나는 자존감이 부족하다. 겉으로 씩씩한 척 하지만 조그만 어려움이 있어도 곧 의기소침해진다. 좋은 가정 배경, 좋은 친구 관계를 맺은 자가 내 아내라는 생각은 내가 열등감을 극복하고 자부심을 품게 해 주었다.

개척자의 아내로 살다 보면 용납하기 어려운 일들도 많았을 텐데 그는 나의 자존심을 건드리지 않고 남편으로서 존중해 줬다. 특히, 가난한 시골 가족들에게도 항상 존중하고 예를 갖췄다. 어려운 가운데 시골에서 올라온 친척들도 늘 친절하게 대접했다.

내가 엉터리 같은 실수를 해도 아내는 나에게 무안을 주지 않고 내가 열등감을 극복하고 자신감을 느끼도록 격려를 많이 해 주었다. 둘이서 있을 때는 충고를 많이 해 주지만, 다른 사람 앞에서는 나의 약점에 대해 한 마디도 말하지 않고 좋은 점만을 이야기했다.

한번은 단체 여행을 가서 하룻저녁 목사님들과 사모님들이 함께하는 친교 모임이 있었다. 재미 삼아 사모님들에게 남편 자랑을 하라고 시켰다.

나는 자랑거리가 없는 사람인데 내 아내가 나에 대해서 무슨 말을 할 것인가 내심 긴장이 많이 됐다. 혹시 장난으로라도 내 흠을 잡아 약점이 드러나면 어쩌나 하는 불안한 마음도 있었다. 그런데 아내는 의외로 감동적인 이야기를 했다.

"내 남편은 항상 성장하는 목사예요."

그 말 한마디에 내 인생이, 그리고 아내의 인생이 다 담겨있었다.

목회 인생을 회고하며 내 아내가 나에게 도움을 준 것을 생각해 본다.

첫째, 그는 가정 경제를 책임져 주었다. 처음 막 결혼했을 때 아내는 적은 생활비로 학생들을 섬김과 동시에 가족의 생활을 위하여 철저한 계획을 세웠다. 끼니마다 예고 없이 찾아오는 학생들을 위하여 항상 밥솥에 밥을 준비해 놓는 것은 그녀의 습관이었다. 가족을 위해서는 최소한의 반찬을 준비하더라도, 손님이 올 때는 조금이라도 다른 음식을 대접하고자 노력했다. 아이들은 외가에 가면 집에서보다 오히려 밥을 많이 먹었다. 장인어른이 말했다.

"얘들이 밥을 안 먹는 애들이 아니다. 좋아하는 음식을 안 주니까 안 먹지."

그만큼 아내는 돈을 아끼기 위하여 항상 시장이 문 닫기 직전에 가서 떨이를 사 오는 것이 습관이었다. 어느 정도 살만큼 생활비를 받을 때도 이른 아침 새벽에 경동 시장까지 가서 물건을 사 왔다. 모든 것을 책임져 준 아내 덕에 나는 돈 걱정 없이 목회에 집중할 수 있었다. 학생 사역을 하고, 또 개척교회를 하는 목회자가 돈 걱정 없이 사역한다는 것이 얼마나 복인지 모른다.

둘째, 그는 자녀 교육을 책임져 주었다. 나는 한 아이 빼고는 다른 아이들을 출산할 때 병원에 가본 일이 없다. 새벽에 집에서 나오면 통행금지 시간 직전에 집에 들어갔다. 아침에도 QT를 하고 나면 시간이 없어 아내에게 말도 없이 사라지곤 했다. 아침 밥상을 들고 내 방에 들어오면 온데간데없던 적이 한두 번이 아니라고 했다. 심지어 일주일에 2~3일은 통행금지 때문에 집에 들어가지도 못했다.

그래서 자녀 교육은커녕 아이들과 놀아준 시간이 전혀 없었다. 내가 가족을 두고 1년 먼저 유학하러 갔을 때, 둘째가 이런 불평을 했다고 한다.

"아빠 없어도 전혀 보고 싶지도 않아.

우리하고 한번이라도 놀아주었나?"

언젠가 한번은 집에 일찍 들어가는데, 그날 따라 아들이 남의 집 대문 안을 열심히 들여다보고 있었다. 뭘 그렇게 열심히 보나 어깨너머로 보았더니 까치발로 그 집 TV를 시청하고 있던 것이다. 정말 미안하고 마음이 아파서 그제야 TV를 샀다.

나는 그토록 무심한 아빠였다. 그런 나 대신 아내는 철저하게 아이들 교육을 책임졌다. 유치원 보낼 돈조차 없어서 지역 교회에서 운영하는 무료 유치원을 보냈다. 우리가 아직 교회를 시작하기 전에는 동네 아이들을 불러서 동네 교회를 만들어 우리 아이들과 함께 가르쳤다.

아내는 자비로운 엄마이기도 했다. 아이들에게는 공부 부담을 주지 않고 항상 일찍 자라고 했다. '아이들은 잠 안 자고 억지로 공부해서는 안 된다. 잠을 충분히 자고 깨어 있을 때 열심히 하면 된다. 원해서 스스로 하는 공부여야 잘할 수 있다'는 것이 그의 지론이었다.

또 아무리 자식들의 성적이 나빠도 책망하지 않았다. 세 남매는 성적표를 받아 온 날이면 신발도 벗기 전에 "엄마, 오늘 성적표 받았어요!" 하고 큰 소리로 외치곤 했다. 모르는 사람이 보면 아마 성적을 잘 받아 온 모양이라고 생각했겠지만, 막상 보면 점수가 형편없었다. 그래도 전혀 개의치 않고 성적표를 내밀었다는 것은, 그만큼 엄마가 아이들에게 관대했기 때문이다.

학교에서 선생님께 꾸중을 들었다든지, 잘못한 일도 아이들은 엄마 앞에서 부끄러움 없이 다 말하곤 했다. 다만 아내가 중요하게 가르친 한 가지는 계획표를 짜서 공부하라는 것이다. 계획을 세워야 시간을 낭비하지 않는다는 것이었다.

아들이 고3 때, 그 친구는 나를 닮아서 무계획적이었다. 국사책을 몇 시간 붙들고 공부해도 페이지는 더 넘어가질 않고, 교과서는 전혀 읽은 표시가 없다. 수학 공부도 비스듬히 누워서 발을 까딱거리며 교과서만 눈으로 들여다보고 있다. 그러면 아내는 화를 꾹 누르고 종이와 연필을 손에 쥐어 주고는 쓰면서 공부하라고 가르쳤다. 그는 시험보러 가는 날도 등교 전에 기타로 한곡조 뽑고 가는 여유 만점 아들이다.

고3인데 항상 느려터진 아들 때문에 속이 타서 그놈 책상 앞에 계획표를 짜서 붙여 주기까지 했다. 그런 심정을 글로 써서 기고했더니 남 보기에 재미가 있었는지 「한국일보」에 게재되었다. 그 신문을 보고 대학입시 3개월을 앞둔 시점에 KBS '아침마당'에서 섭외가 와서 주인공으로 출연한 일도 있었다.

셋째, 아내는 나의 목회 생활에 큰 도움을 주었다. 나는 선교 단체에서 예수를 믿기 시작했고, 신학교도 다니지 않은 가운데 목회자가 되었다. 아무 경험도, 신학 지식도 없이 좌충우돌했다. 게다가 나는 매우 감정적이고 충동적이다. 그래서 끊임없이 일을 만들어 내었다. 나는 밖에서는 상처받은 사람들, 문제 있는 사람들을 돕는 데 온 힘을 쏟았다. 그러다가 반대로 집에 와서는 그 스트레스로 아내에게 화풀이하곤 했다. 그래도 아내는 말없이 받아주었다.

아내는 아이들을 돌보며 내 목회 뒷바라지를 하느라 항상 눈코 뜰 새 없이 바빴다. 새벽기도하고 또 집에 와서 QT를 하니, 항상 아침 일찍 일어나야 했다. 그 와중에도 출산한 날을 빼고는 하루도 QT를 빼먹지 않았다.

심방을 하고, 구역을 인도하고, 일대일 성경을 가르치고 전도하는 일로 항상 분주했다. 그래서 그는 아침에 일어나면 하루 일과표를 치밀하게 짜서 냉장고에 붙여 놓고 어김없이 지켜나갔다. 나는 그에게 별명을 지어 주었다. 피도 눈물도 없는 사람이라고. 그것은 비정하다는 말이 아니라, 계획을 세워도 반도 지키지 못하는 내가 보기에 그녀가 완벽하다는 의미다.

아내는 나보다 먼저 어려운 성도들의 형편을 알아채고, 민감한 여성도들에게는 남몰래 도움을 주었다. 교회를 개척했을 때는 거의 내 아내가 목회했다. 나를 아는 많은 친구는 한결같이 내가 결혼을 잘했다고 한다. 안병호 목사는 존경하지 않지만 내 아내는 존경한다는 사람들도 많이 있었다.

그러나 나는 아내의 조언을 듣지 않을 때도 많았다. 그래도 그는 마음이 상할 법한데도 개의치 않았다. 아내 같은 사람의 내조가 있었기에 내가 이만큼 주님의 일을 하게 되었다고 생각한다. 목회자에게 아내가 얼마나 중요한지 아무리 강조해도 지나치지 않는 것 같다. 이런 일들을 생각하니 아내에 대한 미안함, 감사함이 내 마음속에 뜨겁게 타오른다. 내 평생의 동역자. 이제 그 은혜를 갚으며 살아야겠다고 다시 한번 다짐한다.

♥ 은퇴 후 사역을 도와준 고마운 이들

나는 ESF라는 학생 단체를 시작했고, 그 사명의 연장으로 온마음교회를 개척하여 온 생애를 바쳤다. 그러나 은퇴 후에도 하나님은 예상치 않은 사람들을 보내주셔서 새로운 사역을 하도록 도와주셨다. 나는 그분들의 고마움을 잊을 수가 없다. 그래서 그들에 대한 감사의 글을 드리고자 한다.

가장 먼저 내 은퇴 사역의 장을 마련하기 위하여 당진에 터를 사고 수양관을 지어 거금을 투자한 최윤선 장로님의 은혜를 잊을 수 없다. 이분은 나로 인하여 많은 물질적인 손해를 보았지만 단 한번도 내색하지 않았다.

또한, 남아프리카 출신 로빈(Robin)과 헤더(Heather) 부부를 잊을 수 없다. 그들은 내가 영어 성경 공부를 시작하도록 도움을 주었다. 처음 당진에서의 영어 성경 공부도 이들과 함께 시작했고, 용인 소명학교, 서울 신당동으로 장소를 옮겨 다닐 때도 당진에서 서울까지 먼 거리를 마다하지 않고 오가며 나를 도왔다.

당진 생활과 영어 성경 공부와 관련해 고마운 사람들이 많다. 성경 공부를 할 장소를 빌려준 소명고등학교 신병준 교장 선생님께 감사한다. 처음 영어 성경 공부를 시작할 때 안식년으로 서울에 머물던 한경헌, 김수옥 선교사 부부는 매주 목요일 당진까지 내려와 도움을 주었다.

안신호 장로는 내가 당진 생활을 할 때 매주 내려와 수양관 관리를 비롯한 농사일을 도와주었다. 안 장로는 영어 공부, 영어 성경 공부, 매주 갖는 월요기도회 등 모든 사역에 시작부터 지금까지 함께해 주고 있다.

안경호 집사는 영어 실력이 뛰어나 영어 성경 공부 모임에 지금까지 10여 년을 계속 참석하며 원어민 영어성경공부를 도와 주고 있다. 처음 영어 성경 공부를 할 때는 영어가 서툰 분들이 참석하게 되어 그가 영어를 한국어로, 한국어를 영어로 번역하는 일을 맡아줬다. 그는 누구나가 하나님의 말씀을 이해할 수 있도록 큰 도움을 줬다. 또한, 내 사역이 확장되어 일주일에 4번 이상의 모임이 있음에도 불구하고 모든 모임에 참석하며 가끔은 재정적인 도움도 준다. 김태승 집사는 신당동 영어 성경 모임에 참여한 이래 7년 가까이 빠짐없이 참석하고, 월요기도회도 함께하고 있다. 때에 따라 재정적인 도움도 준다. 이도희 집사는 때로 내가 사무에 익숙하지 못할 때 도움을 많이 주었다.

내 막낻딸 친구 남정은 서울에서 당진까지 매주 주말마다 내려와 근처에 있는 간호학교 학생들을 데려다가 합숙을 하면서 영어를 가르쳐주었다. 원어민 로빈과 헤더 부부가 본국으로 돌아간 후 그의 탁월한 영어 실력으로 신당동에서 영어 성경 공부를 도와 주었다.

이원숙, 최진선, 백미희 권사들의 도움 역시 잊을 수가 없다. 나는 무슨 사역을 하든지 기도를 가장 우선으로 한다. 그런데 이 세분들은 매주 월요기도회에 참석하여 큰 힘이 되어주고 있다.

유순희 권사는 내 아내의 인사동 미술 전시회에 참석했다가 감동하고 수채화반, 영어 회화반, 영어 성경 공부의 정회원으로 우리의 사역을 크게 도우며 때때로 위로금을 보내준다. 강래원 장로는 매년 스승의 날, 설날, 추석 명절을 잊지 않고 최고의 선물과 금일봉 그리고 정성스러운 격려의 메시지를 보내준다. 강 장로의 따뜻한 마음은 나에게 항상 큰 위로가 된다.

최종균 집사는 나의 적은 재산 관리를 잘 해 주어 은퇴 후 사역에 큰 도움을 주고 있다. 박민재 집사는 보험을 들어달라고 나에게 연락한 죄로 붙잡혀 창세기를 일대일로 공부했다. 또 영어 성경 공부에 참석하여 신앙이 자라 열심히 온마음교회에 출석하고 있다. 그는 나의 은퇴 사역의 좋은 열매로, 모든 모임의 충성스러운 일원이 되고 있다.

은퇴 후 조동주 자매는 첫 월급을 몽땅 가지고 당진까지 와서 위로해 주었다. 폴(Paul), 데이비드(David), 마르타(Martha) 선생님들은 나의 원어민 영어 성경 공부를 이루어 주고 있는 좋은 외국인 친구들이다. 이종렬, 김경숙 부부는 수시로 맛있는 음식을 손수 만들어 배달해 주고 있다. 무엇보다도 나의 은퇴 사역에 가장 중요한 도움은 내 아들이다. 그는 미국에 있지만 매년 방학 동안 한국을 방문하여 교재 만드는 일, 자료 정리 등, 컴맹인 나에게 컴퓨터 작업에 큰 도움을 주고 있다.

또한, 야고보서 유튜브 강의를 편집하여 전자책(E-Book)을 만들어 주었고, 지금 쓴 이 책이 나오는데도 그가 초기 편집을 해 주었다. 그가 없이는 이 책이 나올 수 없었을 것이다. 매년 그가 한국을 방문하는 것은 내 며느리의 아이디어라고 한다. 넉넉지 않는 교수 생활에 많은 경비를 부담해서 매년 한국을 방문 하는 것은 결코 쉬운 결정이 아닐 것이다. 박이래 강규현 형제는 매주일 나의 유튜브 방송 촬영과 편집을 도와 주고 있다. 그 외에도 내가 은퇴한 후에도 변함없이 때마다 관심과 사랑을 베푼 분들이 수없이 많다.

일일이 이름을 들어 감사하지 못함을 송구스럽게 생각한다. 그러나 마음속으로 이름을 늘 되새기며 그 고마움을 잊은 적이 없다. 이 모두가 하나님께서 부족한 내게 넘치게 베푸신 은혜일뿐이다.

에필로그

너희 젊은이들은 환상을 보고
너희 늙은이들은 꿈을 꾸리라.

Epilogue

The Burning Heart, The Greatest Grace

성경은 "꿈이 없는 백성은 망한다"(잠 29:18)고 했다. 환상과 꿈은 같은 것이다. 꿈은 젊은이나 늙은이나 다 꿀 수 있다. 젊은이라고 해서 꿈을 다 가질 수 있는 것도 아니고, 늙은이라고 해서 꿈을 못 가진 것도 아니다. 젊은이나 늙은이나 성령이 충만하면 꿈꿀 수 있고 꿈을 품으면 사람이 달라진다.

하나님께서는 하나님 백성들의 마음속에 소원과 꿈을 두시고 그 인생을 인도하시며 결국 꿈을 이루게 하시고, 그 사람을 사용하신다. 그 꿈은 허물 많은 죄인을 용서하고, 구원하셔서 하나님 나라의 구속 역사를 이루게 하신 것이다. 하나님은 요셉에게 꿈을 주셔서 하나님의 백성을 굶주림에서 구원하셨고, 이 땅에서 위대한 민족으로 번성하게 하셨다.

또 하나님께서는 모세에게 꿈을 주셔서 하나님의 백성 이스라엘이 애굽의 노예로 멸망해갈 때 구원하셨다. 그리고 하나님의 약속대로 가나안 땅에 이르게 하여 큰 민족을 이루게 하셨다.

하나님께서는 사도들에게 사람을 낚는 어부가 되라는 꿈을 주셔서 하나님 나라 백성의 새로운 공동체를 창조하게 하셨다. 또한, 바울에게 이

방인의 영혼을 구원하는 사도의 꿈을 주셔서 온 인류가 구원받는 길을 여셨다. 이처럼 하나님께서 우리에게 주신 꿈은 인간적으로 생각하면, 도무지 가능할 것 같지 않은 일을 그의 왕국을 위해서 이루게 하신 것이다.

하나님은 계속 나에게 꿈을 주신다. 나는 젊은 시절에 ESF 한양 회관을 개척했다. 한양대학교 학생들에게 주었던 꿈은 참된 그리스도인으로서 열심히 학업에 몰두하면, 한양대학교가 하버드, 예일, 옥스퍼드, 케임브리지보다 더 좋은 대학이 될 수 있다는 도전이었다. 나는 그들이 성서 한국과 세계 선교에 헌신하는 참다운 엘리트들로 성장하고 쓰이기를 원했다. 소수의 한양대 학생들은 한마음으로 호응했고, 그 결과 한양대학은 우리의 기도대로 일류대학의 반열에 우뚝 서게 되었다.

내가 온마음교회를 섬길 때는 왕십리가 세계에서 가장 살기 좋은 동네가 되도록 하자는 꿈을 심었다. 성도들은 그 꿈을 꿀 때마다 힘이 불끈 솟아 지역 교회로서의 큰 부흥을 끌어냈다. 또한, 우리의 꿈대로 왕십리가 살기 좋게 변해, 많은 사람이 오고 싶어 하는 동네가 되었다.

나는 온 생애를 ESF와 온마음교회에서 몸 바쳐 헌신했고 은퇴 후에도 식지 않는 꿈을 꾸고 있다. 외국에서 몰려온 대학생들에게 성경을 가르치고자 하는 것이다. ESF 한양 회관 50주년 기념 수양회를 위해 사도행전의 말씀을 준비하면서 그 꿈과 열망이 다시 내 마음에 차올랐다.

나는 이제 한국 교회와 내 남은 목회 인생을 위해 또 다른 꿈을 품는다. 하나로 연합하는 교회의 모습, 바로 그것이다. 내가 예수님을 알고 난 후 겪었던 가장 큰 고통은 인간 관계에서 온 것이었다. 형제자매 간의 갈등, 목자와 양들 간의 갈등, 지도자와 지도자 간의 갈등, 기독교 단체 간의 갈등, 교단 간의 갈등에 많은 고통이 따른다는 것을 경험했다.

기독교 역사를 보면 우리가 존경하는 위대한 지도자들 가운데도 갈등이 있었다는 것을 알 수 있다.

그들뿐만 아니라 성경에서도 이와 같은 갈등이 많이 있었다. 열두 지파 간의 갈등, 다윗과 사울의 갈등, 열두 제자들 사이의 갈등, 바울과 바나바의 갈등처럼 셀 수 없다. 그것은 이기적이고 자기중심적인 죄로부터 기인한 것이다.

그러나 성경은 이런 갈등이 어떻게 해결되었는지 제시하고 있다. 그 아름다운 화합의 역사는 다윗 시대에 그처럼 대립하고 갈등했던 열두 지파가 화합하여 통일 왕국을 이룬 기적과 같은 사건으로 기록됐다.

예수님이 십자가에서 돌아가시기 전날까지도 다툼으로 주님의 마음을 몹시 아프게 했던 열두 사도들이, 사도행전에서는 하나가 되어 일하는 아름다운 모습을 볼 수 있다. 그 해결 방법은 하나님이 화합을 이루시기까지 인내하며 하나님께 순종한 다윗에게서 배울 수 있다. 또 화합의 역사는 요한복음 13-17장에 나오는 예수님의 특별한 가르침과 사도행전에서의 성령충만을 통해서 이루어진 것이다.

요한계시록 21장 9-14절에서 말하는 '새 하늘과 새 땅'이란 구약 교회의 모습인 열두 지파와 신약 교회의 모습인 열두 사도가 완전하게 연합해 하나 된 모습이다. 이 두 교회의 총화인 24장로로 상징되는, '하나로 연합된 교회의 모습'(Perfect unity and harmony)이 요한계시록 4장에 나타나 있다.

요즈음 다시 타오르는 꿈은 내가 시작한 ESF 한양 회관과 온마음교회가 완전한 일치와 조화를 이루어, 하나님 나라 구속 역사의 완성을 향하여 달려가는 것이다. 이 두 기관은 같은 뿌리에서 시작했음에도 그동안 많은 갈등과 어려움을 겪었다. 당시에는 내가 온마음교회를 담임하고 있었기 때문에 ESF의 대척점에 있다는 오해를 받았지만, 이제 나는 제3자의 상황에 있어서 두 기관이 온전한 일치와 조화를 이루는 데 도움을 줄 수 있다고 생각한다.

우리의 화합을 바탕으로 한국 교회가 완전한 연합과 조화를 이룰 수 있다는 꿈을 가져본다. 우리는 아직도 죄인이기 때문에 완벽한 연합과 조화를 이 땅에서 바로 이룰 수는 없지만, 그것을 우리의 비전으로 생각하며 살아야 한다. 이것이 모든 그리스도인의 꿈이요, 오늘날 교회가 가져야 할 꿈이라고 생각한다. 물론 이것은 하나님이 나에게 주신 나의 꿈이자 비전이기도 하다. 이 비전을 위해 이 땅에서 생명을 다하기까지 힘쓰고자 한다.

♥ 한국 교회와 후배 목사들을 위한 조언

예수 그리스도를 믿는 신앙 안에서 그리스도인들이 하나가 되고, 다양성이 조화를 이루려면 목회자의 역할이 중요하다.

첫째, 목회자는 설교에 헌신해야 한다.

먼저, 필수적인 교리의 내용을 균형 있게 전해야 한다. 복음, 예수님의 생애, 십자가, 부활, 승천, 재림에 대한 메시지, 성부, 성자, 성령 삼위일체 하나님, 죄와 회개와 믿음, 구원과 심판, 천국과 지옥, 하나님 나라의 백성으로서 삶의 중요성을 잘 가르치고 설교해야 한다. 재능 있는 설교자가 되려고 하기보다, 성실하고 충성스러운 복음과 교리의 전달자가 되려고 노력해야 한다.

그리고 설교를 구성하는 모든 진술(statements)은 그 진술을 지지해 주는 성경 말씀으로 뒷받침(support)해 주고 그 의미를 자세히 설명해 주어야 한다.

이러한 모델을 베드로의 설교에서 찾을 수 있다. 사도행전 2장 24절에서 베드로는 부활에 대해 설교했다.

> 하나님께서 그를 사망의 고통에서 풀어 살리셨으니 이는 그가 사망에 매여 있을 수 없었음이라(행 2:24).

이 내용이 부활에 대한 베드로의 진술이다. 베드로는 이 진술을 뒷받침(support)하기 위하여 사도행전 2장 25-28절에서 시편 16편 8-11절을 인용한 것이다.

> 다윗이 그를 가리켜 이르되 내가 항상 내 앞에 계신 주를 뵈었음이여 나로 요동하지 않게 하기 위하여 그가 내 우편에 계시도다 그러므로 내 마음이 기뻐하였고 내 혀도 즐거워하였으며 육체도 희망에 거하리니 이는 내 영혼을 음부에 버리지 아니하시며 주의 거룩한 자로 썩음을 당하지 않게 하실 것임이로다 주께서 생명의 길을 내게 보이셨으니 주 앞에서 내게 기쁨이 충만하게 하시리로다 하였으므로(행 2:25-28).

그 다음에 베드로는 그 의미를 29-31절에서 설명해 준다.

> 형제들아 내가 조상 다윗에 대하여 담대히 말할 수 있노니 다윗이 죽어 장사 되어 그 묘가 오늘까지 우리 중에 있도다 그는 선지자라 하나님이 이미 맹세하사 그 자손 중에서 한 사람을 그 위에 앉게 하리라 하심을 알고 미리 본 고로 그리스도의 부활을 말

> 하되 그가 음부에 버림이 되지 않고 그의 육신이 썩음을 당하지 아니하시리라 하더니 (행 2:29-31).

이 말씀을 현재 회중의 상황에서 적용한다. 사도행전 2장 32절이 그것이다.

> 이 예수를 하나님이 살리신지라. 우리가 다 이 일에 증인이로다(행 2:32).

이처럼 베드로의 설교에서 배울 수 있는 점은 4단계의 설교다.

① 진술
② 말씀으로 뒷받침
③ 그 말씀의 설명
④ 적용

그 의미가 회중에게 명확하게 전달될 수 있도록, 필요하다면 그 진술이 주어졌던 시대, 문화적인 배경을 설명해야 한다. 이 과정을 위해서 목회자가 헌신해야 한다. 그래야 성도들의 믿음이 자라고, 그들의 삶이 열매를 맺을 수 있다.

둘째, 설교자로서 목회자는 본문의 메시지를 그대로 전해야 한다.

재미있고, 감동적인 설교를 하는 것이 우선이 아니다. 비록 회중에게 그 내용이 익숙하지 않아도, 회중의 반응을 민감하게 생각하기보다 하나님의 말씀을 충실하게 전하는 데 헌신해야 한다. 성령님께서 역사하시면 회중은 말씀을 깨닫고 큰 은혜를 받게 된다.

셋째, 설교자로서 목회자는 기도해야 한다.

기도하지 않고 전하는 설교는 능력이 없다. 성령님께서 역사하셔야만, 말씀에 충실한 설교가 사람을 변화시키는 능력을 발휘하게 된다. 베드로, 스데반, 바울의 설교는 충실하게 예수님의 십자가, 부활, 승천, 회개, 믿음을 강조한다. 그 내용은 교리적인 성격이 강하여 다소 딱딱할 수 있으나 성령님께서 은혜를 주시면 회중의 영혼에 감동을 주고, 영적 성장을 경험하고, 축복받게 한다.

사도들이 말씀과 기도하는 일에 온전히 집중했듯이, 목회자는 말씀과 기도에 헌신해야 한다. 그래야 말씀이 능력을 발휘하여 성도들의 영혼을 변화시킬 수 있다.

나는 50년 목회 사역에서 말씀과 기도에 충성을 다해오고 있다. 내 설교는 세상적이고 재미있고 인기 있는 내용은 아니다. 그러나 말씀 중심, 복음 중심, 기도에 충실히 하고자 애를 많이 썼다. 그래서 비록 부족하지만, 열매가 있었다고 믿는다. 그런데도 은퇴하고 돌아보니, 말씀 연구와 설교, 기도에 부족함이 많았다고 반성한다. 더 연구하고 더 기도했어야 했다.

나는 요즘 유튜브 방송으로 말씀을 전한다. 예전보다 더욱 설교 준비를 열심히 하고, 더 많이 기도한다. 한번은 제자의 부탁을 받고 그가 목회하는 교회에 가서 설교했다. 많은 성도가 말하기를, 내 설교는 일반적인 외부 강사들의 설교와 다르다고 했다. 내용 자체는 익숙한 복음과 교리에 대한 것이었는데 내 설교를 통해서, 그 익숙했던 진리들이 새로운 의미로 다가온다고 했다. 하나님께 의지해서 기도하고 말씀을 전했더니, 성령님께서 역사하셔서 회중의 영혼을 깨우치는 은혜를 주신 것이 아닌가 생각한다.

말씀과 성령의 역사는 나무와 불에 비유된다. 불과 나무가 함께 있을 때 불길이 타오르듯이, 항상 말씀과 기도가 함께해야 능력이 나타난다. 설교자와 성도가 혼연일체가 되어 설교 말씀을 듣기 전에 열심히 기도한다면, 나무처럼 돌처럼 굳어졌던 마음이 변화될 것이다. 누가복음 11장 13절은 기도하면 성령을 주신다고 약속했다. 나는 매주 월요일마다 성도들과 함께 한국 교회가 말씀과 복음을 그대로 전하는 교회가 되게 해달라고 기도하고 있다. 이 기도를 하나님께서 들어주셔서 한국 교회를 변화시켜 주시리라 믿는다.

근래의 교회 성장 프로그램은 목사의 설교를 과소평가한다. 목사가 설교만 잘한다고 해서 교회가 성장하지 않는다고 한다. 오히려 설교를 못해도 부흥하는 교회가 있다고 말한다. 그러나, 잘못된 말이다. 설교를 못하는 목사는 목회를 내려놓아야 한다. 목사가 설교를 잘한다면, 그 자체로 이미 훌륭하다. 설교를 잘한다는 의미 속에는 하나님을 사랑하고, 양떼들을 사랑하는 헌신이 내재해 있다.

목사는 말씀 연구와 기도에 목숨을 걸어야 한다. 설교자의 레전드로 알려진 박희천 목사는 매일 11시간 반을 책상 앞에 앉아 성경 연구에 몰두했다. 그분은 95세가 되었을 때도 성경을 읽고 연구하는 데 7시간 반을 썼다고 한다. 우리는 이런 모습을 본받아야 한다.

내가 알고 있는 중·고등부 담당 교역자는 네덜란드 자유대학에서 학위를 받을 만큼 실력이 아주 출중한데도, 토요일은 밤을 새워 새벽까지 설교 준비에 항상 올인한다. 그는 공부하느라 짝을 만나는 일이 늦어졌다. 결혼이 가장 시급함에도 설교 준비 때문에 주말 데이트는 절대 하지 않는다고 했다.

일생의 중대사인 혼인, 그것도 하나님의 영광을 위한 일인데 미리 설교 준비를 해놓고 주말에도 부득이한 경우에는 시간을 낼 수도 있지 않겠느냐고 타일러 봤지만 요지부동이었다. 어떤 면에서는 답답한 목사처럼 보이기도 하지만, 설교의 중요성을 되새기게 한 좋은 사례다. 나에게 미혼의 딸이 있다면 이런 목사를 사위 삼고 싶다. 목사가 설교를 잘한다면, 교회는 반드시 부흥하게 되어 있다.

넷째, 목회자는 지도자이자 리더로서 예수님께서 주시는 권위를 가져야 한다.

권위주의자가 되라는 뜻이 아니다. 인간적인 권위가 아니라 하나님께서 위임해 주신 권위를 가져야 한다. 목회자가 만약 정치적인 권위를 가지면 교회가 외적으로 성장할 수는 있지만, 참된 영혼 구원의 역사는 일어나지 않는다. 교회에 국회의원, 장관, 의사, 법조인, 박사가 모인다고 해서 목회자의 권위가 높아지는 것이 아니다. 목회자가 하나님을 의식하고, 연약한 영혼을 예수님의 마음으로 돕고, 예수님의 형상을 이루어 주기 위해서 해산의 고통을 감당할 때, 참된 영향력을 끼칠 수 있다. 목회자는 양들을 사랑하고 존경하며 섬겨야 한다. 나는 최근 왕복 3시간 거리의 교회에 가서 예배를 드리고 있다. 예배 후 한 연약한 영혼과 1시간 반씩 말씀을 공부하는 것이 요즘 내 최고의 기쁨이다. 그 영혼 안에 그리스도의 형상이 새겨지는 것을 보면서 내 삶을 관통했던 행복을 또다시 느낀다.

나는 나의 후배 목사들이 이런 행복을 누리기를 바란다. 목회를 위한 모든 노력 끝에 하나님께서 금생과 내세에서 큰 복을 주실 것이다.

부록

동반자들의 편지

안병호 목사 은퇴를 아쉬워하며

손 석 태 박사
개신대학원대학교 명예 총장

사랑하고 존경하는 안 목사님!

안 목사님의 성역 은퇴를 앞두고 축사를 드려야 하는 제 마음은 이중적입니다. 축사하기는 해야겠는데 아쉬움이 너무 많습니다. 아직도 할 일이 산더미처럼 쌓여있는 가운데, 유능하고 건강하고 비전과 의욕이 넘치는 목사님이 이렇게 은퇴하셔야 한다는 것이 안타깝습니다.

또한, 목사님께서 아무리 은퇴를 기쁘게 받아들인다고 말씀은 하시지만, 목사님도 사람인데 기쁠 수만은 없을 것이라는 생각 때문에 제가 축사를 쓰기가 더 힘든 것 같습니다. 사실 저도 교수직과 총장직을 물러날 때 얼마나 힘들었는지 모릅니다. 세상이 지금까지 내가 보아왔던 세상이 아니고 세상 사람들도 다들 저를 달리 보더군요. 우선 눈을 어디에 두어야 좋을지, 어디에 앉아야 좋을지 고민되고 주저될 때가 많았습니다.

그러나 이것이 인생인가 봅니다. 때가 되었으니 아무리 아쉽고 안타까워도 자리를 떠나야 하는 것 같습니다. 생각해 보면 우리는 많은 복을 받은 사람들입니다. 하나님께서 우리를 귀하게 써주셨기 때문입니다. 대학을 졸업하고 영어 선생을 하던 때를 생각해 보십시오. 하나님의 부르심이 없었다면 아마 평생 영어 선생, 수학 선생으로 살다가 그것도 진즉 은퇴했겠지요.

그러나 하나님께서 부르셨기 때문에 영어로 신학을 공부하고 박사가 되어 하나님을 섬기고 양들을 섬기고 살았으니, 정말 목사님은 영광스럽고 의미 있는 일생을 사셨다고 저는 믿습니다. 저는 목사님보다 나이가 어리면서 항상 버릇없이 굴지만, 목사님은 저를 같은 또래의 형제로, 친구로, 그리고 동역자로 격의 없이 아끼고, 사랑해 주셨습니다. 그래서 목사님은 언제나 제 마음에 있답니다.

저는 목사님이 그냥 좋습니다. 목사님이 웃어도 좋고, 화를 내도 좋고, 못마땅해도 좋고, 기분 나빠도 좋은 거예요. 제가 목사님을 좋아해야겠다고 생각한 적은 없고 그냥 어쩌다 보니 그렇게 좋아하고 있었더군요. 그래도 이유는 있을 것입니다.

목사님은 어떻게 보면 뒤죽박죽 앞뒤가 없는 사람 같은데 사실 따지고 보면 근본적인 원리에 충실한 사람이지요. 목사님의 생각은 현대의 실용주의적 생각에 맞지 않고, 현실에 맞지 않기 때문에 어떤 때는 한참 뒤떨어진 사람 같은데 또 달리 보면 한참 앞서가는 경우가 많지요.

그것이 무슨 일이든지 적당히 넘어가지 않고 근본적인 원리에 맞게 생각하고 바르게 살려고 하기 때문이라는 것을 잘 모르는 사람들에게는 불합리하게 보이는 것이랍니다. 항상 모든 것을 사려 깊게 생각하고, 원칙에 충실한 목사님을 대할 때면 저는 항상 제가 너무 피상적인 인생을 산다고 생각하곤 했답니다. 그래서 목사님은 사람을 도와주고 훈련을 시켜도 적당히 넘어가지 않고 근본적인 문제를 해결해 주려고 항상 힘쓰시지요. 목사님께서 늘 현대의 한국 교회 목사들의 설교에 복음이 없다고 한탄하시는 이유도 그 때문이고, 젊은이들이 교회에서 십자가를 회피하려는 것을 참지 못하시는 이유도 다 그 때문입니다.

현대를 살지만 현대인 같지 않은 사람, 그래서 목사님께는 좀 신비적인 요소가 있답니다. 아마도 이러한 면은 목사님의 성경 연구에도 그대로 나타난 것 같습니다. 목사님은 누구보다 하나님의 말씀을 사랑하는 말씀의 종이었습니다. 목사님께는 말씀 연구를 사랑하고, 한마디의 말씀이라도 뿌리가 보일 때까지 파고드는 열렬한 탐구심이 있지요.

또한, 하나님의 말씀을 가감 없이 믿고 순종하는 삶이 있었기에 양 떼들이 목사님의 설교를 좋아하고 따른다고 저는 생각합니다. 또한, 목사님은 이처럼 말씀에 빠져 살기 때문에 세상일에는 좀 초연하며, 늦은 나이에도 신학을 공부하고 박사학위까지 받으셨으리라 생각합니다.

목사님은 말씀의 사람이십니다. 할 수만 있다면 말씀을 그대로 전하고, 믿고, 사는 분이지요. 말씀에 대한 깊은 경외심이 있는 것이지요. 말씀에 대한 경외심이 있으니까 말씀을 순종하고, 말씀을 순종해 보니까 말씀의 능력을 체험하고, 능력 있는 말씀을 전하신 것이지요.

한양대학교에서 성경을 잘 가르치셔서 수강생이 일천여 명에 이를 정도였다고 하니 정말 목사님은 탁월한 성경 선생이요, 말씀의 종이라고 생각합니다. 또한, 목사님의 믿음은 참으로 대단하십니다. 신자가 믿음 없는 사람이 어디 있겠습니까마는 믿음으로 사는 사람은 많이 있지 않아요. 그런데 목사님은 너무 순진하여 믿는 대로 사는 분이지요. 그래서 손해도 보고, 핍박도 많이 받지만, 그것을 또 잘 참으시니까 하나님께서 항상 복을 주시는 것 같습니다.

믿음이 있으니까 용기가 있고, 힘이 있으시지요. 믿음이 있었기 때문에 ESF를 세우고 온마음교회를 개척하신 것이지요. 양 떼들에게 믿음으로 사는 법을 가르칠 수 있는 것도 목사님 자신이 믿음으로 사시니 가능하다고 생각합니다. 한양 회관이나 온마음교회 성도들이 겁 없이 헌신하고, 목사나 선교사가 되어 많은 열매를 맺는 것도 따지고 보면 다 목사님께서 그렇게 사시니까 본받아서 그렇게들 하겠지요.

목사님께서 이사를 자주 하셨던 것도 믿음 없고, 용기 없고, 게을렀으면 못하는 일이었습니다. 이 세상에 대한 미련이나 물질에 대한 욕심이 많다면 그렇게 못 하지요. 나는 목사님께서 은퇴할 나이가 차가는데 아무 준비를 안 하는 것 같아서 노후 준비를 하도록 여러 번 언질을 드렸습니다. 다만 목사님이 별로 주의 깊게 듣지를 않은 것 같아서 내가 무안할 때도 있었습니다. 사실 따지고 보면 그것도 목회에 마음이 빠지고, 하나님을 믿는 믿음이 있어서 그렇게 초연했던 것 같습니다.

아마 사람들은 안 목사님을 믿음의 사람이라고 기억할 것 같습니다. 그러나 목사님은 역시 사랑의 사람입니다. 사람을 사랑하는 사람입니다. 우리 기독교의 본질은 사랑인데, 목사님은 정이 많으시죠. 시골 사람의 훈훈하고 끈적끈적한 정이 항상 묻어나는 사람이 목사님입니다.

말하자면 본질적으로 순수한 목사님의 사랑에 사람들이 감동하고 따르는 것입니다. 아마 한양 회관이나 온마음교회 성도들이나 목사님의 따뜻하고 인간적인 사랑을 느끼지 못한 사람은 거의 없을 것입니다.

그래서 온마음교회나 한양 회관에는 다른 데서 찾아볼 수 없는 분위기가 있지요. 사람들의 유대 관계가 너무 진해서 마치 진짜 형제 같은 느낌이 들지요. 아마 형제들이 처음부터 한솥밥을 먹으며 개척하는 가운데 쌓이고 다져진 정 때문이겠지요.

저는 좀 차가운 사람이라 양들을 끝까지 돌보지 못한 경우가 많지요. 그런데 목사님께서는 우리 동대문 회관에서 나간 형제들을 붙들어서 한양 회관이나 교회의 리더로 세우고는 했습니다. 그것을 보면 목사님께 화도 나고, 나에게도 화가 나고, 그 형제자매들에게도 화가 나는 아주 미묘한 콤플렉스를 가진 때가 많았는데, 나중에 알고 보니 그게 다 사랑 때문이더라고요. 감사했습니다. 내가 돌보지 못하고, 실족시킨 사람들을 저렇게 훌륭한 성도로 길러 새 인생의 길을 가게 했다는 것이 정말 감사했습니다.

목사님은 정말 사랑의 사람입니다. 안 목사님을 생각하면 말씀의 사람, 믿음의 사람, 사랑의 사람이라는 이미지가 금방 떠오르는데, 그것은 항상 시류를 따르지 않고, 자신이 의식하든 못하던 모든 것의 원리에 충실하여지려는 강한 집착으로부터 우러나오는 것이라서 감동적입니다. 그래서 사람의 마음을 움직이는 힘이 있지요.

이제 은퇴하시더라도 목사님은 여전히 그렇게 사실 것입니다. 그리고 목사님께서 뿌려놓은 씨들은 지금까지 그랬던 것처럼 열매를 잘 맺을 것입니다. 사심 없는 목회를 하셨으니까 하나님께서 친히 열매를 맺게 하실 것입니다. 이제는 새로운 인생을 설계하고 새로운 삶을 살아야 할 때입니다. 아직도 청춘이니까요.

목사님은 믿음이 있으시니까 하나님께 온마음교회도 한양 회관도 과감하게 맡기실 수 있을 것이고, 또 용기가 있으시니까 새로운 삶을 개척하실 수 있으리라 믿습니다. 목사님의 과거를 생각하면 아쉬운 마음이 많지만, 또 새로운 앞날을 생각하니 축하하고 싶습니다.

장인 영감님과 비교하면 앞으로 20년은 더 일하실 수 있을 것 같습니다. 새로운 비전과 벅찬 희망 속에서 새 출발을 하시기 바랍니다. 저도 뒤를 따라가겠습니다. 부디 건강하시고 행복하시기 바랍니다.

목사님 전상서

백 현 기 변호사
로고스법무법인 대표변호사, 법학박사

사랑하는 목사님!

너무나 오랜만에 목사님께 편지를 써봅니다. 회고 문집을 만들기로 하였는데 어떤 형식의 글이 좋을까 이렇게도 써보고 저렇게도 써보고 했지만, 도저히 마음에 들지 않아 그래도 편지 형식의 글이 가장 마음을 표현하기에 좋을 것 같아 이렇게 졸필을 들었습니다.

인간은 누구나 태어나서 죽을 때까지 수많은 사람을 만납니다. 그 속에는 한 번 만나고 다시 못 만나는 사람이 있는가 하면 한 번 만나서 죽을 때까지 관계가 지속되는 사람이 있습니다. 또 만났어도 그냥 스쳐 가는 사람이 있는가 하면 그 만남이 한 사람의 인생을 완전히 바꾸어 놓기도 합니다.

저도 여느 사람과 마찬가지로 수많은 사람을 만나고 헤어졌습니다. 그 중에서도 목사님은 제 인생에 가장 큰 영향을 미치시고 인생의 3분의 2 이상을 함께한, 저에게 있어서 가장 중요한 분이십니다.

1971년 초겨울, 촌티가 물씬 풍기는 한양대학교 법과대학 1년생인 제가 목사님과 처음 만난 이래 벌써 40년의 세월이 지났습니다. 40년이라는 세월은 59년 제 인생에 있어서 3분의 2가 넘는 매우 긴 시간이요, 성년이 된 이후 인생의 전 기간이니 그 세월이 얼마나 길고도 중요한 시기인지는 재론할 필요가 없겠지요. 그러므로 그 긴 시간 동안의 추억을 다 쓸 수는 없고 생각나는 대로 일부만 적을 수밖에 없음을 이해하여 주시기 바랍니다.

　1971년 겨울, 다른 학생들이 잠을 자고 있던 새벽 한양대학교 인문관 옥상 고시반을 빠져나와 행당동 3층 가건물 한양 ESF 회관에서 창세기를 공부하면서 인생의 근원과 의미를 배우며 진리에 대한 목마름을 채웠던 기억, 여름의 무더위 속에서도 요한복음 성경 공부를 통하여 니고데모와 같았던 저희에게 중생(重生)하여야 한다고 역설하셨던 기억이 생생합니다.

　1972년 여름 자매라고는 강성애 사모님 한 분뿐이었던 한양 회관 형제들이 숭실대학교 수양회에 참석하여 기세를 올렸던 기억, 1972년 유신헌법 개헌을 위한 국민투표 반대운동을 하고자 시골에 가려던 저를 붙들고 대한민국을 민주화하는 길은 사람이 변화되어야 하고 이를 위해서는 성경 공부가 중요하다는 열변에 생각을 바꾸고 5인의 독수리 훈련을 감당하며 한양 회관의 기초를 닦았던 기억 등은 저의 신앙생활 초기의 아름다운 추억들입니다.

　이러한 성경 공부와 훈련은 저를 인본주의적인 삶에서 신본주의의 삶으로 변화시켰습니다. 또한, 하나님이 아브람에게 보여주셨던, 하늘의 별, 바다의 모래와 같은 믿음의 후손이 탄생하리라는 비전을 저의 비전으로 삼아 한양 회관과 온마음교회의 믿음의 조상이 되는 기초가 되었습니다.

목사님께서는 특히 애교심과 자부심이 없었던 한양대학교 학생들에게 큰 애정을 가지시고 애교심을 북돋기 위해 노력하셨습니다. 학교 교정을 뛰며 한양대학교가 옥스퍼드, 케임브리지대학교나 하버드, 예일대학교 같은 일류대학이 되도록 기도하시면서 저희를 독려하셨습니다.

하나님의 영광을 위하여 고시를 버려야 한다고 가르치셨던 목사님께서는 제가 4학년 여름방학이 되었을 때 이제 목자보다는 사법시험에 합격하여 판사가 되어야 할 때가 되었다면서 학교의 프로그램에 따라 진행되는 경북 울진 불영사에서의 합숙 훈련에 참여하도록 허락하셨고, 이제 비로소 저는 고시 공부다운 공부를 할 수 있었습니다.

그곳은 첩첩산중 교통도 불편한 곳이라 교회에 갈 수 없었지만 절 내 계곡에서 정경태, 전계삼 형제와 함께 어설픈 성경 실력으로 말씀을 전하고 찬송을 부르며, 맑은 물소리와 아름다운 새소리를 들으면서 주일 예배를 보았으니 절에서 주일 예배를 드렸던 이 추억은 지금도 제 인생의 아름다운 한 페이지를 장식하고 있습니다.

그러나 그러한 낭만(?)을 즐기며 고시 공부에 전념하고 있던 저에게 목사님의 편지 한 장은 제가 모든 것을 팽개치고 당시 삼척 맹방에서 있었던 여름 수양회에 참석하지 않을 수 없게 만들었었지요. 이에 따라 저는 고시반 규칙을 어긴 불량아로 낙인찍혀 홍귀표, 김경섭 형제 등과 같이 고시반에서 쫓겨나 숙식은 물론 장학금을 박탈당하고 4학년 2학기 등록마저 하지 못하게 됐습니다.

다른 동급생들과 함께 졸업마저 할 수 없는 상황에 이르렀지만 저는 이것을 한 번도 후회한 적이 없답니다. 오히려 이러한 결단을 할 수 있도록 도와주신 목사님의 '하나님 우선주의 신앙'은 제 평생의 신앙적인 기본 틀을 세우도록 하였고, 비록 당시에는 고통스럽고 힘든 과정이었으나 저를 향한 하나님의 섬세한 훈련의 과정이었음을 깨달으며 감사하지 않을 수 없습니다.

목사님께서는 성경의 인물 중에서 평신도 지도자 다니엘을 특별히 좋아하셔서 저에게는 다니엘이라는 별명을 주셨습니다. 저도 그 이름을 자랑스럽게 여겼는데, 후에 목사님의 아들 이름을 다니엘이라고 짓기까지 하셨지요. 어떻든 저는 그 다니엘이라는 이름 덕분이었는지 고시반 퇴반의 시련 가운데서도 나중에 사법시험에 합격하여 판사를 거쳐 국내 10대 로펌의 대표변호사가 되었고, 학문으로서도 최고의 학위인 박사까지 되었으니 인간적으로 보더라도 많은 축복을 받은 자임이 틀림없습니다.

무엇보다도 저의 시련기에 베풀어주셨던 목사님의 사랑은 한량없이 컸습니다. 오갈 데 없는 저를 목사님 댁에서 숙식하게 하셨고, 강순용, 김광정 장로님에게 부탁하여 장학금을 얻어주어 사법시험 공부를 계속하도록 도와주셨으며, 시험장에까지 오셔서 저의 합격을 격려하여 주셨지요.

몇 번의 낙방에 절망한 저에게 믿음으로 승리하도록 말씀과 좋은 서적으로 힘을 북돋아 주셨으며, 신앙이 약해지지 않도록 시험이 끝나 합격자 발표가 있을 때까지 저를 훈련관으로 세워 후배들에게 성경을 가르치게 하셨으니 그 섬세한 배려를 지금도 잊을 수 없습니다.

또한, 저의 결혼을 위하여 늘 기도하여 주셨는데, 목사님의 관심이 없었다면 사랑하는 동역자 홍 권사를 만나지도 못하였을 것입니다. 다시 되돌아보니 저에 대한 목사님의 사랑과 열정은 무한히 컸건만, 그에 대한 제 사랑의 보답은 너무 미약하였음을 느끼지 않을 수 없습니다.

사랑은 역시 내리사랑이라는 점을 실감하면서 목사님의 섭섭한 마음을 어렴풋이나마 짐작할 수밖에 없습니다. 굳이 변명하자면 저와 목사님은 성격이 매우 다르고 사고방식도 상당히 다르며, 무엇보다도 제 믿음과 비전이 목사님을 따르지 못했습니다. 요새 목사님께서 목사님의 목회 성과에 대하여 스스로 만족하지 못하시는 것을 볼 때마다 저에게도 많은 책임이 있음을 느껴 죄송한 마음 금할 길 없습니다.

그러나 한편으로는 50년 동안 한 번도 목사님을 떠나지 않고 미력하나마 옆에서 도왔다는 점을 기억하시고 섭섭한 점이 있었더라도 용서하여 주시기를 바랍니다.

존경하는 목사님!

비록 온마음교회가 대형교회가 되지는 못하였지만, 목사님은 목회에 성공하신 분입니다. 온마음교회의 담임목사가 되겠다고 130명 가까운 목사님들이 청빙 신청을 한 것을 보더라도 온마음교회는 자랑스러운 교회입니다.

많은 목사님이 명예롭지 못하게 교회를 그만두고는 하지만, 목사님께서는 평생을 헌신하고 일구어 온 교회에서 아름답고 깨끗하게 은퇴하는 모범을 보이고 계십니다. 한국 젊은이들의 꿈과 소망인 ESF도 목사님의 가르침의 기초에서 형성되었습니다. 무엇보다도 목사님은 인재를 키우기 위해 노력하셨고, 목사님의 가르침을 통해 많은 제자가 온마음교회는 물론 세계 각 곳에서 큰 일들을 하고 있습니다.

제가 장로로서 변호사로서 한국 교계와 법조계에 꽤 유명하게 알려진 것도 목사님의 가르침과 영향이 없었다면 불가능하였을 것입니다.

목사님, 은퇴하시는 목사님의 마음을 누가 알겠습니까?

저희가 이해한다고 하지만 그것은 피상적일 수밖에 없고, 저희가 위로한다고 하여도 근본적인 위로가 되지 않을 것입니다.

그러나 목사님께서 비록 온마음교회의 담임목사를 그만둔다고 하여 목사님의 목회가 끝나는 것이 아닙니다. 왜냐하면, 목사님께서 세우신 온마음교회의 비전은 다음 세대를 통하여 계속 이어질 것이기 때문입니다.

비록 모세가 가나안 땅을 보지 못한 채 죽고 그 뒤를 이은 여호수아가 가나안 땅에 들어갔으며, 다윗이 성전 건축의 계획은 세웠지만 완공하지 못하여 솔로몬이 성전을 세웠다고 하여도 모세와 다윗은 여전히 여호수아와 솔로몬보다 위대한 하나님의 종입니다.

이제 온마음교회가 아름다운 세대교체를 이루어 부흥, 성장한다면 그 기틀은 분명히 목사님께서 세우신 것이요 그 상급도 목사님에게 돌아갈 것입니다. 이제 저를 비롯한 온마음교회의 교인들은 합심하여 목사님께서 닦은 터 위에서 더욱 온마음교회를 지키고 부흥시킴으로써 목사님의 뜻을 이어갈 것을 다짐합니다.

영원한 스승이 되신 목사님, 이제 졸필을 맺겠습니다. 아무쪼록 내내 건강하시고 하나님께서 남은 사역도 선하게 인도하여 주시리라 믿고 기도하겠습니다. 아울러 평생을 대접 한번 제대로 받지 못하시면서도 조용히 뒤에서 온갖 궂은 일을 감당하시며 헌신, 수고하신 사모님을 생각할 때 참으로 머리 숙여 감사한 마음 금할 길 없습니다. 사모님께서도 내내 건강하시기를 기도합니다. 그리고 사랑하는 형제 다니엘, 이숙, 진과 그 배우자들, 그리고 손자 손녀들의 앞날에도 우리 주님의 사랑과 은총이 늘 함께하시기를 기도합니다.

2011년 4월

내가 바라본 안병호 목사님

진 규 상 목사
네덜란드 자유대학 구약학박사

　목회자로 첫발을 내디뎠을 때, 처음 만났던 담임목사님이 안병호 목사님이셨다. 부교역자로서 배움의 과정은 담임목사님의 사역과 삶을 목격함으로써 진행된다. 목사님의 삶을 통해서 배운 점들이 있다.

　첫째, 하나님 말씀의 권위를 인정하고, 연구하여 전하시는 '설교'다. 사람의 의견과 감정을 전달하기보다, 성경 말씀을 그대로 전하시는 설교에서 바른 설교의 개념을 갖게 되었다.
　둘째, 설교를 앞두고서 간절히 기도하시던 '준비'다. 목사님은 목회자 사무실 한편에서 늘 간절히 기도하셨다. 하나님께서 목사님의 설교를 사용하셨고, 성도들이 아멘으로 받고 순종으로 반응하는 모습을 보며, 나도 기도하는 설교자가 되어야겠다고 생각하게 되었다.
　셋째, 자존심을 버려서라도 '복음'을 전하시는 모습이다. 담임목사님께서 직접 거리로 나가셔서 전도지를 들고 낯선 사람에게 복음을 전하시고, 복음을 들은 사람의 이름과 연락처를 받은 메모지를 들고서, 강단에서 전도자의 모범을 보여주셨던 모습이 생생하다. 나는 그 모습에서 진리를 사랑하고 확신하는 설교자를 보았고, 나 역시 지금도 학교 앞에서 중학생들에게 전도지를 주며, 복음 축제로 중학생들을 초대하는 전도자의 일상을 보내고 있다.

넷째, 부교역자에 대한 '포용'이다. 나는 중·고등부를 담당하는 부교역자로서 3년의 시간을 온마음교회에서 섬길 수 있었다. 목사님께서는 내게 장년을 대상으로 한 설교의 기회를 많이 주셨고, 말씀의 종이라는 칭찬과 격려로 성장의 기회를 주셨다. 나는 하나님 앞에서 설교자로서의 부르심에 확신을 가졌고 더욱 매진하게 되었다.

다섯째, '개척의 야성'과 '희생과 헌신'이다. 목사님의 사역을 보면, 아무것도 가진 것 없던 빈손이지만, 마음에 그리스도의 심장을 품고서 창조적 개척과 성장에 몰두하셨음을 알게 된다. 이미 만들어져 있는 조직의 시스템에 들어가서 안주하는 것이 아니라, 하나님 나라를 더욱 확장하고 성장시키는 데 헌신해 온 하나님 나라의 역군의 모습이다. 나 역시, 그러한 성장을 경험하기 위해 노력하고 있다.

여섯째, 축복받은 '가족'들이다. 목사님의 가족들을 보면, 천국의 백성들일 뿐 아니라, 이 땅 위에서도 유능한 인재들이고, 하나님께서 경제적인 축복도 주셨음을 본다. 하나님께서 축복하시는 크리스천 가정을 보는 것은 함께하는 성도들에게도 건강한 소망과 기대감을 준다. 그런 복이 나에게도 있기를 바란다.

일곱째, 목회자로서의 '완주'다. 목회자로서의 인생을 시작해서, 은퇴까지 마침표를 찍는 일은 쉽지 않다. 무엇보다 하나님께서 특별하신 은혜와 축복으로 보호해 주셔야만 가능하다. 목회자로서의 사명감, 능력, 희생, 사랑, 성품 모든 면에서 성도들의 인정과 호응이 따라야 가능한 일이기도 하다. 목회자로 사는 삶을 완주했다는 모델은 후배 목사에게도 귀감이 된다.

여덟째, 은퇴 이후에도 여전한 '하나님 사랑', '영혼에 대한 사랑'이다. 영혼에게 기도로써 사랑이 묻은 말씀을 주고, 행복해하시는 심성은 하나님께서 택하신 하나님의 사람이라는 증거다. 목사님께서, 앞으로도 힘차게 하나님 나라의 역군으로 쓰임 받으시기를 기도드린다.